SKAM-
VRÅN

SKAM-
VRÅN

SOFIE
SARENBRANT

BOOK
MARK

Av Sofie Sarenbrant har tidigare utgivits:

Vecka 36
I stället för dig
Vila i frid
Andra andningen
Visning pågår
Avdelning 73
Tiggaren
Bakom din rygg
Syndabocken

Bookmark Förlag
www.bookmarkforlag.se

SKAMVRÅN

Bookmark Förlag, Stockholm 2020
Omslag: Maria Sundberg
Omslagsbild: Magdalena Russocka/Arcangel Images & Adobe Stock
Tryck: ScandBook UAB, Litauen 2020
Denna bok är klimatkompenserad genom Conscious Label
www.consciouslabel.org

ISBN: 978-91-88859-20-4

MIX
Paper from responsible sources
FSC® C021394

Till min kusin Bjarne
R.I.P.

Jag stod där tyst på avstånd, mitt bland folket,
såg såren i din hand, din fot, din kropp.
Och mörkret slöt sig tungt och utan hopp.
Jag hörde ryktet flyga över staden
att graven inte höll min Herre kvar.
Men jag har sett och hört och lärt av livet
att dödens gåta aldrig kan få svar,
och ingen ger tillbaks vad graven tar.

Psalm 473

ARMARNA GÅR INTE att röra. Hon försöker tugga sönder det äckliga tyget i munnen och pressa det åt sidan med hjälp av tungan.

Utan framgång.

Hon kan inte skrika på hjälp.

Tröttheten kryper på, men hon vet vad det skulle betyda att ge efter för den. Snaran runt halsen påminner henne varje sekund. Så fort pallen hon står på gungar till känner hon den isande skräcken i ådrorna. Det är så lite som behövs för att hon ska tappa fotfästet. Och strypas till döds.

Huset är fuktigt och höstkylan tränger sig in genom väggarna. Tårarna har tagit slut, men hon hulkar ändå.

Försöker se sin egen del i det här.

Mamma. Hon viskar det. *Mamma. Hjälp*.

Ljudet hindras av tyget i munnen.

Kan hon åstadkomma oväsen på något annat sätt? Hon stampar i pallen men blir rädd att den ska gå sönder. Den är redan vinglig.

Allting talar emot henne.

Hur ska någon kunna hitta henne?

Hon känner ett ansvar att överleva. För andras skull, om inte annat.

Aldrig någonsin har hon varit så rädd för att somna. Det räcker med att hon nickar till och råkar ha omkull pallen, så är det kört. Då finns det ingen räddning.

Tröttheten är förrädisk, det blir allt svårare att hålla ögonen öppna. Hur många timmar hon har stått här har hon ingen aning om, bara att de är många.

Hon får inte falla.

Men hon måste blunda. Hon sluter ögonen och känner hur skönt det är att vila, bara en kort stund. Det är så lockande att försvinna bort en sekund.

Nicka till.

Det är allt som behövs.

Musklerna slappnar av och benen förlorar sin stadga. Hon vaknar till av ett hårt tryck runt halsen och kippar efter luft. Det som absolut inte fick hända har hänt.

Pallen har vält och hon hänger fritt i luften.

MÅNDAG 14 OKTOBER

1

HAN FÖLJER MANNEN med stövlarna längs den kuperade stigen i skogen. Marken under fötterna gungar till och det snurrar i huvudet.

Hur hamnade han här?

Det susar i träden och vinden rycker loss färgsprakande blad som seglar mot marken. De blodröda löven är vackrast, det har han alltid tyckt. Hösten är förtrollande. Dagens sista solstrålar letar sig fram mellan grenarna. Skenet från himlen lyser upp stigen, men sorgen ligger som en skugga inom honom. Bilderna från hans liv kommer och går. Han har allt som många bara kan drömma om.

Tre fina barn, en vacker fru.

Ett fantastiskt hus på bästa adressen. Drömbilen med alla extra tillbehör. Den dyraste högtryckstvätten på marknaden. Två robotgräsklippare. Pool med automatisk klorering. Han är svag för prylar, gillar exklusiva klockor och kameror. Teknik. Sportbilar. Saker som han inte hade råd med förrän karriären tog fart. Och sådant som hans brorsa aldrig kommer att sluta håna honom för. Avundsjukans språk är inte vackert, men han har kämpat hårt för sin framgång.

Allt slit på jobbet, alla sena kvällar då han tvingades hantera krävande jobbmejl och barnens jakt på uppmärksamhet. Skuld och otillräcklighet.

Han tittar ner på sina vita skor som blivit smutsiga under promenaden. Det var dumt att inte ta något mer passande på fötterna. Ingenting av det han har på sig är lämpat för skogen eller kylan. Varken skjortan, kavajen eller hans mörkblå chinos. Han skulle inte överleva många dygn.

En skrattretande tanke.

”Vi är snart framme”, säger rösten framför honom, och han vaknar upp ur sin dvala.

Solen har sjunkit ännu ett snäpp och ljuset är på väg bort.

Det vilar något tungt över skogen.

Hundra år av begravda hemligheter.

Det rasslar till någonstans och små tassar skyndar sig bort genom buskarna. En ekorre klättrar uppför en trädstam och han fascineras av den oproportionerligt stora svansen på den taniga kroppen.

Mannen pekar mot en glänta. ”Där.”

Bara några meter kvar.

Han känner varken lättnad eller oro. Det får bli vad det blir. Ett artificiellt lugn lurar i kroppen och huvudet är som inlindat i bomull. Omgivningen förlorar alltmer av sina konturer.

Mannen med stövlarna stannar upp. Sedan böjer han sig ner och rafsar bort löv och grenar från marken och får tag i något som ser ut som en järngrind.

”Kan du hugga i på andra sidan?” frågar han. ”Den är för tung för en person.”

De lyfter undan åbäket och ett avgrundsdjupt hål framträder flera meter under marken, tillräckligt stort för att en människa ska få plats.

”Varsågod och kliv ner.”

Plötsligt blir han osäker på om han vill det här.

Men nu finns det ingen återvändo.

2

KRIMINALINSPEKTÖR EMMA SKÖLD sneddar genom Polishusparken på Kungsholmen i Stockholm. En hund leker i de senapsgula löven. Hösten är speciell, särskilt en solig morgon som den här, när färgerna exploderar. Om någon minut är hon framme på jobbet. Som hon har längtat. Det är inte en dag för tidigt att börja arbeta igen efter föräldraledigheten. Att vara borta från jobbet så länge är inte hennes grej, även om det var mysigare andra gången.

Hon ska precis svänga vänster mot polishusets entré när hon ser en gestalt under den stora eken. Någon som tittar på henne. Emma drar efter andan och saktar in. Kvinnan påminner om någon. Ändå förstår hon inte vem det är förrän hon kommer närmare.

Den före detta polisen Madeleine.

Ett litet moln på himlen gör att solen försvinner för ett ögonblick, och skuggorna i ansiktet tonas ut. Madeleine ser annorlunda ut än sist Emma såg henne. Håret är fortfarande korpsvart, men hon är betydligt rundare om kinderna och mer alldagligt klädd. Om man inte visste bättre skulle hon kunna klassas som en i mängden. Madeleine rör sig snabbt mot henne och stannar upp alldeles intill.

”Hej Emma, kan vi växla några ord?”

Emma tvekar i steget. Det är första dagen på arbetet och hon måste komma i tid, men framför allt har hon ingen lust att prata med kvinnan som höll på att preja henne av vägen. Som försökte döda henne. Hur kunde hon ens veta att Emma skulle komma gående här just idag? För det är klart att det inte kan vara en slump. Emma scannar av omgivningen, det är ingen i närheten. Hon tänker inte vara ensam med Madeleine.

”Jag har inget att säga dig”, svarar Emma och börjar gå därifrån.

Madeleine griper tag i hennes axel. ”Vänta!”

”Släpp mig.” Emma frigör sig. ”Vi står utanför polishuset. Hur vågar du?”

Madeleine håller avvärjande upp händerna i luften.

”Vad är du ute efter?” frågar Emma när hon inser att kvinnan mittemot henne ser mer ledsen än fientlig ut.

”Förlåt”, säger Madeleine.

Emma vet inte exakt vad hon syftar på. Menar hon hotbreven till Nyllet, som sedan även riktades mot henne och hamnade i Ines ryggsäck?

Jag kommer alltid att hitta dig.

Emma är säker på att det var Madeleine som låg bakom det, eftersom Nyllet kände igen handstilen. Eller ber hon om ursäkt för prejningen? Det spelar ingen roll. Hon vill inte ha med människan att göra.

”Kärlek kan göra väldigt konstiga saker med en”, säger Madeleine dämpat. ”Du är lycklig som har Thomas.”

Emma skakar på huvudet. Det är avståndstagande att kalla honom för Thomas. Han är Nyllet för alla, även för Madeleine. Innebär det att hon äntligen har kommit över honom? Madeleines obesvarade kärlek till Nyllet gick överstyr och drabbade även Emma. Hon granskar kvinnan framför sig. Det kanske bara finns ett sätt att bli av med henne för gott. Att säga som det är.

”*Hade*”, säger Emma. ”Vi är inte tillsammans längre.”

Sedan vänder hon sig om och går. Nu tänker hon inte bli hindrad. I ögonvrån ser hon hur trädens grenar skuggar platsen där Madeleine står och stirrar efter henne. Tack och lov följer hon inte efter Emma, men även om avståndet mellan dem ökar dröjer sig en obehagskänsla kvar.

Varför berättade hon att det är slut?

Madeleine har ingenting med det att göra. Emma når trappan och kliver in genom den pampiga entrén. Säkerhetsvakten måste vara ny, för det är ingen som Emma känner igen. Hon tittar på Emma som en främling, trots att det här är hennes andra hem. Inte ens när Emma legitimerar sig försvinner misstänksamheten. Väl innanför säkerhetsdörrarna försöker hon lägga Madeleine bakom sig. Förhoppningsvis var det här deras sista möte. Nu finns det ingen anledning för henne att ge sig på Emma längre.

Inte när hon vet att Nyllet är singel.

Emma möter sitt osminkade ansikte i hissens spegel. De grönbruna ögonen är omringade av det blonda axellånga håret, och hon undrar om det är en gåva eller ett straff att vara vacker. Nackdelen är att fokus lätt hamnar på det yttre, som om utseendet vore det enda hon har att komma med.

Men ibland är det en fördel att bli underskattad.

När hissdörrarna till sjätte våningen öppnas, är Emma inställd på hårt arbete. Men först en kopp kaffe. Den avskalade miljön förknippas med mordutredningar och sena kvällar. Doften av kaffe sitter i väggarna. Ja, förutom den gången de hade problem med avloppet och det stank i en vecka, men det vill hon helst glömma. Emma går till fikarummet. Allt är som vanligt på regionala utredningsenheten i Stockholm, men samtidigt är ingenting sig likt. När hon lämnade i mars var hon mamma till ett barn.

Nu är hon tvåbarnsmor.

Emma Sköld fyller på kaffekoppen samtidigt som hennes chef Lars Lindberg kommer in i rummet. De hälsar på varandra med en kram och slår sig ner vid fikabordet.

”Välkommen tillbaka”, säger han. ”När du har svalt första klunken kaffe har jag något för dig.”

Lindberg har samma bruna manchesterkavaj som alltid, ändå är det något med hans uppsyn som Emma inte känner igen. Börjar han bli gammal?

Hon ler och smakar på kaffet. ”Ny leverantör?”

”Nej, det är samma gamla skit”, skrattar Lindberg och rättar till skjortkragen. ”Smakar det beskt?”

”Bara annorlunda”, säger Emma. Hon har saknat snutkaffet, men hade förträngt hur äckligt det är. ”Hur är det med dig?”

”Jodå, varför klaga”, svarar han. ”Men hur ska det gå för Nyllet att vara hemma då?”

”Det återstår att se, men bra hoppas jag.”

Sedan följer en kort tystnad. Småprat är inget för Emma, hon vill gärna komma till det väsentliga så fort som möjligt. Stolsdynan som hon har suttit på tusentals gånger förut känns mycket stummare.

”Vad är det för fall jag ska jobba med?” frågar hon.

”Försvunne Petter Lindh”, säger Lindberg. ”Jag fick just information om att han har hittats avliden i en skog i Dalarna. Han kunde identifieras snabbt eftersom han är ett känt ansikte.”

Nyhetsmorgons populäre programledare. Respekterad och älskad av hela svenska folket. Snygg. Lyckad. Charmig. Kompetent. En svärmorsdröm.

”Allt tyder på att han blev mördad.”

3

NÅGOT GOTT MÅSTE han ha gjort i livet, för äntligen får han uppleva den villkorslösa kärleken. Det var värt åratal av väntan. Thomas ”Nyllet” Nyhlén har aldrig känt något liknande och skulle kunna göra vad som helst för henne.

Till och med döda.

Hon tittar på honom under promenaden längs kajen.

Han ler tillbaka, men säger inget. Ord är överflödiga.

Snart är de framme på Fotografiska. De ska äta lunch och titta på utställningarna. Njuta av tillvaron. Ingen stress, inga tider att passa. Inga mord att lösa. Om en dörr stängs öppnas ett fönster, brukade hans mormor säga. Det stämmer, konstaterar han när de närmar sig stentrappan till entrén.

En sak är säker, Nyllet kommer inte att sakna jobbet. Kanske kollegerna, men inte själva arbetet. Det senaste året har han längtat bort från utredningsenheten. Även om det är ett meningsfullt yrke, så har han alltid haft svårt att inte dras med i tragiska livsöden. Det går inte att lägga arbetet åt sidan när han kommer hem. Släppa ett smärtsamt möte med föräldrar vars barn har mördats. Många säger att de blir avtrubbade efter ett tag, men han har aldrig lyckats. Det har snarare blivit knepigare med åren att känna glädje för sin egen skull, när andra genomlider sin värsta mardröm.

Emma är bättre lämpad för uppgiften.

Inte för att hon är kallhamrad, men hon är inte lika känslomässigt engagerad. Hon har förmågan att koppla bort, åtminstone när fallet är löst. Vägen dit är en annan sak. Då är hon hopplös att ha att göra med. Okontaktbar. Glömmer sin systers födelsedag, missar allt som borde vara viktigt. Där är hon speciell, men det vet hon om. Sedan är det en annan fråga vilka som står ut med henne.

Jag, tänker Nyllet dystert.

”Vill du ha hjälp?” frågar en kvinna som är på väg nerför trappan och han nickar uppskattande. Hon lyfter i chassit till barnvagnen och hjälper honom upp till glasdörrarna.

”Tack”, säger han och går mot kassan.

Elli börjar gråta så fort de kommer inomhus. Hon är känslig för temperaturförändringar och trivs bäst i friska luften. Hjärtat svämmar över och han måste plocka upp henne med en gång. Han klarar inte av när hon är ledsen, vilket hon redan har lyckats snappa upp, trots att hon bara är ett halvår.

”Kom till pappa”, säger han och blir lika rörd som alltid över att få kalla sig pappa.

Han knäpper upp Ellis mjuka overall och tar av henne hjälmmössan, för att hon inte ska bli för varm.

Dagen då Emma berättade för honom att hon väntade hans barn förändrades allt. Världen blev mer färgstark och han kunde börja gråta helt utan förvarning. Men tillvaron kändes också mer hotfull. Överallt såg han faror, och han var livrädd för att något skulle hända Emma eller bebisen. Oron förvärrades när Elli föddes och den växer för varje dag.

Nyllet har börjat acceptera att han måste leva med den.

När han har sagt några tröstande ord och helt ogenerat nynnat på en barnvisa, upphör gråten. Elli är säkert bara hungrig.

”Snart ska du få mat”, säger han till henne och ser hur kvinnan i kassan ler med tindrande ögon mot dem.

Mobilen piper till och han lyckas få upp den ur fickan. Det kanske är Emma som undrar hur de har det. Han har lovat att höra av sig och berätta hur det går, men vill inte trakassera henne med bilder och sms från varje ögonblick.

Meddelandet är från ett okänt nummer.

Säg hej till din dotter.

Nyllet förstår ingenting när han ser en bild på ett annat barn, i ungefär samma ålder som Elli. Det måste vara ett felskick, tänker han.

Ändå dröjer sig en obehagskänsla kvar. Tänk om messet mot all förmodan är till honom. Det gnager i bröstkorgen. Plötsligt förstår han vem avsändaren kan vara. Det är inte så att han har legat med massor av olika kvinnor de senaste åren.

En enda utöver Emma, för att vara exakt.

Någon som Nyllet trodde att han var färdig med.

4

EN SVAG DOFT av blommig parfym och rengöringsmedel slår emot Emma när hon kliver över tröskeln. Tjänsterummet känns mindre och mer slitet än i mars. Emma märker direkt att någon annan har huserat här, inte bara på lukten. Hennes saker står i kartonger och det ser naket och avskalat ut. Hon hänger av sig jackan på kroken och sätter sig på sin stol och justerar sitthöjden.

Petter Lindh på Nyhetsmorgon.

Så fort hon startat datorn går hon in och läser om hans försvinnande. Media har inte hunnit få ut den nya informationen än, men det är bara en tidsfråga innan det kommer en uppdatering om att Petter Lindh har hittats död.

Allt tyder på att han blev mördad.

Hon tittar på porträttbilden av honom.

Kastanjebruna, snälla ögon, smittsamt leende och cendréfärgat hår i en ostyrig frisyr. Tjugonio år gammal. Han hade hela livet framför sig. Emma har svårt att tänka sig att han kunde ha några fiender, men allt är naturligtvis inte alltid som det ser ut att vara.

Petter hittades död i Dalarna, men polisen i Borlänge misstänker att fyndplatsen inte är densamma som brottsplatsen. Eftersom Petter är skriven i Stockholm måste flera förhör hållas här, dessutom är han en känd profil och allmänintresset är extra stort.

Media kommer att kräva att få veta vad som hänt.

Spaningsledaren i Borlänge har bett Stockholm om hjälp, och det är där Emma kommer in i bilden. Problemet är att utredningsenheten i Stockholm inte har överdrivet med resurser när det skjuts ihjäl folk i var och varannan förort nuförtiden. De ärendena är hon visserligen glad att slippa. Gängskjutningar är som att försöka reda ut ett hoptrasslat garnnystan och bara förvärra knuten ju mer man drar i den.

Nu när hon är tillbaka på sitt efterlängtade jobb, drabbas hon av tvivel. Ska hon sitta här och utreda mord när hon precis har gett liv åt en liten flicka som behöver sin mamma? För att inte tala om Ines, som har börjat kissa på sig på nätterna och pratar bebisspråk. Allt för att få samma uppmärksamhet som sin lillasyster. Det är ofrånkomligt att tänka på hennes egen storasyster Josefin. Blev hon likadan när Emma föddes?

Lindberg kikar in genom dörren till hennes tjänsterum. ”Jag pratade precis med masjäveln. Nu har jag lite mer på fötterna.”

”Kom in”, säger hon och skrattar. ”Masjäveln?”

”Jag känner spaningsledare Westberg i Borlänge sen länge. Han är bra, trots att han kallar mig nollråttan.”

Först nu ser Emma att det står en person bakom chefen i dörröppningen.

”Jag har med mig Krille”, säger Lindberg. ”Det är ni två som ska teama.”

”Hej”, säger Krille och ler mot henne.

En sexton år yngre kollega med bruna ögon och vältränad kropp. Krille måste hänga på gymmet varje ledig sekund. Det är inte svårt att föreställa sig honom liggande på bänkpressen med knallrött nylle. Frågan är hur bra han är som polis. Emma orkar inte lära upp en gröngöling. Det räcker med två barn att uppfostra hemma.

”Kroppen hittades av en hundägare i skogen”, säger Lindberg. ”Petter låg i en nedsänkning i jorden täckt med kvistar och löv. Eftersom han inte har hunnit obduceras än är dödsorsaken okänd, men han har missfärgningar runt halsen som tyder på strypning.”

Krille och Emma möter varandras blickar.

”Ni får börja med att åka till Petter Lindhs sambo och ge henne dödsbudet.”

5

FUCK SKOLAN 4-EVER, läser Julia på toalettdörren. Hon låtsas inte om knackningarna från utsidan. Psykningarna började för över ett år sedan. Pikarna och undertonen på Snapchat och Instagram.

Tack till alla finisar som inte svek när jag behövde er som mest. Ni vet vilka ni är.

Tre tjejer var taggade, men inte Julia.

Hennes före detta bästis Liv älskar att sticka kniven i henne. Det var en tuff period för Liv i sexan när hennes föräldrar skilde sig. Hon började dricka öl och feströka och hänga med det coola gänget i skolan. Liv har alltid haft behov av att hävda sig, kanske för att hon är kortast i klassen. Julia tog avstånd, skyllde på läxor och träning för att slippa följa med. När mamma och pappa frågade varför Liv och hon hade glidit ifrån varandra ljög Julia.

Hon ville inte skvallra.

Men när hon stötte ihop med Liv en kväll och upptäckte att hon var så full att hon inte kunde gå, och dessutom hade kräkts ner sitt långa rödlätta hår, fick det vara nog. Då berättade Julia för sina föräldrar. För Livs skull. Hon var orolig att det skulle gå illa för henne, eftersom hon hängde med äldre killar. Dagen efter var Liv inte i skolan. Det hade tagit hus i helvete hemma och Liv måste ha luskat ut vem det var som hade skvallrat. Julia har sparat det sista meddelandet hon fick från Liv för ett år sedan.

Det är så fyllt med hat att det gör ont att tänka på det: *Du ska få ångra det här. Du har förstört mitt liv och jag hatar dig över allt annat. Varför, Julia? Varför är du så jävla avis att du måste sabba för mig? Skönt att du ska flytta. Jag hoppas att vi aldrig ses igen. Här finns ingen som kommer sakna dig. Det ska jag se till.*

Sedan kom flytten och kontakten mellan dem bröts.

Dörrknackningarna på toalettdörren eskalerar. ”Vi vet att du är där inne.”

Tids nog tröttnar de och går. Om inte annat när deras lektioner börjar.

Julia vet att hon gjorde det rätta som berättade om Livs festande, men det blev så ensamt och tyst när hon flyttade till Palma. Skvaller och rykten spreds som hon inte kunde försvara sig mot. Liv är väldigt bra på att övertyga andra.

När Julia kom hem i somras ville ingen träffas.

Ingen hade saknat henne.

Det blev värre när skolan började och Julia fick ett underskåp. Det är jobbigt att vara lång och ha ett skåp längst ner, hon är mer utsatt varje gång hon måste böja sig eller gå ner på knä för att leta efter något. Sparken i rumpan kom redan första dagen på höstterminen. Hon var helt oförberedd och tappade balansen, men hann ta emot sig med ena handen i golvet. Det var bara hakan som fick en smäll mot dörren. Såret har försvunnit nu. När hon vände sig om var det ett helt gäng som gick förbi. En av dem var Liv.

Julia är säker på att det var hon som sparkade.

Det kan inte finnas någon annan än Liv som är så förbannad på henne.

Tessan är Livs nya bästis. Julia har svårt att smälta det. Så mycket skit som Liv har snackat om den blonda, långa smala tjejen med glasögon, och nu är de oskiljaktiga?

Efter några dagar i skolan fick Julia huvudvärk och ont i magen. Hennes föräldrar och lärarna blev irriterade när hon klagade hela tiden och sa åt henne att bita ihop. Inte gnälla över minsta lilla. De frågade förstås om det hade hänt något, men det var för skamfyllt att berätta att hon var utfryst. Aldrig i livet att hon skulle prata med mamma och pappa, de skulle inte förstå. Hon gjorde ett försök att förklara det för en lärare, men hon reagerade inte som Julia hade hoppats på. Kvinnan suckade bara och sa att hon var så trött på tjejers barnsliga intriger.

”Var det något mer?” frågade hon ointresserat.

Nej.

Julia tittar på mobilen. Redan fem minuter sen till matten. Det är därför det är tyst i korridoren utanför. Försiktigt öppnar hon dörren och smyger ut. Sedan går hon bort till klassrummet. Det första hon ser är Livs nöjda min borta vid fönstret mot innergården. Läraren kommer av sig och stirrar irriterat på henne.

”Julia, du är hopplös.”

6

KRILLE SITTER BAKOM ratten och styr mot Petter Lindhs adress på Söder. Emma suckar åt alla vägbyggen som försvårar framkomligheten i huvudstaden.

”Hur mår min läromästare Nyllet då?” frågar Krille med något retfullt i rösten.

Emma skrattar till. ”Bara fint, tack.”

”Det var han som bossade över mig”, förklarar han och ser överdrivet undergiven ut, som en hund med svansen mellan benen. ”Och se hur det gick.”

”Inget vidare”, instämmer Emma. ”Och nu ska du dras med mig.”

”Herregud ja, vad har jag gjort för ont här i världen?” suckar han utan att släppa vägen med blicken.

Emma tittar ut genom rutan. ”Vi har separerat.”

”Aj fan, det var tråkigt att höra.”

Hennes uteblivna följdkommentar hänger i luften, men hon vet inte vad hon ska säga. Eftersom det var hon som gjorde slut är det känsligt för Nyllet. Han vill förstås inte att hon snackar om det. Tack och lov släpper Krille ämnet.

Emma kan inte förneka att hon trivs bättre i hans sällskap än hon hade trott. Det är något med Krilles energi som gör henne på gott humör. Hans vakenhet. Eller har hon förblindats av hans yttre? Hon slår genast bort tanken, för hon varken kan eller vill bli intresserad av någon på jobbet. Det misstaget har hon redan gjort. Gör om, gör rätt.

Emma rodnar när hon tänker på deras stora åldersskillnad. Hon är fyrtioett och han är tjugofem. Ung och formbar, med andra ord.

”Vad tänker du på?” frågar Krille och Emma studsar till.

”Inget”, svarar hon blixtsnabbt och hoppas att det inte syns hur generad hon blir.

Jag är känslomässigt undernärd, konstaterar hon torrt. Annars skulle mina tankar inte fara omkring på det här obehagliga viset.

Skärpning.

De kommer fram till Mäster Mikaels gata, och bromsar in utanför den charmiga längan som består av små hus i olika färger. Emma kände inte till den pittoreska gatan.

”Vilket ställe”, utbrister hon och pekar mot vattnet. ”Och utsikt över Gröna Lund också.”

”Du”, säger Krille och harklar sig besvärat. ”Finns det någon chans att du kan säga … ja, alltså … ge själva dödsbudet. Jag tycker att det är så svårt.”

”Vet du, det tycker jag också”, säger hon. ”Man lär sig aldrig. Det blir liksom inte lättare med åren.”

”Tack, det var peppande att höra”, säger han ironiskt.

Emma tar ett djupt andetag.

De ska precis möta en kvinna som har levt mellan hopp och förtvivlan i flera dygn sedan hennes sambo försvann.

Nu har det värsta tänkbara hänt.

Och han är inte bara död, utan mördad.

Emma ringer på dörrklockan och en ung kvinna i marinblå kostym, vit knytblus och klackskor öppnar. Två pärlörhängen blänker till under hennes långa, blonda hår. Ett vackert yttre, men hur hon egentligen mår avslöjas av den tomma blicken och påsarna under ögonen. Hon måste ha legat sömnlös. Emma känner igen Sofia från en mingelbild på en galapremiär tillsammans med Petter. Emmas pappa Evert har fått ett osunt intresse för skvallertidningar, annars skulle Emma aldrig ha bläddrat i en. Både Sofia och Petter strålade på bilden.

”Vad gäller saken?” säger Sofia och flackar med blicken. Hon är väl van vid att folk går förbi Petters hus med förhoppning om att få syn på honom. Och journalisterna lär ha trampat omkring här dygnet runt sedan Petter anmäldes försvunnen i torsdags.

”Vi är från polisens utredningsenhet. Det gäller din sambo, Petter Lindh”, säger Krille och de legitimerar sig. ”Kan vi komma in?”

Sofia blir askgrå i ansiktet. ”Stig på.”

Emma känner en doft av lavendel och ser små krukor på en bänk i hallen. Hon tar av sig om fötterna och konstaterar att det bara står ett par herrskor i hallen bland alla skor med klack. Emma hinner inte fundera mer på det, utan följer med Sofia in i ett rustikt kök med gasspis och marockanskt klinkergolv i blågrå toner.

”Vi har precis renoverat”, säger Sofia och Emma ser byggdammet virvla i skenet från taklampan.

De slår sig ner runt ett vitt ellipsbord och Sofia puttar undan några bröllopskataloger. Emma får en klump i halsen. Ett dödsbud går inte att linda in, eftersom beskedet är definitivt.

”Säg det bara”, viskar Sofia och tittar vädjande på Emma.

”Petter hittades tyvärr avliden i morse”, säger hon.

”Vi beklagar”, skjuter Krille till och river av en bit av hushållspapperet som står på bordet, och räcker det med en darrande hand till Sofia när hon börjar gråta.

Hon tar emot papperet och torkar de våta kinderna.

”Det kan inte vara sant”, viskar hon.

De låter nyheten sjunka in. Sofia måste få den tid hon behöver. Det är det minsta de kan göra. Emma ser sig diskret omkring. Inte en brödsmula någonstans eller några prylar som ligger framme och skräpar. Sofia har säkert inte haft annat att göra än att städa nervöst i väntan på besked.

Krille harklar sig efter en stunds tystnad. ”Sofia, är det okej om vi ställer några frågor?”

Hon ser förvirrad ut när hon lyfter blicken, men snyter sig i papperet hon fick av Krille och nickar.

”Vi vet att du redan har pratat med våra kolleger om Petters försvinnande, så det kanske blir några upprepningar nu”, förklarar Emma. ”Hoppas att du kan ha överseende med det.”

”Ja, men jag vet inte hur mycket jag orkar.”

”Vi förstår, och vi ska göra vårt bästa för att inte bli långrandiga”, säger Emma. ”Om vi tar det från början. När såg du Petter senast?”

”I söndags morse, för en vecka sedan”, säger hon. ”Efter sändningen ringde han och sa att han var alldeles slut och behövde åka bort och tänka lite.”

”Tänka på vad?”

Sofia sneglar på bröllopskatalogerna med en svårtolkad blick. ”Jag borde inte ha dragit igång projektet. Det var så dumt, mitt i renoveringen och allt …”

”Skulle ni gifta er?” avbryter Emma.

”Ja, i sommar”, svarar hon. ”Jag borde inte ha pressat honom med bröllopet. Han har inte varit sig själv den senaste tiden. Det bara stressade honom, men jag ville så gärna …”

”Brukade Petter åka bort för att vara ifred?” frågar Krille.

Sofia rycker på axlarna. ”Det har hänt.”

”I flera dagar?”

”Nej, inte på det här sättet”, säger hon. ”Det var därför jag blev orolig.”

”Du anmälde honom försvunnen först i torsdags, fyra dagar efter att han åkt iväg”, säger Emma. ”Varför dröjde det så länge?”

”Jag ville visa respekt och ge honom tid att få vara för sig själv, men sen ringde de från jobbet och frågade efter honom. Han gick av sitt pass på söndagen, och skulle komma tillbaka till redaktionen på torsdagen, men dök aldrig upp.”

Han var alltså borta i flera dagar innan någon reagerade.

”Vet du var han befann sig?”

Sofia skakar på huvudet. ”Nej, han sa aldrig det och han svarade inte på mina meddelanden heller.”

Petter bestämde sig alltså för att lämna sin sambo, utan att tala om vart han skulle åka. Emma måste ställa den besvärliga frågan.

”Hade ni problem i er relation? Var det därför han åkte?”

Tårarna rinner. ”Jag älskade honom.”

Emma och Krille sneglar på varandra och Emma skakar på huvudet. Det är inte läge att höra om Sofia tror att hennes kärlek var besvarad.

”Jag klarar inte mer nu”, säger hon och snyter sig igen.

Emma kan inte låta bli att undra varför Sofia inte ställer en enda fråga om hur Petter dog. Det brukar vara en av de vanligaste funderingarna när de lämnar dödsbud.

”Vi har inte hunnit gå in på omständigheterna kring Petters död”, säger Emma för att lägga fram det så smidigt som möjligt.

Hon försöker avläsa en reaktion hos Sofia, men ser ingen förändring.

”Han hittades i skogen”, fortsätter Emma. ”Vi arbetar efter teorin att han har bragts om livet, och har därför påbörjat en brottsutredning.”

”Vet du vad han kan ha gjort i Dalarna?” frågar Krille.

"I Dalarna? Nej, nu förstår jag ingenting. Jag har aldrig hört honom nämna Dalarna."

"Men nu när du vet att någon har orsakat hans död, vad får du för tankar då? Hade Petter några fiender?"

"Jag vet inte."

"Hände det något nyligen?" frågar Krille.

"Kanske i jobbet?" föreslår Emma.

Sofias blick stelnar till. "Jobbet?"

"Ja, jag kan tänka mig att Petter träffade på många människor i sitt arbete på Nyhetsmorgon."

"Trissmannen", utbrister hon.

"Vem då?" frågar Krille.

"Han som trakasserade Petter."

7

DET ÄR OMÖJLIGT att hitta en bekväm ställning i den trånga graven. Fukten har letat sig innanför hans kläder och maskar och kryp krälar under honom. Magnus borde resa sig och klättra upp, för detta är vansinne. Men han har ju själv valt det här. Han knäpper händerna över magen och sluter ögonen. Meditationens verktyg, att låta tankar komma och gå, låter så skrattretande enkelt. Men allting snurrar som en torktumlare i skallen. Ingenting går att sortera eller lägga åt sidan, utan stort som smått har samma tyngd och betydelse. Förhoppningsvis kommer han få nya insikter.

Och kanske kan han förlåta sig själv.

När livet väl hade tagit honom hela vägen upp till toppen och det inte fanns något större att kämpa för, då hände något. Glöden slocknade. Kickarna uteblev. Han tappade stinget när han redan hade förverkligat sig själv.

Magnus trodde att träningen skulle hålla honom vid gott mod och ge honom ny kraft.

Det började med två pass i veckan, men spårade ur som med allt annat han tar sig för. Allt eller inget. Det blev som en drog. Eller en flykt. Tidiga morgnar, sena kvällar, sedan inkräktade träningen även på helgerna. Gym, löpning och cykling. Väldigt tidskrävande och utmattande, men samtidigt en förklaring till att han inte kunde vara hemma och hjälpa till.

Ju mer han var borta, desto blekare blev Vickan.

Hon klagade aldrig, trots att han försvann in i sig själv och jobbet. För vad skulle hon säga? Det var trots allt han som försörjde familjen.

En tydlig uppdelning som inte gick att ifrågasätta.

Till och med den gången hon hade blivit påkörd med bilen och fick smärtor i huvud och nacke, gick han iväg på morgonen för att cykla fem mil. Lämnade henne ensam med tre barn, varav ett med en ordentlig förkylning och trettionio graders feber.

Vem gör så? Bara en idiot.

Det känns befriande att erkänna att han har varit ett svin. Allting blir så mycket enklare då. Självinsikterna landar hos honom i samma takt som leran äter sig in i hans byxor, skjorta och svindyra kavaj. Han har redan tappat hoppet om att bli förlåten. Det är för mycket som har hänt, så många dumma saker han har ställt till med.

Oförlåtliga infall.

Han började sova på jobbet, för att det var enklast så. Det var för hjärtskärande att vara hemma och se hur familjen trånade efter honom. De ville ha mer än han orkade ge dem. Barnen krävde hans uppmärksamhet ännu mer intensivt när han försökte dra sig undan. Det gjorde honom lättretlig och han behövde en frizon i sitt hem de få stunderna han var där. I bastun kunde han låsa in sig och vara ifred.

Han kanske aldrig borde ha blivit pappa?

Magnus tvingar sig själv att möta den hemska tanken.

Älskar han inte sina barn? Vera, Simon och Lisen.

Jo, över allt annat.

Men de har det bättre utan honom.

8

EMMAS FÖRHOPPNING VAR att kunna arbeta normala tider första dagen, men istället måste hon ringa mamma Marianne och be henne hämta Ines på förskolan. Nu när Emma har ett konkret spår att jobba vidare med, kan hon inte gå hem. Äntligen får hon tag på TV4:s säkerhetsteam och förklarar vem hon är och varför hon ringer.

Kvinnan motringer som en säkerhetsåtgärd. ”Hej.”

”Har det förekommit hot mot Petter Lindh på Nyhetsmorgon?” frågar Emma.

Kvinnan i andra änden av luren suckar. ”För vissa programledare är dessvärre hotfulla kommentarer och påhopp en del av vardagen, men Petter var omtyckt av de flesta.”

”Men han slapp inte heller undan, eller hur?”

”Nej, precis”, svarar kvinnan. ”Vi har haft problem med en man som har varit efter Petter vid några tillfällen.”

Bläckpennan slutar fungera, och Emma sträcker sig efter en ny. ”Berätta.”

”Det bottnar i en händelse lördagen den tjugoåttonde september, då en man skrapade Triss i Nyhetsmorgon”, säger hon. ”Efteråt var han väldigt besviken. Han hade förväntat sig en större vinst och tyckte att Petter hade styrt hans val av lott. Jag vet inte exakt hur han menade, men han blev distraherad när Petter pratade samtidigt som han skulle välja.”

Det låter ganska långsökt, tänker Emma.

”I fikarummet efter sändningen gick han till attack mot Petter och beskyllde honom för att ha förstört hans liv. Det var en obehaglig stämning och Petter blev skakad.”

”Vad hände sen?” frågar Emma.

Tankarna snurrar igång olika scenarier, men kvinnan avbryter innan Emma hinner komma fram till något.

”Mannen har tydligen sökt upp Petter efteråt vid ett flertal tillfällen, men Petter ville inte polisanmäla honom.”

”Skulle vi kunna få komma och titta på materialet från övervakningskamerorna?”

”Självklart. Ni är välkomna hit.”

”Tack. Vad heter Trissvinnaren?”

”Jerka Jansson, sextiotre år, från Beckomberga.”

”Hur mycket vann han?”

”Hundratusen, men han hade hoppats på fem miljoner”, säger hon. ”Det skulle ha räddat honom. Han skrek det i fikarummet när ordningsvakterna förde bort honom.”

”Kan jag och min kollega komma med en gång?”

”Det går bra, jag anmäler er i vakten.”

”Tack för hjälpen”, säger Emma.

Sedan går hon in på nätet och letar fram klippet från förrförra lördagen. Jerka Jansson är en stor karl med grå mustasch och gröna tatueringar på underarmarna. Till en början verkar han upprymd. Men när han har skrapat alla rutor, och Petter konstaterar att vinsten blev hundratusen kronor, händer något med Jerka. Han tappar fattningen totalt och erkänner att han hade räknat med mycket mer. Sedan bryts sändningen för reklam.

Krille knackar på dörren. ”Kan jag komma in?”

”Javisst”, säger hon och han gränslar besöksstolen och lutar armarna över ryggstödet.

Det är de två som är teamet.

Av någon märklig anledning får Emma skuldkänslor inför Nyllet, även om det inte är hennes beslut.

”Vilken snygging”, skämtar Krille och nickar mot Jerka med den rödsvartrutiga flanellskjortan.

Emma berättar om samtalet med kvinnan på säkerhetsavdelningen. ”Du kan ta på dig jackan, för vi ska till TV4 och titta på inspelningen från övervakningskamerorna.”

”Nu? Jag har planer för ikväll.”

”Vad synd då, men jobbet går före”, svarar hon bestämt för att markera att det är färdigdiskuterat. Var han tvungen att bekräfta hennes fördomar om självupptagna och bortskämda nittiotalister?

”Visst”, säger han och räcker över en utskrift. ”Petter Lindhs samtalslista.”

Han har inte ringt en enda gång från Dalarna. Inte till någon, konstaterar Emma efter att ha ögnat igenom listan.

”En historisk avlyssning är ett måste, så vi får fram de senaste två veckornas sms också”, säger hon.

”Ja, det var nästa grej”, säger Krille. ”Det handlar om tiotusen kronor, eftersom det är drygt hundra sms.”

Operatörerna i Sverige kräver hundra kronor per sms, något som gör Emma galen. I Finland är det gratis uppgifter för polisen.

”Begär ut dem, vi måste kunna läsa hans meddelanden”, säger Emma och börjar inse hur rörigt det är att jobba över tjugo mil från spaningsledaren. ”Fråga Borlänge för säkerhets skull, det är inte jag som leder förundersökningen.”

Emma letar fram Jerka Janssons mobilnummer för att se om det finns med på Petters samtalslista.

”Kolla här”, säger hon till Krille. ”Jerka har ringt Petter vid fem tillfällen, det första samtalet varade i tjugotvå sekunder, men de övriga besvarades inte.”

Hon bläddrar vidare. ”Och hans samtal upphörde helt förra söndagen.”

Mobilens senast kända position är i närheten av fyndplatsen i Dalarna, men det går förstås inte att avgöra om det är Petter själv eller mördaren som har stängt av den där.

”Jag pratade med Westberg precis innan jag fick samtalslistan”, säger Krille. ”Kroppen är på väg till rättsmedicinska. Han kunde bara bekräfta att Petter inte har dött en naturlig död och att kroppen har flyttats post mortem, men det går inte att spekulera om en dödsorsak än. Vi kommer att få veta mer efter obduktionen, men jag har en sak till.”

”Vadå?”

”Enligt rättsläkarens bedömning hade Petter varit död i max ett dygn när han hittades.”

Emma räknar baklänges. ”Det betyder att han måste ha levt i nästan en vecka efter att han försvann.”

Utan att ringa sin sambo en enda gång.

9

Kom svartklädd till hållplatsen vid Smedslätten prick klockan åtta ikväll. Det finns ett sätt att komma tillbaka. Är du tillräckligt modig?

Julia sitter i sängen och stirrar på den handskrivna lappen som låg intryckt i hennes skåp i skolan. Det är såklart Liv som ligger bakom den.

Vem annars?

Timmarna går och Julia blir alltmer rastlös. Hon kan inte avgöra om hon ska bry sig. Vad såg hon egentligen hos Liv? En rolig och galen tjej, men i själva verket skapar hennes gränslöshet oro och intriger.

Nej, Julia vill inte tillbaka till henne.

Hon vägrar vara Livs nickedocka även om de blir sams. Den rollen får Tessan gärna behålla. Däremot vill Julia att allt ska bli som vanligt igen. Hon knölar ihop lappen och slänger den under sängen. Samtidigt tar hon ett beslut.

Hon har inget val, utan måste dit.

Julia tittar på klockan. Det är bråttom.

Hon har sina blå jeans och en ljus tröja på sig.

Kom svartklädd.

Det kräver ett snabbt byte, och hon river runt bland de använda kläderna som ligger kastade över fåtöljen. Högen växer för varje dag. Hon drar på sig ett par svarta utsvängda jeans, och märker att de har blivit för stora i midjan, trots att hon inte tränar längre. Det har varit svårt att äta på sistone. Skolmatsalen är ingen trivsam plats och hon vill helst inte sätta sin fot där. Då tar hon hellre några mackor när hon kommer hem. Som idag. Men även smörgåsarna växer i munnen numera och går knappt att svälja.

Hon är nästan aldrig hungrig längre.

Det småregnar och är bara några få plusgrader ute.

Mörkret har lagt sig och dimman hänger över hustaken. Tack och lov är hennes jacka svart, så nu ska väl inte Liv kunna hitta något att klaga på. Julia låser upp sin cykel och ska precis sätta sig på sadeln när hon hör ytterdörren öppnas.

”Vart ska du?”

Julia stelnar till.

Mamma.

Det hade hon inte väntat sig.

”Till videobutiken en sväng bara. Hur så?”

”Du måste äta mat, inte godis”, får hon till svar och ilskan blossar upp. Det var ett jävla tjat om att äta. Det är ingen i hennes ålder som gör det, åtminstone inte av tjejerna. Kan inte mamma bara fatta det?

”Låt mig vara”, säger Julia.

”Det är svårt”, säger hon och räcker fram hjälmen hon har i handen. ”Jag råkar vara din mamma och jag bryr mig om dig.”

Verkligen, tänker Julia. Om mamma hade ägnat en enda sekund åt någon annan än sig själv skulle de inte ha flyttat ifrån Bromma.

”Om du bryr dig så mycket borde du låta mig gå nu”, säger hon argare än hon hade tänkt.

”*Cykla.*”

”Vadå?”

”Jag trodde att du skulle cykla, inte gå.” Mamma trycker uppfordrande den fula röda hjälmen mot henne. Hennes finurliga leende gör att Julia vill skrika rakt ut. Ändå tar hon emot hjälmen och sätter den på huvudet innan hon trampar iväg. Snabbt och ryckigt.

”Bli inte för sen bara”, ropar mamma efter henne.

Rösten skär i hela kroppen.

Julia tål inte att mamma är på henne som en jävla fångvaktare. Det får räcka nu, hon är ingen bebis längre. Och därför tänker hon inte heller åka omkring och se ut som en. Så fort Julia har kommit nerför backen sliter hon av sig hjälmen. Sedan tar hon vänster istället för höger.

Mot Smedslätten.

Torget är stendött. Givetvis är ingen där. Vad hade hon trott? Det är släckt i de flesta fönstren närmast spårvagnens hållplats. Området känns spöklikt. Det är klart att de skulle lura henne. Skamset står hon och tittar sig omkring, men sikten är dålig på grund av dimman. Det skulle inte förvåna henne om Liv och hennes kompisar ligger gömda någonstans. Skrattar åt henne, kanske filmar något som de kan lägga upp i en chatt som hon själv inte har tillgång till. Hon väntar i några minuter, sedan bestämmer hon sig för att cykla hem. Hon har inga regnkläder och börjar frysa av duggregnet. Någon kommer gående längre bort, med en hund. Det kan inte vara Liv. Bäst att dra.

Då hör hon en röst bakom sig.

Hon snurrar runt och krockar nästan med Liv, som har med sig Tessan. Såklart. Julia tittar på dem. En före detta bästis som har hittat en ny kompis som gör allt hon säger. *Töntiga Tessan.* Livs eget ordval. Det är hon, och inte Julia, som har skrattat åt Tessan i smyg. Om hon bara visste.

”Är du beredd att betala tillbaka?” frågar Liv.

”Vad menar du?” frågar Julia oroligt.

Tessan vänder bort blicken.

”Ja, vad är priset för ett svek?”

”Jag var faktiskt orolig för dig”, svarar Julia och ser att Tessan stampar sina vita Michael Kors-sneakers nervöst i asfalten. Det gör henne illa till mods. Vad tänker de utsätta henne för?

Kvinnan med hunden är långt borta. De är helt ensamma nu. Trygga Smedslätten har blivit en mörk och hotfull plats. Hon kan nästan ta på Livs hat.

Liv tar ett steg närmare. ”Du kan börja med att be om ursäkt för all skit du har ställt till med. Precis allt dåligt som har hänt är ditt fel. Allt.”

”Förlåt”, säger Julia dämpat med blicken i backen.

”Va?” säger Liv irriterat. ”Jag hörde inte.”

”Hon sa förlåt”, viskar Tessan och griper tag i Livs jacka som är för tunn för den här årstiden, men Liv sliter sig loss.

Liv tittar på klockan på sin mobil. ”Sju minuter.”

Julia försöker läsa av deras minspel, men förstår inte. Sedan sneglar de mot spårvagnsrälsen.

Livsfarlig ledning över spåren.

Den gula varningsskylten är omöjlig att missa. Oron skenar och ett illamående väller upp så plötsligt att hon knappt kan hålla tillbaka det.

”Vad ... vad vill du att jag ska göra?” stammar Julia och ställer ifrån sig cykeln.

”Du ska lägga dig raklång över spåret.”

10

DET FINNS MÅNGA saker Nyllet ångrar i livet, men på en ohotad förstaplats kommer Madeleine Wistrand. Emmas vikarie. Den unga före detta polisen med korpsvart hår och isblå ögon. Kvinnan med dialekten som det tog tid att placera. Kanske för att hon är född i Dalarna, men uppväxt i Kalmar. Kvinnan som älskar judo och fiske.

Madeleine, som lurade honom.

Nyllet vankar av och an i lägenheten, orolig och nervös nu när Elli sover och han är sysslolös. Han klarar inte att ta sig för en enda uppgift i hemmet, eftersom han bara tänker på meddelandet. Disken fyller vasken och han borde göra rent, men istället ser han scener från den där ödesdigra kvällen.

Han hade inte behövt bjuda in Madeleine. Än mindre ha ... nej, han stänger av bildspelet i huvudet. Vägrar påminna sig om hennes spetsbehå på golvet.

Hon fullständigt överrumplade honom. Hennes framfusighet, den sexiga kroppen. Åtrån som höll på att förgöra honom. Ingen hade klarat av att stå emot. Ingen.

Men att det enda tillfället skulle ha gjort henne gravid har han svårt att tro. Kan man ha sådan otur? Ironiskt nog har han längtat så innerligt efter att bli pappa, och stundvis försökt acceptera att den drömmen inte skulle slå in.

Men tvåbarnsfar?

Nej, hon ljuger.

Det skulle inte vara första gången i sådana fall.

Av ren frustration börjar Nyllet diska för hand. En kastrull med intorkad gröt, några dricksglas, tallrikar, bebisskedar i plast och vanliga bestick. Han ryser när han tänker på Madeleines inblandning i polishärvan för några år sedan. Skandalen som slutade med att flera poliser stängdes av för gott, vissa låstes in på livstid. Madeleine klarade sig undan fängelse, men kommer aldrig att få vara verksam som polis igen.

Hon har bränt sina broar.

Även hos honom.

Så hur ska han agera nu? Om det stämmer att hon har fått barn, och att han är pappan, är det en mardröm. Det skulle knyta dem samman för evigt. Madeleine är en oberäknelig person med samma beteende som en stalker. Hon pendlar mellan djup kärlek och raseri, och det är skrämmande att dras in i.

Hur kommer då det barnet att bli?

Nyllet radar upp porslinet i diskstället och låter det lufttorka. Sedan tar han trasan och rengör bänken så den skiner.

Men rastlösheten lämnar honom inte.

Vad är Madeleine ute efter?

Honom.

Nyllet vrider ur trasan och hänger upp den. Det är hans förbannade plikt att se till att Madeleine slutar trakassera både honom och Emma.

Ett barn.

Han tar fram mobilen och tittar på bilden.

Det kan inte vara sant. Hon försöker bara jävlas med honom. Han måste få stopp på henne en gång för alla.

II

JOSEFIN SNEGLAR MOT väggklockan i köket och ser att glaset har fått en liten spricka. Ska hon vara orolig för Julia? Den senaste tiden har hon varit så lättretlig, ja, ända sedan de kom hem från Palma. Josefin vet inte hur hon ska tackla de plötsliga humörsvängningarna och den bottenlösa vreden. Hatet. De hårda smällarna i dörrarna så glasrutorna skallrar. Det kanske är därför klockan är trasig? Josefin öppnar skafferiet och tar fram paketet med solrosfrön och häller ut en hög i handen. Det har blivit hennes nya ovana, när hon väl har börjat äta kan hon inte sluta.

Julia, däremot, äter allt mindre.

Hon petar i maten och fäller tråkiga kommentarer.

Josefin blir provocerad och de hamnar ofta i konflikt. Andreas duckar hellre än att uppfostra, vilket gör Josefin ännu mer till familjens polis. En roll hon absolut inte vill ha, men samtidigt måste hon visa inför de andra barnen att det inte är okej att bete sig hur som helst. Bråken slutar med att Julia lämnar bordet i affekt. Och när Josefin frågar varför hon beter sig dåligt, kommer alltid samma svar. ”Du fattar ingenting.”

Nej, försök förklara då, brukar Josefin ropa efter henne, men får bara en svart blick tillbaka. Om Julia ens vänder sig om. Det går inte att koppla ihop den arga tjejen med hennes bedårande barn som alldeles nyligen flätade håret på sina My Little Ponys och önskade sig Lego Friends i julklapp.

Josefin saknar sin lilla flicka.

Nu har Julia växt om henne. Hon skulle kunna springa på ett rapsfält med blommor i håret i vilken Bregottreklam som helst. Det blonda håret är avundsvärt fylligt. Julia sparade ut det i många år, men för några månader sedan kom hon plötsligt hem med kort page. Josefin kan inte begripa att Julia klippte av sig håret sådär utan vidare, utan att ens rådfråga henne. Men det är väl en del av den plågsamma frigörelsen från föräldrarna.

Från henne, rättar Josefin sig. Andreas och Julia är nästan aldrig osams.

Jobbigt är det oavsett, för alla inblandade.

Josefin undrar vem Julia hänger med nu. Inte Liv i alla fall, vilket hon är lättad över. Den flickan är utåtagerande och verkar ha svårt att styra sina känslor. Josefin borde kanske tycka synd om henne, men kan inte riktigt göra det.

Hon har nog med sitt.

Solrosfröna är slut och Josefin skakar ut skrapet i botten. Sedan ger hon sig på en påse med rostade kokoschips istället. Julia har bara varit borta i en halvtimme, så varför går hon omkring som på nålar? Kanske för att det inte blev ett trevligt avslut. Och för att Josefin förstod att Julia ljög henne rakt i ansiktet. Hon svängde aldrig av mot videobutiken och redan där övervägde Josefin att hoppa in i bilen och åka efter för att ställa henne mot väggen. Kräva ett svar på varför hon inte talade sanning.

Andreas kommer in i köket. ”Vad är det med dig? Varför håller du på att rensa hela skafferiet?”

”Jag börjar bli orolig för Julia”, säger hon. ”Hon borde vara hemma nu.”

”Har du försökt få tag i henne?” frågar han och slår på vattenkokaren på diskbänken.

”Bara tre gånger”, svarar hon och skäms över att hon är en sådan hökmamma. ”Men hon ignorerar mig. Kan du försöka? Snälla.”

Andreas suckar, men han ringer upp sin äldsta dotter för husfridens skull.

Inget svar.

”Du behöver inte vara orolig, hon skulle väl köpa godis och träffa några kompisar”, tröstar han.

Han får det att låta så enkelt.

”Julia vet att jag blir tokig”, säger Josefin och lägger ner kokoschipsen. ”Hon gör det med flit bara för att straffa mig.”

”Var inte så hård mot henne”, ber Andreas. ”Hon är i en känslig ålder. Flytten blev inte lyckad för henne, plus att vi valde att stanna i ett helt år. Det tar tid att ställa om sig.”

Andreas har rätt. Hon är hysterisk. Kanske för att hon inte har några egna projekt att ägna sin tid åt, allt kretsar kring barnen och huset. Och hennes kontrollbehov.

”Vill du ha en kopp te?” frågar han och drar ut lådan med de olika sorterna.

Josefin försöker slappna av. Hon måste sluta leta efter problem och låta familjen få andrum.

”Gärna, tack”, svarar hon. ”Kamomill.”

Ändå försvinner inte oron helt. Mammahjärtat bultar i otakt. I smyg ringer hon Julias mobil igen.

Signalerna går fram.

Något är fel, hon kände det så tydligt redan när Julia cyklade iväg. Det var något med den omedelbara ilskan.

Som om Josefin kom på henne.

12

JORD RASAR NER från kanterna och Magnus får skräp i ena ögat. Vad gör han egentligen här? En mångmiljonär som kan köpa allt han vill, men ändå inte är nöjd.

Vickan blev bara tystare med tiden.

Inte ens när hon bet sönder sin bettskena på natten eller började med insomningstabletter gjorde han något. Han orkade gå och träna skiten ur sig i två timmar, men inte ge sin fru några uppmuntrande ord och en kram. Se hennes rop på hjälp. Det susar i öronen när han försöker förstå.

Fast innerst inne vet han ju att han hamnade i en livskris.

Han kan inte låta bli att se sig om i avgrundshålet han befinner sig i, bokstavligt talat. Det är det sjukaste han har varit med om. Här har han ingenstans att fly från sanningen.

Det obehagligaste är att han inte kan peka på en specifik situation eller dag då allting började. Han kommer att tänka på en sjö, där vattenytan sakta stiger, millimeter för millimeter, utan att någon märker det. Tills en dag då översvämningen är ett faktum.

Hans liv var för fan komplett.

Och nu ligger han nedsänkt flera meter under jorden någonstans i skogen. Han blir galen på sig själv. Men mest förbannad är han på sina svek.

Det är ofrånkomligt att inte tänka på dem.

Vilken man lämnar hemmet när hans fru just har berättat att hon är sjuk? Det kom så himla olägligt och fick hela hans tillvaro i gungning. *Sjuk? Vadå för sjuk?* Han minns att han såg bådas spegelbilder i hallen när hon berättade det som han redan borde ha förstått, men blundat för. Hon hade precis klivit in i huset efter att ha lämnat barnen, medan han duschade och rakade sig för att bli fin till jobbet. Deras vitt skilda liv under ett och samma tak råkade korsas några ödesdigra minuter den morgonen. Det räckte för att han skulle stanna upp för ett ögonblick och se sin fru. Hennes kroppshållning var hopsjunken och hon hade magrat markant. Nyckelbenen framträdde så skarpt, kinderna var insjunkna och blicken hålögd. Själv var han mer vältränad än någonsin, vackert solbränd efter en veckas konferens i Kroatien. Ovanligt fräsch för sin ålder.

Men Vickan? De var som natt och dag.

Hon började med att ursäkta att hon inte hade sagt något tidigare, för hon ville inte prata om det inför barnen, ville inte oroa dem i onödan. Typiskt Vickan att alltid sätta andra i första rummet.

Sedan berättade hon det, utan omsvep.

”Jag har cancer i livmodern.”

Magnus vrider sig obekvämt i graven och försöker ignorera att han fryser och är hungrig. Han förtjänar att lida.

Det kröp fram att Vickan redan opererats två gånger under de senaste månaderna. Hon hade gjort det utan att säga något, eftersom hon inte ville belasta honom när han verkade så stressad. Han har aldrig känt sig som en sämre människa än då. Hans fru gick igenom en fruktansvärd sak, alldeles ensam. Det är oförlåtligt. Om han bara hade stannat upp för en sekund, frågat henne hur hon mådde, då skulle de inte ha stått där i hallen som två främlingar.

Han borde ha kramat henne och bett om förlåtelse, men hjärnan uppmanade honom till något helt annat.

Spring. Skynda dig härifrån.

Han tittade på sin Rolex och förklarade att han hade ett möte om en halvtimme.

"Vi får prata mer om det ikväll."

Som om det handlade om att byta elbolag.

Hon protesterade inte, men han såg hennes tårar i ögonvrån. Sedan kastade han sig ut genom ytterdörren och tryckte till den hårdare än vanligt. Målmedvetet gick han mot bilen och försökte andas. Väl i förarsätet kom de förbannade tårarna. Inte över Vickans sjukdom i första hand, utan över sitt vidriga beteende. Han hulkade och grät, visste att han borde gå tillbaka men förmådde inte.

Nej, nu får det vara nog, Magnus tänker inte ligga kvar en minut till i den här jävla hålan i marken.

Det är för jobbigt att analysera allt som har hänt när han helst vill glömma. Plågeriet får vara över nu.

Han kommer på fötter. De vita skorna är helt förstörda, precis som att det skulle spela någon roll. Han letar efter ett rep eller något liknande som kan hjälpa honom upp, men hittar inget.

"Hallå", ropar han prövande.

Ett eko är det enda han får till svar.

Då finns det inga andra alternativ än att börja klättra. För första gången grips han av panik över det trånga utrymmet. Jorden rasar ner mot djupet när han försöker få fäste med händerna och han tittar upp mot den mörka himlen. Han ser inga stjärnor, bara den svarta järngrinden som ligger över öppningen.

"Det räcker nu", ropar han.

En fågel flaxar iväg. Sedan blir det tyst.

Irritationen stiger. Mannen kan väl inte ha övergivit honom? Magnus har ingen lust att vara vilse i en skog.

”Släpp ut mig”, vrålar han. ”Hjälp!”

Tystnaden är kompakt. Magnus sparkar in foten i jordväggen och lyckas få grepp med fingrarna. Han häver sig uppåt, för att i nästa sekund glida tillbaka ner. Sedan gör han ett nytt försök, men inser att det är mycket högre upp till kanten än han trott. Under tiden som han kämpar klarnar det i huvudet. Det är som att vakna ur en ond dröm. Han lovar sig själv att aldrig berätta om det här för någon. Ingen skulle förstå. Erfarenheten får följa honom ända ner i graven. Vickan tror att han är på konferens, och hon brukar inte kontrollera hans förehavanden.

Hon behöver aldrig få veta.

Äntligen är han uppe och kan snudda vid grinden.

Han halkar ner några steg, men hänger sig kvar. Det bultar i fingertopparna och svetten rinner. Den skräddarsydda skjortan är också förstörd, men det skiter han i. Bara han kommer ut. Han känner med ena handen ovanför huvudet. Järngrinden ligger över öppningen. Den som han hjälpte till att lyfta bort. Som var för tung för en person.

Har den fastnat?

Han försöker pressa upp den, men den rör sig inte.

Vad fan är det som händer?

”Släpp ut mig!” skriker Magnus tills rösten skär sig.

Han rycker och sliter i grinden, men den går inte att rubba.

Är det straffet för det värsta av alla hans svek?

Sveket som splittrade familjen.

13

”JERKA HAR I ALLA FALL hållit oss sysselsatta genom åren”, säger Krille när de sitter i bilen på väg mot TV4. ”Jag gjorde en slagning på honom. Det finns både fortkörning och annat smått och gott i belastningsregistret.”

”Men inget som tyder på att han är våldsam?” frågar Emma och bromsar in vid ett rödljus utanför Stadion.

De är snart framme.

”Han har åkt dit för ringa misshandel”, svarar Krille. ”Duger det åt fröken?”

Emma skakar på huvudet åt hans sätt att formulera sig. Äntligen slår det om till grönt. Det är klart att Jerka kan ha gjort värre saker än så utan att bli ertappad. Dessutom är det inte ovanligt att människor utan kriminellt förflutet begår fruktansvärda brott.

”Han verkar inte ha arbetat på länge heller”, säger Krille. ”Sådant kan göra människor sjuka, när det finns för mycket tid att fokusera på fel saker. Som att trakassera en oskyldig programledare.”

När de är framme vid TV4, berättar kvinnan på säkerhetsavdelningen att hon redan har satt flera personer på att gå igenom banden från det att Jerka var med i morgonsoffan till att Petter försvann.

”Det har inte lett till någonting hittills”, säger hon och rycker på axlarna. ”Vi har bara söndagen kvar.”

”Då tittar vi igenom den själva”, säger Emma och slår

sig ner framför skärmen. Krille drar ut stolen bredvid och sätter sig med en duns.

”Vill ni ha något att dricka?” frågar kvinnan.

”Det är bra för mig”, säger Emma. ”När vi talades vid i telefon förut sa du att Jerka hade besvärat Petter vid ett flertal tillfällen. Kan du berätta mer om det?”

”Jerka hade tydligen besökt Petter på Söder, och morgonen efter konfronterade han honom på väg till jobbet. Det är allt jag vet.”

”Okej, tack.”

Emma spolar igenom det flera timmar långa materialet från övervakningskameran vid entrén. Båda barnen har det bra, men hon får ändå dåligt samvete för att hon jobbar över redan första dagen. Hon lovar sig själv att det här är det sista hon gör idag om det inte händer något akut.

”Är det bara jag som är trött?” frågar Krille och sväljer några koffeintabletter.

Då ser Emma det hon har väntat på. Mönstret på skjortan avslöjar Jerka, annars hade hon kanske spolat förbi ögonblicket. Han bär en mörk keps som skuggar ansiktet, men det går inte att ta miste på kroppsformen, skjortan och mustaschen.

Det är han.

”Krille”, säger hon.

Han flyttar stolen närmare, så nära att de snuddar vid varandra. Jerka står och trampar utanför TV4-husets entré, och ibland försvinner han ur bild, eftersom han befinner sig i utkanten av kamerans upptagningsområde. Den digitala klockan på inspelningen visar elva och trettiotvå på förmiddagen.

”Vilken tid slutar Nyhetsmorgon sändas på söndagar?” frågar Emma.

”Och det frågar du mig?” utbrister Krille. ”Ser jag ut som målgruppen?”

”Halv tolv”, säger kvinnan från säkerhetsavdelningen. Emma hade nästan glömt att de inte var ensamma i rummet.

De närmaste minuterna händer inte så mycket på övervakningsfilmen. Jerka tittar på klockan, han petar sig i näsan, han spottar. Går fram och tillbaka. Aktar sig när människor kommer i närheten. Emma snabbspolar och återgår sedan till normal hastighet klockan tjugo över tolv.

En man kommer ut genom dörrarna.

”Petter Lindh”, konstaterar Krille.

Programledaren tvekar i några sekunder innan han börjar gå mot Tegeluddsvägen.

”Nej, stanna”, viskar Krille, som om han kunde påverka förloppet.

Jerka rör sig mot Petter och gestikulerar vilt. Petter ryggar tillbaka mot dörren och håller upp en hand för att Jerka ska lugna sig.

”Vad irriterande att det inte finns något ljud”, säger Krille och lutar sig tillbaka i stolen.

Jerka stannar till och håller fram en tom plånbok.

Ärmarna åker upp och hans tatueringar syns. Det ser ut som om Petter säger något, sedan går han åt vänster och försvinner ur bild. Efter en stund följer Jerka efter honom. Emma spolar framåt, men det kommer inget mer av intresse. Då spolar hon tillbaka igen och fryser bilden på programledaren precis innan han blir förföljd.

”Det här är alltså det sista vi har av Petter.”

Jerka, en ensam desperat man som handlar i affekt. Plötsligt har de både en misstänkt och ett motiv.

Emma ser till att få över sekvensen från övervakningskameran till sin mejlkorg innan de lämnar TV4-huset.

När de har satt sig i bilen ringer Emma upp spaningsledaren, eller masjäveln som Lindberg kallar honom, och berättar vad hon har fått fram.

”Otroligt”, säger Westberg, upprymd över den nya informationen. ”Vi har säkrat fotspår från stora stövlar i närheten av fyndplatsen. De flesta verkar tillhöra mannen som hittade Petter, men inte alla. Så det finns avtryck att jämföra med om Jerka har några stövlar.”

”Vi åker väl hem till honom och tar ett snack”, säger hon.

”Det är bra”, svarar han på dalmål och samtalet är över.

Det är alldeles mörkt ute när Emma knappar in adressen på gps:en till Beckomberga i Bromma.

”Jag försöker förstå hur man kan bli så arg över att bara vinna hundratusen kronor att man söker upp programledaren efteråt”, säger Emma. ”Det är en sak att bli besviken över att det inte blev mer än så, men en helt annan att se det som att man har förlorat fyra komma nio miljoner. Och skylla förlusten på Petter.”

”Det känns inte riktigt friskt”, instämmer Krille.

Blev pressen för stor att sitta i direktsänd tv? Jerka kanske drabbades av en panikångestattack eller en psykos. Eller var han manisk?

Bilderna från övervakningskameran visade inget handgemäng, bara att Jerka konfronterade Petter och sedan följde efter honom. Exakt vad som hände efteråt vet bara Jerka.

En kvarts körning senare är de framme vid det grå hyreshuset i Beckomberga, där Jerka är skriven. De tar hissen upp till femte våningen, ringer på dörrklockan och väntar. Lyssnar efter ljud. Efter några försök suckar Emma och vänder sig mot Krille.

”Ingen hemma.”

Grannen i lägenheten bredvid sticker ut huvudet.

”Söker ni Jerka?” frågar kvinnan med kort krulligt hår och blommig klänning. ”Han har inte synts till på ... ja, flera dagar. Är ni hans barn?”

Emma och Krille tittar på varandra. Lika som syskon? Knappast, de är nästan varandras motsatser. Han är mörkhårig med bruna ögon, hon är blond.

”Nej, vi kommer från polisen.”

Kvinnan ryggar tillbaka. ”Tror ni att han är död?”

Emma blir förvånad över den drastiska slutsatsen. ”Varför skulle han vara det?”

”Jag ringde ju för flera dagar sen och berättade om den höga smällen.”

14

LIV KNUFFAR JULIA framför sig längs spårvagnsrälsen och säger att hon måste skynda på. Tessan syns knappt i den här vinkeln, hon är för långt bak. Julia skakar inte av kyla längre, nu är det av ren skräck. Finns det någon utväg? Hon hoppas att någon ska dyka upp och förstå vad som pågår, men det är mörkt och folktomt. Ingen har sett dem gå ut på spåret. Dimman gör sikten dålig och Julia stirrar på sina mörka byxor.

Kom svartklädd.

Är det för att hon inte ska synas lika bra mot rälsen? Ju längre bort från hållplatsen de kommer, desto snabbare lär spårvagnen åka. När Liv stannar vet både Julia och hon att det är tillräckligt långtifrån för att chauffören inte ska hinna påbörja inbromsningen till Smedslätten.

”Här blir bra”, säger Liv. ”Lägg dig ner och blunda.”

Blunda?

Julia stirrar på Liv och Tessan. ”Vill ni att jag ska dö?”

”Är du en fegis?”

”Nej, det vet du att jag inte är”, svarar Julia trotsigt. ”Då skulle jag aldrig ha sagt något till mina föräldrar om att du drack och rökte. Jag gjorde det för att rädda dig.”

Livs ögon blixtrar till. ”Skitsnack! Du är en avundsjuk liten svikare som ville sabba för mig.”

Orden flyger som en skottsalva ur Livs mun och Julia förstår att det är kört.

”Spårvagnen är här snart”, säger Tessan försiktigt och knackar Liv på axeln. ”Kan vi inte bara skita i det?”

”Aldrig”, fräser Liv. ”Men Julia bangar väl, och cyklar hem och gråter ut hos sin mamma som vanligt. Sen kommer samtalet till mina föräldrar.”

Julia klarar inte av att höra mer. Hon lägger sig ner över spåret och lutar nacken mot den hårda, kalla rälsen. ”Är du nöjd nu?”

”Sluta Julia”, protesterar Tessan. ”Bara strunta i det.”

”Håll käften”, säger Liv och drar med sig Tessan in i ett buskage intill.

”Du sa ju att vi bara skulle skrämmas”, är det sista Julia hör från Tessan innan Liv tystar henne.

Julia räknar ner sekunderna i huvudet, mest för att hålla paniken i schack. Hon hinner till fyrtioåtta innan det börjar darra i rälsen. Kanten är hög och skär in i nacken. Instinkten säger henne att hon inte kan lyssna på Livs idiotiska krav, ändå ligger hon kvar. Hon vill inte bli anklagad för att vara en fegis igen. Om hon får tyst på Liv en gång för alla, kanske hon låter henne vara i fortsättningen. Julia väntar och lyssnar. Stirrar på dimman som sänker sig över spåret. Det är som i en film eller en dröm som hon betraktar på avstånd, inte något som händer på riktigt.

Julia vet att hon måste våga ligga kvar länge nog.

Spårvagnen närmar sig. Är det tillräckligt?

Julia vänder sig mot Liv, som skakar snabbt på huvudet. Hennes blick är glasartad och Julia sväljer ångesten. Tessan är kritvit i ansiktet. Det är nära att Julia flyger upp på fötter, men hon vill inte behöva vara med om det här igen. Om några sekunder kan hon resa sig och gå härifrån med huvudet högt. Och aldrig mer vara skolans hackkyckling.

Slippa bli sparkad och slagen.

Låta håret växa ut igen, utan att någon våldsklipper det på skolans toalett. Ingen vuxen skulle tro henne om hon berättade, för inget sådant kan väl hända på en högstadieskola i Fin-Bromma? Bland väluppfostrade Brommabor. Det var ändå inte i närheten av det som händer nu. Hon anar spårvagnen i dimman, men hon hör inga gnisslande bromsar. Ingen tuta.

Ser föraren henne inte?

Liv och Tessan står kvar, orörliga vid sidan om, väl dolda av buskaget. Det är först när strålkastarna lyser upp området som de försvinner ur synfältet. Då så. Det är över nu. Hon behöver inte stanna kvar här längre och riskera sitt liv.

Julia tar stöd mot marken med armbågarna för att komma upp. Blicken landar på spårvagnen ett ögonblick för länge. Den rusar fram, mycket fortare än hon hade räknat med. Hon inser att det kan vara för sent att ta sig därifrån. Sedan stirrar hon rakt in i loket och möter förarens skärrade blick. Han gestikulerar vilt åt henne, men kroppen är som fastfrusen i marken. Julia lyckas inte röra sig över huvud taget. Det hjälper inte att den varnande tutan skär i öronen, hon förmår inte flytta sig.

”Julia”, hör hon någon skrika så att rösten spricker.

Det låter som Tessan.

Mer hinner Julia inte tänka förrän världen exploderar i ett fyrverkeri av blixtar och stjärnor.

Sedan blir det svart.

15

”VÄNTA NU”, SÄGER Krille till Jerka Janssons granne där de står i trapphuset i Beckomberga. ”Vad är det du säger?”

”Jag tipsade polisen om att något kan ha hänt Jerka”, säger hon. ”Det lät förfärligt i hans lägenhet den där söndagen. Men inga poliser kom. Det är ingen som bryr sig om oss gamlingar.”

”Säg inte så”, protesterar Emma. ”Vad heter du?”

”Jag? Jamala Ali.”

Emma går fram och lyfter på Jerkas brevinkast och drar in lukten genom näsborrarna. En sötsliskig stank som hon känner igen alltför väl.

”Ringer du efter en låssmed?” ber hon Krille.

”Vad händer?” frågar Jamala.

Emma ler mot den oroliga kvinnan. ”Vi måste ta oss in i lägenheten med hjälp av en låssmed. Är det okej att vi kommer in till dig så länge?”

”Jag väntade inte besök”, säger hon och ber om ursäkt för att det är ostädat.

Emma ser inte något damm. ”Vad fint du har det.”

”Inte då”, säger Jamala och drar med fingret över ett inramat fotografi på väggen. ”Tre flickor blev det minsann. Så upptagna allihop. Ingen har tid att hälsa på.”

”Känner du Jerka väl?” frågar Krille.

Jamala fnyser. ”I det här korthuset kan man alla grannar utan och innan, vare sig man vill eller inte.”

”Vad var det för oljud du hörde från Jerkas lägenhet, som gjorde att du kontaktade polisen?” frågar Emma.

”En smäll och ett brak”, svarar Jamala. ”Det lät som ett bråk som spårade ur.”

Låssmederna verkar vara eftertraktade ikväll, eller också är det trafikstockning, för det dröjer femtio minuter innan någon dyker upp som kan öppna Jerkas dörr. De tackar Jamala för hjälpen och ber henne att stanna i sin lägenhet.

”Jag går gärna bakom dig”, säger Krille och Emma märker att han är blek.

Hon är tvungen att hålla för näsan när de kliver in till Jerka, hon vänjer sig aldrig vid liklukten. I hallen står olika skor och ett par stövlar med intorkad lera. Det finns inga spår efter något tumult i hallen, och hon går vidare in i vardagsrummet. Tomt. Tv:n är avstängd. En brun manchesterfåtölj är omkullvält och en tavla har ramlat i golvet så att glaset har krossats. Någonting har hänt här, precis som Jamala sa. På soffbordet ligger en öppen chokladask och bredvid den finns ett vitt kuvert. Emma tänker att det kan vänta. Först måste hon lokalisera kroppen. Hon öppnar dörren till ett sovrum och ser en obäddad säng, men ingen är där.

I köket är diskhon fylld med använda tallrikar och glas, och ett flingpaket står kvar på matbordet.

”Var är han?” frågar Krille som hela tiden går steget bakom henne.

”Badrummet”, säger hon. ”Det finns ingen annanstans kvar att leta.”

Dörren som har en wc-skylt är stängd. Emma trycker ner handtaget. Någon ligger i badkaret.

”Jerka?” frågar hon, även om det har varit uppenbart för henne hela tiden att det inte rör sig om en levande människa.

Emma går närmare och betraktar den döde mannen i

det halvfyllda badkaret med rödbrunt vatten. Huvudet är bortvänt och han är naken.

”Fy fan”, säger Krille och lämnar rummet. ”Jag klarar inte det här. Jag går ut och kallar på läkare och tekniker.”

Emma stirrar på kroppen. Det är svårt att säga om det är samma person som i tv-inslaget. Hon måste veta med säkerhet att det är Jerka. Samtidigt kommer det inte att bli populärt hos teknikerna om hon stökar omkring.

När hon böjer sig över badkaret ser hon de gröna tatueringarna runt handlederna.

Jerka Jansson.

Emma backar försiktigt ut från badrummet för att inte förstöra några eventuella spår.

Krille står i dörröppningen. ”Jag har ringt, de är på väg.”

”Det är Jerka”, berättar hon.

Han nickar stelt, fortfarande blek om kinderna.

”Något du vill prata om?” frågar hon men han skakar på huvudet.

Emma kommer att tänka på kuvertet på soffbordet. Hon återvänder till vardagsrummet och lyfter upp det. Någon har skrivit med darrig handstil utanpå kuvertet.

Till den som hittar mig.

Inuti är det tomt.

”Har du öppnat det?” frågar hon Krille.

”Nej, jag har inte rört det.”

Märkligt. Hon ser sig om i vardagsrummet och går sedan in i sovrummet, men hittar inget brev. Rättsläkare och två tekniker kommer till lägenheten och hon skyndar till hallen för att ta emot dem.

När läkaren har konstaterat att Jerka Jansson är död, kan Emma och Krille inte göra mer på plats. Teknikernas arbete lär ta hela natten.

”Hans stövlar bör skickas på analys omgående”, säger Emma. ”Hör av er direkt om ni hittar något annat.”

På väg mot Tranebergsbron möter de en ambulans med blåljus som kör farligt snabbt. Den svänger av vid Alvik, och de hör på kommunikationsradion att det har skett en personolycka på Nockebybanan, och att spårvagnstrafiken är avstängd i båda riktningarna tills vidare.

Emma tittar efter ambulansen. ”Hoppas att de inte ska behöva plocka upp resterna av en människa.”

Mobilen ringer, det är spaningsledare Westberg. Emma svarar och berättar om upptäckten i Jerkas lägenhet.

”Jag har också en nyhet att komma med”, säger han. ”Vi har en preliminär dödsorsak. Trots märkena runt Petters hals, dog han inte av strypning. Tungbenet var intakt.”

”Jaha”, säger Emma förvånat. ”Hur gick det till då?”

”Han drunknade.”

16

ORON OCH FRUSTRATIONEN har övergått i vrede. Josefin är på väg att krama sönder tekoppen i handen. Jävla unge! Varför måste Julia utsätta henne för det här? Sticka iväg och sedan vägra svara i telefon. Det är inte okej, och det tänker Josefin berätta för henne så fort de ses. Beteendet måste få konsekvenser. Ett kombinerat utegångs- och mobilförbud i en vecka borde ta hårt.

Det är för Julias eget bästa.

Josefin ställer ner tekoppen i diskmaskinen och laddar med en disktablett, men kommer av sig precis när hon ska starta den. Det låter som sirener i fjärran, men hon inbillar sig säkert. Obehaget sveper förbi. Hon kan inte hålla på att älta ihjäl sig. Bara för att en ambulans rör sig i området och Julia inte är hemma, betyder det inte något. Det är ju snudd på narcissistiskt att tro att allt kretsar kring hennes familj. Vattnet brusar till när Josefin startar diskmaskinen och ljudet utanför fönstret dämpas.

Hon letar fram sin gömda chokladask i skafferiet. När hon lyfter på locket och ser att endast tre praliner finns kvar, inser hon att den knappast var så hemlig som hon trodde. Barnen kan nosa sig till sötsaker som spårhundar. Eller också är det Andreas som har börjat smygäta igen efter Ironmansatsningen som gick åt skogen. Ingen av dem har någon vidare karaktär när det kommer till choklad. Efter en viss tvekan stoppar hon en pralin i munnen. Sedan stänger hon igen skåpsdörren och märker att Andreas står i köket. Hon rycker till och ska precis erkänna sitt brott.

”Okej, jag kunde inte låta bli att ...”

”Josefin”, avbryter han.

Hans stela blick vittnar om att det är något allvarligt.

”Jag fick ett samtal”, säger han och hon ser hur handen som håller i mobilen darrar. ”Julia är på väg till Karolinska i ambulans.”

Allt blod lämnar hjärnan och hon måste ta stöd mot diskbänken. Det tjuter i öronen och det är svårt att hålla ögonen öppna.

”Vad är det som har hänt?” får hon fram.

”Spårvagnen ...”

Hörseln försvinner och luftrören är för trånga för att släppa förbi något syre. Josefin stirrar rakt framför sig, utan att höra ett ord till som Andreas säger. Hon bara ser att hans läppar rör sig samtidigt som hon kippar efter luft. Han kommer fram och tar hennes hand, och leder ut henne till bilen. Hon hyperventilerar en stund innan hörseln sakta återvänder.

”Hon lever i alla fall”, säger Andreas och startar bilen. ”Det är huvudsaken.”

Regnet smattrar mot rutan och Josefin tittar ut på husen hon passerar varje dag. Hon kan området utan och innan, ändå är det som att blicken vilar på något hon aldrig har sett förut. Skenet från en mötande bil skär som rakblad i hjärnan på henne. Det är så smärtsamt att hon måste blunda, men ljuset dröjer sig kvar innanför ögonlocken. Små vita streck som fladdrar omkring. Julia, lilla gumman. Så stor men ändå så liten. När Josefin tittar igen har Andreas stannat bilen.

”Vi är framme.”

Josefin försöker resa sig men kommer inte loss. Andreas knäpper upp hennes bilbälte och hon kliver ur på ben som viker sig. Tack och lov lyckas hon stoppa fallet genom att greppa tag i bildörren.

”Älskling, andas”, säger Andreas och kommer runt för att ge henne stöd. ”Allting ordnar sig.”

Hon spelar upp scenen i sitt huvud när Julia skulle cykla hemifrån. Josefin stod där med hjälmen och sa något ironiskt om att cykla eller gå. Struntade Julia i hjälmen ändå? Hade hon bråttom och cyklade över rälsen när spårvagnen kom? Chansade hon för att spara någon minut? Hon är tretton år och har cyklat sedan barnsben. Julia är inte oaktsam. Josefin föreställer sig hur Julia slungas av cykeln och landar med bakhuvudet mot den hårda rälsen. Sedan klarar hon inte av att tänka mer, men det är svårt att stänga av hjärnan som går på högvarv och plågar henne med otäcka bilder. Hon tar tag i Andreas.

”Vad vet du?” Först nu kommer Josefin på att hon inte har frågat.

Han fortsätter mot entrén medan han pratar. ”Bara att det har hänt något med Julia vid spårvagnen och att hon var på väg till sjukhuset i ambulans.”

”Är hon allvarligt skadad?” frågar Josefin, fast hon inte vet om hon vill höra svaret.

”De ville inte berätta några detaljer på telefon, men sa att vi skulle åka raka vägen hit.”

Och nu står de alltså här. På akuten. Utan att ha en aning om vad de kommer att mötas av. En sköterska visar in dem i ett rum med en brits när de har förklarat att de är Julias föräldrar.

”Läkaren kommer snart och pratar med er.”

”Var är Julia?” frågar Josefin.

”Alldeles strax ska ni få veta mer”, säger sköterskan, utan att ge någon vink om läget.

Josefin brusar upp. ”Du kan inte bara lämna oss här utan att säga något. Det är vår dotter det handlar om.”

”Sätt dig, Josefin”, uppmanar Andreas och vänder uppmärksamheten mot sköterskan. ”Hon är chockad.”

”Vill du ha något lugnande?” frågar kvinnan vänligt.

”Nej, jag vill för helvete bara veta hur min dotter mår, är det så svårt att begripa?!”

Ska hon behöva ta till våld för att få henne att förstå?

Andreas hindrar Josefin från att resa sig upp och ge sig på sköterskan. ”Jag ordnar det här.”

Josefin tittar med avsky på honom.

Hans grepp om henne är bestämt och till slut tvingas hon ge upp. Musklerna mjuknar och då kommer tårarna.

”Så ja, lugn”, viskar han.

En kort knackning på dörren får dem att stelna till. Andreas släpper taget om henne samtidigt som en ung läkare med lockigt hår kommer in och presenterar sig. Hans allvarliga uppsyn gör Josefin yr i huvudet. Hon får en flashback till alla sjukhusbesök för Emmas skull, alla dåliga besked när hennes syster svävade mellan liv och död. Ändå har hon inte vant sig. Hon måste uppbåda all kraft hon har kvar för att kunna koncentrera sig på att lyssna. Istället sneglar hon på sin randiga dräkt och grips av panik. Har hon lämnat huset i pyjamas?

”Det var jag som tog emot er dotter här på akuten och gjorde en första bedömning.”

Hjälmen. Den som Julia hatade att ha på sig. Om hon bara hade tagit på sig hjälmen. Hur kunde hon strunta i den? Ilskan går som en projektil genom kroppen, men dör lika snabbt och ersätts av skräck. Josefin ser hur Julia sitter i en rullstol med förlorad känsel i hela kroppen. Ett paket. Det kommer inte fungera med deras trappa. Hur bygger man en ramp? Ska de bära henne upp- och nerför trappan i början? Innan rampen är på plats, alltså.

Josefin har tusen obesvarade frågor.

”Hon har haft änglavakt”, säger läkaren plötsligt och Josefin stannar upp i sina tankar. ”Hon kommer att bli helt återställd, eftersom skadan i huvudet är lindrig.”

Andreas gråter och Josefin inser att hon räcker upp handen, som om hon satt i ett klassrum.

Läkaren nickar mot henne.

”Vänta, jag förstår inte”, säger hon. ”Kommer Julia inte sitta i rullstol?”

Han ler för första gången sedan han satte sin fot i det smala rummet. ”Nej, hon har drabbats av en hjärnskakning och en ytlig skada i huvudet som krävde några stygn. Hon har fått morfin och sover nu, men hon kommer att klara sig utan bestående men.”

”Tack gode gud”, viskar Josefin.

Läkarens leende slår över i en allvarlig min. ”Visste ni att er dotter var suicidal?”

Brädorna under skummadrassen skär in i ryggen och det är svårt att somna när mamma gråter i rummet bredvid. Jag är trött men ilskan håller mig vaken. Hur kunde pappa lämna mig här när han vet hur trasig mamma är? Småsyskonen blir oroliga av den spända stämningen. Alla tassar på tå, rädda att göra mamma upprörd. Jag trycker händerna mot öronen för att inte höra hennes snyftningar. Tur att jag åtminstone slipper se de rödgråtna ögonen och den magra kroppen, där nyckelbenen framträder under det vita nattlinnet. Jag säger till mina syskon att allt kommer att ordna sig.

En lögn förstås.

Här finns bara mörker.

Mammas plötsliga humörsvängningar, hennes utbrott. Förvirringen när hon höjer någon till skyarna, för att i nästa stund trycka ner samma person i skosulorna. Jag förstår att pappa inte orkade mer. Vem gör det?

Fast vi barn har inget val, vi har ingenstans att fly.

Jag sänker händerna.

Mamma gråter fortfarande.

I början led jag med henne, och försökte göra henne nöjd. Sprang hennes ärenden, men blev ändå utskälld. Vad jag än gjorde hittade hon alltid fel, och jag nickade och svalde för att hon inte skulle bli ännu argare. Månader gick innan jag insåg att hon var sjuk. Det är svårt att förstå när det inte syns utanpå.

Hennes tillstånd förvärrades, hon drog med alla i djupet.

För tre dagar sedan var pappas sida av sängen tom.

Jag grät när ingen såg.

Men någon gång tar tårarna slut. Då kan man inte sitta kvar och tycka synd om sig själv, man måste resa sig upp.

Fortsätta sitt liv.

Mamma klarar inte det.

Hon vägrar lämna sitt rum mer än när hon måste gå på toaletten. Det är jag som ger henne mat och dryck, för jag kan inte se henne sakta försvinna. Fast det kanske vore det bästa? I mina mörkaste stunder blir jag nästan upprymd av tanken. Minuterna går och plötsligt är det tyst.

Jag borde bli lättad, men känner istället en isande skräck som jag inte kan förklara.

En fruktan över att något har hänt.

TISDAG 15 OKTOBER

17

EMMA SMINKAR SIG för första gången på en evighet. Brun ögonskugga och svart mascara, sedan får det räcka. Hon ler mot sig själv i badrumsspegeln och konstaterar att hon känner sig utvilad. Ines fick stanna hos mormor och morfar och Elli bor hos Nyllet. Det var obegripligt tomt att inte ha något av barnen hos sig i natt. Fysiskt smärtsamt, även om det innebar bättre sömn. Elli vaknade tidigt, så Nyllet kom förbi med henne en kortis och tog en kaffe. Alltså fick hon chansen att pussa på sin lilla bebis.

Nyllet är en drömpappa. Hon har tur.

Emma låser dörren till lägenheten.

Solen skiner mellan hustaken när hon promenerar mot polishuset på Kungsholmen. Det är mycket att göra under inledningsskedet på en mordutredning, och nu har de plötsligt två döda kroppar. Vakten är inte lika misstänksam den här gången, hon hälsar igenkännande bakom det skottsäkra glaset. Så fort hissen stannar på plan sex går Emma raka vägen till sitt rum.

Krille har inte kommit än. Han har väl somnat på någon sportbar med sina polare, tänker hon fördomsfullt. De lever helt olika liv, det har hon förstått. Och hon är inte ett dugg avundsjuk. Eller kanske lite.

Mordet på Petter Lindh toppar nyhetssajterna.

Emma suckar när hon ser att media har snappat upp polisens misstankar mot Jerka Jansson, och hans besvikelse över den låga vinsten. Han hängs ut som en girig man, klippet när han skrapar Triss i Nyhetsmorgon visas överallt. Jerkas skärrade blick när Petter gratulerar till hundratusen kronor används som en stillbild på var och varannan sida. Folk är inte nådiga i sina kommentarer.

Han mördade Petter för pengarna.

Tragiska ynkrygg.

Hade Jerka ihjäl Petter, och åkte till Dalarna för att dumpa kroppen?

Motivet: fel vinst i Triss.

Människor har mördat av konstigare skäl.

Men när dog i så fall Jerka?

Grannen Jamala är tvärsäker på att hon hörde oljudet från Jerkas lägenhet på söndagen, samma dag som Petter försvann. Efteråt var det tyst där inne och hon såg inte till Jerka mer. Och enligt rättsläkaren levde Petter i flera dygn efter det.

Emma försöker förstå vad som kan ha hänt.

Westbergs nyhet om att Petter drunknade gör att de kanske kan fastställa en brottsplats snart. Polisen i Borlänge har tagit prover i den lilla sjön i skogen där Petter hittades, för att kunna jämföra med vattnet i hans lungor. Men allt tar sådan tid. Emma önskar att det gick lika fort i verkligheten som på film, så de slapp ha hela Sverige som potentiell brottsplats. Hon inser att hon arbetar med ett fall där hon varken har sett fyndplatsen eller offret. Fast hela poängen är ju att de ska vara i Stockholm och bistå med allt som behöver göras här. Som till exempel Jerka. Emma ringer en av teknikerna som arbetade i hans lägenhet. Hon svarar med trött röst.

”Det blev en lång natt.”

”Säkrade ni några spår?”

”Jodå, en hel del”, säger kvinnan. ”Vi blev just klara och stövlarna är skickade till NFC som du bad om. När kroppen lyftes ur badkaret låg en pistol under den.”

Emma minns det vita kuvertet med den olycksbådande texten på utsidan.

Till den som hittar mig.

”Fanns det något brev?” frågar Emma.

”Det låg ett påbörjat brev i en låda i nattduksbordet”, säger kvinnan. ”Jag har fotograferat det.”

”Vad stod det?”

”Att han inte hade någonting kvar att leva för”, säger teknikern. ”Inget jobb, inga vänner, ingen kontakt med sin familj, inga pengar. Det sista lilla hoppet som återstod var Trissvinsten, som kunde förändra hans liv. Han ville flytta, skaffa båt, leva livet. Han hade planerat i detalj vad han skulle göra om han blev miljonär. Hundratusen kronor var droppen, han såg det som ett tecken. Ett hån mot honom.”

”Ingenting om Petter?”

”Inte ett ord”, svarar hon. ”Han har avbrutit mitt i en mening, brevet blev aldrig färdigskrivet.”

”Så det finns ingen signatur heller?”

”Nej, precis.”

Emma tackar för informationen och lägger på.

Allting hängde på Trissvinsten, men trots Jerkas planer på att ta sitt liv, var det något som hindrade honom från att fullfölja avskedsbrevet. Ville han hämnas på Petter först eller struntade han bara i att skriva klart?

Nu är båda döda.

Emma går in på Flashback och läser vad som skrivs om Petter Lindh. Ibland kan det finnas intressanta spår bland rykten och skvaller. Så pass värdefull information att det leder till en lösning av ett fall. Hur omtyckt och älskad Petter än var, svartmålas han i dessa forum där människor kan vara anonyma. Det är förstås svårt, för att inte säga omöjligt, att bedöma vilka inlägg hon ska ta på allvar.

Magkänslan får avgöra.

Hon skärmdumpar en kommentar som handlar om Sofia, Petters sambo. Någon påstår att hon hade fler män.

Lindberg knackar på dörren. "God morgon! Här kommer jag med en utskrift på Petters sms", säger han och Emma tittar upp från skärmen. "Enligt Borlänge ville du ha dem."

"Tack", säger hon och tar emot listan.

Emma läser med stigande förhoppning om att hon ska hitta något. Hot och trakasserier, mötesplatser och tidpunkter avslöjas ofta på det här sättet, och hjälper polisen att lägga sitt pussel.

Var är du?

Snälla svara!

För helvete, Petter, sluta förstöra för alla.

Den senaste veckan har Petter inte svarat på ett enda sms.

Emma läser vidare och fastnar på en mening.

Gör inget du kommer att få ångra.

Mobilnumret tillhör Fredrik Soller, som har skickat många meddelanden till Petter. Hans sms kan tolkas som att det finns en hotfull underton, eller också är det äkta oro över att något är på väg att ske. Emma måste ta reda på vem mannen är, och det tar inte lång tid att hitta svaret.

Petters chef.

18

JOSEFIN VANKAR AV och an på det spräckliga linoleumgolvet i de långa ljusa sjukhuskorridorerna, medan Andreas är iväg och handlar frukost. Lukten av desinfektionsmedel är inte lika påträngande längre, det beror väl på att hon har vant sig. Hon har väntat hela natten på att få prata med Julia, men hon sover fortfarande. Det går inte att sluta fråga sig vad som gick fel.

Vad hade hon kunnat göra annorlunda?

Josefin råkar få en skymt av sitt härjade ansikte i glaset till en dörr. Vem är den desperata mamman med det ovårdade håret? Hon viker undan blicken och svär över flytten till Palma, ångrar att hon hela tiden har tjafsat med Julia. Hon borde ha ansträngt sig mer för att sätta sig in i sin dotters situation. Det är andra förutsättningar idag än när hon själv var tonåring. Josefin öppnar dörren till Julias sal. Äntligen har hon slagit upp ögonen, och Josefin försöker trösta sig med att hon har fått en andra chans.

Julia lever.

Hon ser så liten ut i sjukhussängen. Så skör.

”Hej gumman, hur mår du?” viskar Josefin och ångrar sig genast. Det är klart att Julia mår fruktansvärt dåligt efter det som hänt.

Julia tittar sig förvirrat omkring med det stora bandaget runt huvudet. När blev hennes blick så tom? Josefin drar fram besöksstolen och sätter sig nära sängen.

”Jag vet inte”, viskar Julia.

”Pappa kommer snart”, säger Josefin och stryker henne försiktigt över kinden.

Julia drar sig undan, bara några millimeter, men ändå tillräckligt för att Josefin ska märka det. Hon försöker att inte visa att det sårar henne.

”Vi blev så oroliga”, säger Josefin. ”Varför har du inte sagt något?”

Läkaren gav dem rådet att inte gå för snabbt fram och ställa känsliga frågor. Risken är att Julia sluter sig ännu mer då. Steg ett är att låta henne återhämta sig och berätta självmant. Men nu när varken läkaren eller Andreas är här kan Josefin inte låta bli. Hon måste få veta. Hon är trots allt hennes mamma.

En ensam tår rullar nerför Julias kind. ”Sagt vadå?”

Josefin sväljer och försöker hitta en formulering som hon kan uttala högt utan att gå sönder. Hon lägger benen i kors och lutar sig tillbaka i stolen. Blicken letar sig bort mot fönstret, ut till friheten. Till de vykortsvackra höstträden, som står där som en påminnelse om hur fint livet kan vara.

”Att du inte ville leva mer.”

Julia vänder bort huvudet och torkar sig på kinden.

”Vi kunde ha hjälpt dig”, fortsätter Josefin med en röst som har något kantigt och besviket över sig, även om hon inte vill låta så.

Fortfarande ingen respons.

Josefin placerar sin hand över täcket där hon tror att Julias arm befinner sig, men hon rycker den åt sig. Josefin skulle vilja krama fram sanningen ur Julia, tvinga henne att berätta vad hon går och bär på. Och varför i hela friden hon inte har sagt något.

Varför hon gjorde så här.

”Snälla Julia, prata med mig”, vädjar Josefin och försöker lägga band på sig, men hör själv hur forcerad rösten låter, på gränsen till arg istället för vänlig.

”Jag ville inte ta självmord.”

”*Begå* självmord, heter det”, tänker Josefin, men inser för sent att hon också måste ha sagt det högt, för Julia ser på henne med avsky i blicken.

”Spelar det någon fucking roll?”

”Svär inte”, säger Josefin och biter sig i tungan.

Julia vänder ryggen till henne.

”Förlåt mig, jag har inte sovit på hela natten”, ursäktar sig Josefin. ”Jag är inte mig själv.”

”Jo, det är precis vad du är”, muttrar Julia. ”Och nu ska du ge mig dåligt samvete också.”

Sedan blir hon obehagligt tyst.

Josefin minns läkarens ord om skam. Efter ett misslyckat självmordsförsök kan personen hamna i förnekelse.

”Älskling, du kan säga som det är”, bedyrar Josefin.

”Du förstår ingenting”, svarar Julia ilsket och knyter sina nävar. ”Jag vill inte ha din jävla hjälp.”

I samma ögonblick som hon säger de orden tittar Andreas in i salen med två frukostpåsar i handen.

”Är du vaken?” utbrister han och skyndar sig runt sängen för att krama sin dotter. ”Älskade du, jag är så otroligt tacksam och glad över att du lever. Jag älskar dig.”

Josefin sväljer sina tårar. Varför kunde hon inte ha sagt något liknande? Om hon bara hade varit lite mer som Andreas. Kärleksfull och smidig. Den förbannade rädslan förstör allt. Rädslan för vad som kunde ha hänt hennes barn.

En iskall insikt landar.

Är det hon som har drivit Julia till det här?

19

JULIA ÄR LÄTTAD när mamma och pappa äntligen lämnar henne ifred en stund. Det är plågsamt att se dem, särskilt mamma. Julia orkar inte lyssna på hennes desperata röst. Hon kan inte säga sanningen, för den är för sjuk.

Min före detta bästis tvingade ner mig på spårvagnsrälsen för att se hur länge jag skulle våga ligga kvar.

Nej, det låter inte klokt.

Josefin skulle skaka på huvudet och säga något i stil med att hon inte köper det. Om hon mot all förmodan trodde på det skulle hon lägga skulden på Julia: ”Du kunde ha sagt nej. Du måste väl ha förstått hur stört det är? Vad är det för fel på dig, Julia?”

Nej, jag är värdelös, jag vet att du tycker det.

Julia stirrar rakt fram i det opersonligt inredda rummet. Betraktar den obegripliga tavlan på väggen mittemot. Men det spelar ingen roll hur ful den är, hon vill aldrig åka härifrån. Vad ska alla tro om henne? Att hon ville *begå* självmord. Typiskt mamma att rätta henne. Hon klarar inte av att lägga sin uppfostrarroll åt sidan ens en sekund. Så rubbat. Julia ville inte skada sig själv och hon ville verkligen inte dö. Ändå höll det på att sluta så.

Tystnaden från klasskamraterna gnager i bröstet.

Liv lär förvränga allting för att förstöra Julias rykte ännu mer och för att skydda sig själv. Ingen kommer vara intresserad av Julias version. Den sanna. Och den kan hon ändå inte berätta, för då anklagar hon någon för att ha orsakat olyckan. Ord står mot ord.

Det knackar lätt på dörren och Josefin sticker in huvudet. Julia tar ett djupt andetag. Vad vill hon nu då? I handen håller hon en bukett med rosa rosor.

”Titta, vad fina blommor”, säger hon och ler.

Är det någon som tänker på henne, trots allt? Julia kan inte komma på en enda person som skulle vilja ge henne blommor. En värme sprider sig i bröstet. Hon blir rörd, men vill inte visa det för sin mamma.

”Vem är de ifrån?” frågar hon samtidigt som mobilen plingar till. Liv har skickat en snap.

Nästa gång kommer spårvagnen inte hinna bromsa.

Josefin räcker över rosorna. ”Från Liv. Så omtänksamt.”

Vreden kommer på en hundradels sekund. Julia hivar iväg buketten mot golvet, så att en av stjälkarna knäcks.

”Men vad gör du?” säger Josefin förfärat och börjar plocka upp rosorna, en efter en. ”Vad synd på den fina buketten.”

”Låt mig vara!” skriker Julia. ”Försvinn!”

20

PÅ EMMAS SKRIVBORD ligger en utskrift från Petters bankkonton. Först ser allt ut att vara helt vanliga transaktioner: sushilunch, storhandling på Ica, några hundra kronor på en bar. Men sista gången kortet användes, på söndagen, gjorde han flera kontantuttag på sammanlagt tjugotusen kronor i en bankomat på Gärdet. Var det Jerka som fick honom att ta ut pengarna?

Eller behövde han dem till något annat?

När Emma och spaningsledare Westberg kör en avstämning på telefon, berättar hon om uttagen.

"Vad skulle han med tjugotusen kronor till?" frågar han.

"En överraskning till Sofia inför bröllopet?" föreslår hon.

"Ni får fråga henne om det."

"Har ni hittat hans mobil?"

"Nej, tyvärr", säger Westberg samtidigt som Krille kommer in i rummet och sätter sig bredvid henne.

"Enligt Flashback har Sofia flera män", säger hon till Westberg och slår på högtalaren. "Jag lusläste tråden och hittade en del intressant."

"Låt höra."

"Någon såg Sofia tillsammans med en annan man på kvarterskrogen Lilla Ego i lördags. De var ganska intima och verkade inte rädda för att bli igenkända."

"Vet du vem mannen är?"

"Nej, inte än."

Krille försöker dölja en gäspning.

”Sofia har en del att förklara”, säger Westberg. ”Bäst att ni åker och pratar med henne igen.”

”Absolut”, säger hon. ”Petter hade dessutom fått flera sms från sin chef. Ett som går att tolka som hotfullt, men de flesta vädjar att han ska höra av sig. Jag ringde till Fredrik Sollers arbete, men fick beskedet att han är sjukskriven för tillfället, sen en vecka tillbaka.”

”Okej, fortsätt jaga honom också”, säger Westberg.

Efter samtalet beger sig Emma och Krille raka vägen mot Söders höjder.

”Jag minns att jag reagerade på en sak när vi var där sist”, säger Emma. ”Klädseln. Sofia var både sminkad och uppklädd, med örhängen och allt. Hon såg mer ut att vara på väg någonstans än att sitta hemma och vara orolig för sin försvunne sambo.”

”Vi får se vad hon har att säga.”

Sofia hälsar med en besvärad min. Hon är uppklädd nu med och Emma noterar en resväska i hallen.

”Hej, har det hänt något nytt?” frågar Sofia och rättar till en hårlock som har hamnat i ansiktet.

”Stör vi?” undrar Krille.

”Det är klart att ni inte gör, det var bara det att jag inte väntade besök från polisen idag igen.”

”Ska du ut och resa?” frågar Emma och nickar mot den silverfärgade rullväskan.

Sofia ser sig nervöst om. ”Jag har bokat en sista minuten till Dominikanska för att komma bort och skingra tankarna. Jag behöver tid att sörja.”

”Mitt i Petters utredning?” frågar Emma förvånat. ”Är det inte bättre att stanna hemma ifall vi behöver din hjälp?”

Sofia vänder sig om igen.

"Har du besök?" frågar Krille, när det är uppenbart att Sofia söker med blicken efter någon.

Då kliver en man fram ur skuggorna bakom henne. Emma känner igen honom med en gång. Dels för att han har figurerat i media när pressetiska frågor har debatterats, dels för att hon nyss har googlat på honom. Emma vet att han har fått kritik för sina kontroversiella åsikter, och fick sparken från Sveriges Television efter ett personalbråk.

Fredrik Soller, Petters chef på TV4.

"Kom in", säger han.

21

DEN VASSA SPADEN höjs ovanför Magnus och han försöker försvara sig med händerna. Sekunden innan han tar emot smällen i huvudet öppnar han ögonen. En mardröm. Sedan ser han sig om i den mörka graven och inser att verkligheten är betydligt värre än drömmen. Den djupa jordgropen finns på riktigt och han skakar av kyla.

Det skaver i hjärtat när han tänker på sitt svek.

Enya. Bara det sagolika namnet talar sitt tydliga språk. Leendet, livsglädjen i blicken.

Magnus har hela tiden trott att han inte kan rå för hur det blev. Att det inte går att råda över sina känslor.

Att det inte är någons fel.

I början var han överraskad att hon visade honom sin uppskattning, eftersom hon är tjugo år yngre. Vad såg hon hos en gammal gubbe? Gång på gång betonade hon att han var den bästa chef hon någonsin haft. Sättet hon tittade på honom gjorde honom knäsvag. Utan att tänka sig för övertalade han henne att ta del av företagets erbjudande om friskvård, att börja träna. Det fanns inga baktankar att de skulle göra det ihop. Eller? Han skulle bara visa henne gymmet, lära henne några övningar som kunde stärka nacke, skuldror och axlar. Så fort deras kroppar råkade snudda vid varandra gick det som en elektrisk stöt genom honom. Något som legat latent i flera år väcktes till liv.

Åtrå. Lust. Passion.

Det var omskakande och den omedelbara lösningen var att fly. Men hur skulle han kunna rymma från sin sekreterare? Ge henne sparken? På vilka grunder då? Hon gjorde ett utmärkt arbete. Innerst inne ville han heller inte slippa henne. Tvärtom, han ville vara med Enya dygnet runt. Så han backade inte. Det var hisnande, till en början. I hennes närvaro kunde han andas igen, ingenting kändes svårt eller omöjligt. De blev sammansvetsade och han visste att han hade gått över gränsen, även om ingenting fysiskt hade skett. Problemet var att Enya fortsatte att vara enastående.

Han älskar att vara beundrad. Omtyckt. Uppskattad.

Vem gör inte det?

Om folk såg honom nu skulle de inte tro att det var sant.

Fast kanske ändå, med tanke på vad som hände.

När de åkte på konferens till Prag smög hon över till honom den första natten. Han blev upphetsad bara han vidrörde hennes lockiga hår. Så sexig, så oemotståndlig. Det gick inte längre att hålla tillbaka. Han hade sagt till Vickan att han kanske inte skulle ha möjlighet att svara i telefon, eftersom han var huvudansvarig för konferensen. Vickan hade lovat att bara höra av sig i nödfall. Det var en enorm befrielse att lägga ifrån sig mobilen och slippa påminnas om sitt andra liv, som hade växt till en börda. En varböld som när som helst kunde spricka.

Enya och han älskade med varandra för första gången den natten. Han hade aldrig upplevt något liknande.

De senaste åren har Vickan mest legat som en död säl i sängen och klagat på huvudvärk. Enya var spännande och hänsynslös. Tiden stannade och de lät kropparna styra begäret.

Båda grät efteråt, men av olika anledningar. Han av den maximala njutningen, hon av längtan efter att slippa dölja sin kärlek till honom utåt. Det störde honom att de inte kunde stanna kvar i förtrollningen längre. Sedan somnade de av utmattning i varandras armar.

En knackning på dörren väckte dem morgonen därpå. När Magnus förstod att de hade försovit sig, och att hans närmaste kollega stod utanför dörren, var det som att mattan drogs bort under hans fötter.

”Vi kommer”, ropade han utan eftertanke.

”*Vi?*” svarade kollegan hånfullt och Magnus blev iskall.

Enya skruvade på sig och tittade yrvaket på honom.

”Jag och Power Point”, svarade han och skrattade.

”Konferensrum fem”, muttrade kollegan utanför dörren.

Inte förrän på lunchen tittade Magnus på sin mobil. Då var Enya och han tillbaka på rummet. Det dåliga samvetet höll på att slita honom itu.

Jag vill inte oroa dig, men Vera ramlade ner från trädkojan och slog sig igår. Akuten hela natten. Sju stygn i bakhuvudet. Hjärnskakning. Tyckte bara att du skulle veta.

Sedan en bild på hans dotter med bandage runt huvudet och ett tappert leende.

”Vad är det?” frågade Enya, som måste ha läst på hans stela kroppsspråk att något var galet.

”Inget.”

Och så krop de ner under duntäcket tillsammans. Det var enklast så. Att låtsas som ingenting. Inte ens att det var hans idiotiska idé att bygga den där jäkla trädkojan, flera meter över marken.

Men inombords började det rämna.

Hur länge skulle han kunna leva i sin lögn?

Jord rasar ner i hans ansikte och Magnus torkar bort den med handen.

Till slut hamnade han vid ett vägskäl.

Enya eller familjen.

22

NÄR DE SLÅR sig ner vid köksbordet hemma hos Petters sambo Sofia är bröllopskatalogerna utbytta mot broschyrer från olika begravningsbyråer.

Ett värdigt avslut.

En avskedsceremoni att minnas.

Det var snabbt jobbat med begravningsbyråerna, tänker Emma, med tanke på att de gav dödsbeskedet så sent som igår. På en skänk står en ljusstake och en inramad bild på Petter. Stearinljuset är släckt.

”Det är alltså du som är Petters chef?” säger Emma till Fredrik som har satt sig så nära Sofia att de nästan snuddar vid varandra.

Fredrik rynkar pannan. ”Ja. Hur visste du det?”

”Vi har sökt dig, men du är sjukskriven”, säger Emma. ”Stämmer det?”

”Fredrik har varit mitt bästa stöd”, inflikar Sofia utan darr på rösten. ”Även innan Petter försvann.”

Emma anar vart samtalet är på väg. ”Berätta.”

”Jag tog kontakt med Sofia för ett halvår sen, när jag märkte att direktsändningarna blev allt jobbigare för Petter att genomföra”, fyller Fredrik i. ”Han kunde inte bemästra sin nervositet.”

”Sen dess har vi tre varit ett team”, säger Sofia. ”Fredrik har funnits där för Petter på arbetstid och jag på hemmaplan.”

”Var han sjuk på något sätt?” undrar Krille.

Sofia skakar på huvudet och sneglar på fotot av Petter. ”Inte vad vi vet, han var högpresterande och hade extremt lite utrymme för personliga misslyckanden. Han verkade mest arg och besviken på sig själv och han hade svårt att hantera pressen.”

Ingenting som märktes i tv, tvärtom. Petter såg alltid lugn och avspänd ut och lyckades ta tillvara på varenda intervju. Han var som gjord för att hålla i Nyhetsmorgon. Men det är förstås svårt att veta vad som pågår på insidan, hur någon egentligen mår. Allt handlar om hur bra man är på att dölja det.

”Vet du om han tog några mediciner?”

Sofia nickar. ”Ja, han använde Atarax efter behov, men han blev ganska trött av det. Och sen testade han olika sömnmedel, men tyckte att de knockade honom även på dagtid. Han beskrev det som att befinna sig i ett ständigt töcken, vilket inverkade på hans prestation i rutan.”

Sömntabletter och ångestdämpande medicin. Synd att den toxikologiska analysen från obduktionen dröjer en vecka, Emma skulle vilja ha svar med en gång ifall han hade något preparat i kroppen.

”Petter var bäst när det gällde, men vacklade i sitt självförtroende”, säger Fredrik. ”Vi pratade mycket om det, men han kunde eller ville inte säga varför det var så. Det måste ha funnits något underliggande, eftersom det förvärrades med tiden.”

Sofia sätter armbågarna på bordet och lutar hakan tungt mot händerna.

”Efter varje sändning var han ett vrak, men han var mån om att det aldrig fick komma ut. Han skulle hellre dö än att erkänna det, och av respekt för honom ville jag inte gå in på det sist.”

Hon kommer av sig av sina egna ord.

”Vi pratade mycket om bröllopet”, fortsätter Sofia och rösten brister. ”Jag har alltid drömt om en stor bröllopsfest med alla vänner och släktingar, men han ville inte ha det. Han sa att det var värre än att sitta i direktsänd tv, att han inte skulle kunna vara sig själv på det som borde vara hans lyckligaste dag i livet.”

Fredrik viker undan blicken. Rodnar han, eller är han snarare besvärad?

”Och nu blev det ju inte så”, säger Sofia. ”Jag borde inte ha pressat honom.”

”På tal om bröllopet, eller snarare utgifter”, säger Emma. ”Petter gjorde fyra stora kontantuttag samma dag som han försvann.”

Sofia rynkar pannan. ”På hur mycket då?”

”Sammanlagt tjugotusen kronor”, säger hon. ”Vet du vad han skulle med pengarna till?”

”Ingen aning”, säger Sofia och pillar loss stearin från ett värmeljus på bordet.

”Så det kan inte ha varit något inför bröllopet?” frågar Emma. ”Eller renoveringen?”

”Nej, inget av det betalar vi kontant.”

Emma sväljer, hon vet inte hur hon ska kunna göra en snygg brygga över till det andra de kom hit för att prata om. Frågan går inte att ställa utan att låta anklagande.

”Vi har fått in tips om att du sågs tillsammans med en man på en krog i lördags”, säger Emma. ”Stämmer det?”

”Ja. Lilla Ego var bokat för länge sen. Petter och jag skulle ha gått dit ...”

”... och när Sofia berättade att hon tänkte avboka bordet, övertalade jag henne att vi två skulle gå istället. Då visste vi ju ingenting mer än att Petter hade dragit.”

”Så det var ni som var där?”

Sofia nickar stelt.

Emma undrar om hon själv skulle gå på krogen ifall hennes partner var försvunnen.

Fredrik fortsätter att förklara sig. ”Jag var övertygad om att han hade övergett Sofia, och var besviken på Petter som bara stack och lämnade henne med alla frågetecken. Jag kunde inte i min vildaste fantasi tro att han var död.”

”Men du hade ju anmält honom försvunnen?” invänder Emma och tittar på Sofia.

”Jag var såklart väldigt orolig för honom”, säger hon till sitt försvar. ”Han brukar inte strunta i sitt jobb. Samtidigt måste man ju äta.”

Emma begrundar det hela. Sedan tänker hon på Fredriks desperata sms.

För helvete, Petter, sluta förstöra för alla.

Gör inget du kommer få ångra.

Skickades de verkligen av omtanke?

”Hade du någon kontakt med Petter efter sändningen på söndagen?” frågar hon Fredrik.

Han skakar på huvudet. ”Jag försökte få tag i honom, men han svarade inte på mina meddelanden.”

”Vad menade du med att han inte skulle göra något som han kommer få ångra?”

Fredrik blir knallröd i ansiktet. ”Har ni läst hans sms?”

”Svara på min fråga, tack.”

”Jag menade att han inte bara skulle sticka iväg och tro att han kunde komma tillbaka till Sofia när det passade honom. Man kan inte äta kakan och ha den kvar. Särskilt inte när han redan hade ställt till det så mycket för henne.”

Sofia döljer ansiktet i händerna, men säger inget.

Emma tar ett djupt andetag. ”Har ni två ett förhållande?”

”Nej”, säger Fredrik tvärt och det börjar rycka i hans ena ögonbryn.

Sofia tittar på henne. ”Va? Vad menar du?”

”Kan du redovisa för oss var du har befunnit dig och ifall du har haft sällskap? Från söndagen då Petter försvann tills det att han hittades?” frågar Emma.

Sofia tittar förfärat på henne. ”Varför då?”

”Det gäller er båda”, säger Emma bestämt.

23

JOSEFIN OCH ANDREAS sitter mittemot en äldre gråhårig kvinna med allvarlig, nästan dyster blick. Rummet är hemtrevligt inrett, med en virkad duk över ett runt bord och blommor i fönstret. Josefin försöker hitta en bra ställning i fåtöljen, men lyckas inte. Sedan sneglar hon på lådan med näsdukarna som ligger inom räckhåll.

”Josefin, hur går dina tankar just nu?” frågar psykologen.

Vilken ände ska hon börja i?

Josefin vet inte om de har fått ett krissamtal med en psykolog för deras egen skull eller för Julias. Allt är så rörigt och svårt att förstå. Julia ville väl inte dö? Josefin kan bara inte acceptera det. Hennes blick klättrar på väggen bakom psykologen, och fastnar på en akvarellmålning som föreställer en båt på ett hav i storm. Väldigt träffande.

”Jag vet inte vad jag skulle ha gjort för att förhindra det här”, svarar Josefin svävande. ”Det är det största misslyckandet som förälder.”

”Vilket då?” frågar psykologen och rättar till glasögonen som har hasat ner på nästippen.

Är hon trög?

Josefin måste titta på psykologen för att avgöra om hon driver med henne, men hon sitter där tyst och väntar på ett svar.

”Att ens barn vill ta livet av sig.”

”Är det så du ser det?” frågar psykologen och låter blicken

vandra mellan Andreas och Josefin. ”Som att du, eller ni, har misslyckats som föräldrar?”

Irritationen kryper sig på alltmer och det kliar infernaliskt runt bröstkorgen. Behån är för trång och luften fastnar på väg ner i lungorna. Båten på tavlan ser ut att gunga på de höga vågorna, snart kapsejsar den.

”Ja, hur ska man annars tolka det?” fortsätter Josefin och kämpar för att låta nyanserad. ”Om vårt barn hellre vill dö än leva, så är väl det knappast ett bra betyg till oss två.”

Psykologen ser bekymrad ut. ”Jag vet inte om det är till någon tröst, men föräldrarnas inverkan på ett barns välmående är inte så stort i den åldern. Inte om grundförutsättningarna finns, vill säga.”

Vad svamlar hon om?

”Den viktigaste faktorn brukar snarare vara vänner, hur ser det ut för Julia där? Har hon ett rikt socialt liv?”

Ett rikt socialt liv?

Andreas nickar. ”Julia har aldrig haft problem med kompisar. Hon är omtyckt.”

Han är så snabb med sitt svar och gör allt för att vara till lags. Är det därför han glömmer att det finns en del avslutade relationer också? Josefin orkar inte ta upp det nu. Orkar inte låta konflikten med Liv ta plats i det här rummet.

Vad ska psykologen kunna göra åt den?

”Meningsfulla aktiviteter är en annan faktor som påverkar mycket i Julias ålder”, förklarar psykologen. ”Vad gör Julia på fritiden? Är det något som har ändrats i hennes beteendemönster?”

”Vi flyttade utomlands och efter det har Julia tyvärr slutat med sina sporter”, säger Andreas. ”Hon tappade för mycket i konståkningen jämfört med sin gamla grupp att hon inte ville fortsätta.”

”Vad synd”, säger psykologen och gör en notering i sitt anteckningsblock.

”Vi borde väl ha stått på oss”, säger Josefin. ”Och flytten var förstås vårt beslut. Alltså är det som har hänt vårt fel.”

Psykologen vänder sig mot Andreas. ”Hur känner du när du hör det? Delar du Josefins uppfattning om ansvarsfrågan?”

”Jag vet inte”, säger han och fingrar på sin nötta tröjärm. ”Jag är mest ledsen faktiskt.”

Ledsen?

Josefin kokar. Hon hatar att Andreas bara sitter där och inte förstår sin del i det hela. Eller tycker han att allt är hennes fel? De skoningslösa vågorna på tavlan skummar. Ingen på båten kommer att överleva om inte havet lägger sig, och det är svårt att inte dra paralleller till sitt eget liv.

Situationen är tröstlös.

Psykologen nickar och tittar sedan på Josefin. ”Och hur skulle du beskriva dina känslor just nu?”

”Jag är så jävla arg”, fräser hon. ”På Julia, Andreas och på dig!” skriker hon så att Andreas hoppar till.

Han lägger handen på hennes knä.

”Men allra mest på mig själv”, viskar hon medan tårarna väller fram. ”Såklart. Jag borde ha förstått.”

Josefin stirrar på tavlan.

Båten är stilla.

24

NÄR DE LÄMNAR Sofias nyrenoverade pärla till lägenhet går Emmas hjärna på högvarv. Sofia blev förkrossad över att behöva redovisa var hon hade varit. Tider, platser och med vem. Alibin hit och dit, främst Fredrik själv.

”De håller varandra om ryggen”, säger Krille i bilen på väg tillbaka mot polishuset.

”Visserligen arbetar Fredrik på tv, men inte som skådespelare”, svarar Emma. ”Min bedömning är att han nog var genuint orolig för Petter, till en början. Men han förälskade sig i Sofia, och deras relation kanske fördjupades när han blev hennes närmaste stöd. Men samtidigt, det skiljer ju hundra år mellan dem.”

”Sexton år, om jag har räknat rätt”, säger Krille och sneglar roat på henne. ”Det borde väl vara något liknande mellan oss? Skulle det vara så konstigt?”

Emma vet inte vad hon ska svara, och måste titta ut genom rutan för att hitta tråden igen.

”Nu blev du tyst”, säger han nöjt och bromsar in vid ett rödljus vid Slussen, framför en söndersprängd viadukt som ser ut att kunna rasa vilken minut som helst.

”Kan svartsjuka vara ett motiv?” frågar Emma.

Det var något med stämningen hemma hos Sofia som hon inte riktigt kunde sätta fingret på. Det perfekt städade hemmet. Alla bröllopskataloger som nu var utbytta mot begravningsbroschyrer. Närheten mellan Fredrik och Sofia.

Var hennes tårar bara ett spel?

Emma testar den tanken på Krille, men han får annat att tänka på när rödljuset slår om till grönt.

”Herregud, det ser ut som ett katastrofområde här, när ska de bli klara med ombyggnaden av Slussen?”

”Jag minns inte vilket år”, säger hon. ”Man glömmer så snabbt när man blir äldre.”

Krille brister ut i skratt. ”Men det är inget fel på hörseln i alla fall.”

”Vad sa du?” skämtar hon. ”Men allvarligt, kan Sofia och Fredrik ha planerat och utfört mordet?”

”Varför döda Petter? De kunde väl bara ha gjort slut?”

”Det kan man tycka.”

”Får man inte en känsla av att Petter var ett psykfall?” frågar Krille. ”Han kanske hade fler sidor som inte har kommit fram än. Var det en del i deras flyktplan att boka en solresa?”

”Jag håller med om att det är suspekt.”

”Det är uppenbart att de döljer något”, säger han. ”Jag vet inte, men Fredrik var obehaglig på något vis. Auktoritär. Som när han klev fram sådär i hallen helt plötsligt.”

Emma passar på att ringa upp Westberg.

”Hej”, säger hon och berättar om besöket. ”Sofia och Fredrik förnekade att de har en relation, men vi tror dem inte. De har bokat en resa tillsammans till Dominikanska, och flyger senare idag.”

”Det är inte tillräckligt för att anhålla dem, men det kanske räcker för en husrannsakan”, säger Westberg.

”Vi ska dubbelkolla deras alibin så fort vi är tillbaka på jobbet”, säger Emma. ”Jävligt synd att Sofia haft gott om tid på sig att sopa undan eventuella spår. Det var kliniskt rent där hemma, plus att Petters dna såklart finns överallt i hans hem. Men eftersom han har dött av drunkning är det väl troligast att det har skett i sjön vid fyndplatsen, inte hemma i badkaret.”

Synen av Jerka i badrummet fladdrar förbi.

”Vi har förhört människor i närområdet”, säger Westberg. ”Ingen har sett till Petter Lindh. Det är märkligt. Någon borde ha skymtat honom om han har rört sig utomhus före sin död, han som ändå var ett välkänt ansikte.”

”Och spåret med Jerka känns mindre hett nu”, fyller Emma i. ”Visst, han trakasserade Petter, men inget pekar på att han har varit i Dalarna. Han var förmodligen en olycklig man som tog livet av sig.”

”Har resultatet från obduktionen kommit?”

”Inte än”, säger Emma. ”Vilka bor i närheten av fyndplatsen, om vi fortsätter i den änden?”

”Det finns några intressanta”, säger Westberg. ”Bland annat två personer som håller till i en stuga i närheten av sjön. Två hantverkare från Polen som folk har ringt om vid olika tillfällen. Vi börjar där. Jag skickar över det material vi har, så får du slänga ett öga på det.”

25

MUNNEN ÄR KNASTERTORR och det skär i halsen av törst när Magnus försöker svälja. Ska han behöva dricka sitt eget piss? Himlen skakar till av ett åskmuller och det börjar regna. Han öppnar munnen och fångar dropparna girigt, som en fågelunge som blir matad med maskar av sin mamma. Sedan slår det honom att det kanske hade varit bättre om regnet inte föll, nu förlänger han plågan. Ingen hör hans rop på hjälp, ingen kommer att släppa ut honom.

Han lär dö här, levande begravd.

Ingenting varar för evigt, han vet ju det.

Och det är klart att han anade vad han hade ställt till med. Jobbet, familjen, ja, allt stod plötsligt på spel. När Enya började prata framtid, som inkluderade ett liv med honom, fick han ett hårt tryck över bröstet. Fram till dess hade deras upplägg varit oslagbart. Problemfritt. De två tillsammans i hemlighet, och familjen som väntade på honom hemma. Han trodde att han hade varit tydlig med att det var så han ville ha det.

Tills han insåg att Enya längtade efter barn.

Enya måste ha märkt på honom att han inte var redo för den diskussionen och veckorna gick då hon blev som vanligt igen, utan pressande framtidssnack. Han orkade inga fler dilemman, hon förstod det.

Ingen på jobbet anade något. Enyas alla beundrare kastade avundsjuka blickar mot honom, som fick så mycket tid med henne. Han var till och med tvungen att ge sina manliga arbetskamrater råd om hur de skulle gå tillväga för att väcka hennes intresse.

Ingen kunde passera Enya utan att tappa andan.

Hon var ett eget väsen.

En våt dröm.

Eller, som för hans del, en säker väg mot fördärvet.

Regnet tilltar och Magnus vrider bort ansiktet för att skydda ögonen.

För första gången erkänner han för sig själv att han måste ha hamnat i en depression. Han har aldrig velat ta ordet i sin mun, men nu när han frivilligt har lagt sig i en jävla grav, talar det sitt tydliga språk.

Även om han har snuddat vid tanken på att han kanske är deprimerad har han slagit bort den lika snabbt. Ett större misslyckande går inte att föreställa sig. Skammen är för stor. Folk som behöver gå till en psykolog är bräckliga. Magnus har växt upp med att man klarar sig själv, biter ihop. Inte att man sitter i en terapisoffa och betalar hutlösa summor för att någon ska se på när man gråter.

Vem skulle han ha pratat med?

Knappast brorsan, han skulle inte tycka synd om honom.

Vickan, som genomgick två canceroperationer utan att belasta honom med det, var förstås utesluten. Kvinnan som han valde ett bedra. Det är klart att han inte kunde servera en depression som tack. Det är för i helvete hon som skulle ha fått den i så fall.

Ändå kröp sig fanskapet på.

Men det kanske inte är så konstigt, med tanke på vad som hände. Allting var berusande underbart.

Tills Enya förrådde honom.

26

MEDAN KRILLE KONTAKTAR Fredriks alibin från sitt tjänsterum, sitter Emma hos sig och väntar på att bli uppringd av Sofias väninna. Hon är den sista på listan. Återigen justerar Emma kontorsstolen, men hur hon än drar i spakarna blir det inte bekvämt. Är det stolen eller henne det är fel på? Emma stirrar på telefonen och får en känsla av att väninnan inte kommer att höra av sig i första taget. Hon kanske vill stämma av med Sofia vad hon kan säga.

Istället ringer rättsläkaren som har ett preliminärt utlåtande om Jerka Janssons dödsorsak. ”Hej Emma, jag blev precis klar med undersökningen av din självdödare. Han har blåst bort det mesta av hjärnan och de större blodkärlen som förser hjärnan med blod, där har du dödsorsaken. När det gäller tidpunkten för döden är jag ganska säker på att vi pratar om en vecka bakåt i tiden eftersom likstelheten hade släppt. Du har informationen på mejlen strax.”

Det plingar till i inkorgen och Emma läser igenom rapporten och skickar vidare till Krille och Westberg. Jerka kan inte vara Petters förövare, och hon skriver att de får släppa honom från och med nu.

Emma knycker på nacken och försöker få tag i Sofias väninna igen, men får fortfarande inget svar. Under tiden googlar hon på Dammsjöns naturreservat, där Petter hittades mördad.

Norr om Säter.

Hon får upp bilder på en liten sjö, en fin badstrand och vackra solnedgångar. Strandlinjen är drygt en och en halv kilometer och medeldjupet mellan tre och fyra meter, läser hon. Sjön är becksvart även om flygfotot är taget en solig dag, och hon ser att bebyggelsen upphör runt delar av den. Där är det bara skog och några fält. Hon har inte hunnit sätta sig in i själva området för fyndplatsen tidigare, eftersom fokus har varit på att sköta det som ska göras på hemmaplan. Det har varit en tydlig uppdelning mellan Dalarna och Stockholm, men hon är mån om att hela tiden hitta nya uppslag.

Sträva efter att upprätthålla framåtrörelsen i utredningsarbetet. Följ de där slingriga omvägarna för att hitta fram till det rätta målet. De bästa poliserna tar inga genvägar.

När pappa Evert väl hade accepterat att Emma också tänkte bli polis, mjuknade han och började ge henne råd. Även om hon avskyr instruktioner och manualer, så hör hon lik förbannat hans röst inom sig varje gång hon lutar sig tillbaka i kontorsstolen. Tur att den knappt går att sitta i längre, det är ingen risk att hon blir bekväm. Hon scrollar igenom träfflistan på *Dammsjön* och blicken fastnar på en rubrik från en lokaltidning:

Kvinna hittad död vid sjö

Emma klickar vidare och läser med stigande puls.

Lördagen den tjugofemte maj hittades en kvinna död nedanför en klippa i närheten av Dammsjön. Det finns inga misstankar om brott. Anhöriga är underrättade. En man som var på skogspromenad med sin hund gjorde den fruktansvärda upptäckten.

”Jag förstod först inte vad det var som låg där”, säger Håkan Bylund. ”Men så fort jag fattade att det var en död människa, ringde jag snuten.”

Det är något hon hakar upp sig på. Inte bara det faktum att det inte är första gången en död kropp påträffats vid just den sjön. Det tar en stund innan hon inser vad det är. Håkan Bylund. Hon söker igenom underlaget hon har fått från polisen i Dalarna, och till slut hittar hon hans namn.

Krille dyker upp utanför hennes rum med ett brett leende.

”Det ser ut som att du just har vunnit på lotto”, utbrister han. ”Eller triss?”

”Jag har faktiskt upptäckt en sak som kan vara värd att kika närmare på. Kom och läs det här.”

”Två kroppar vid samma sjö”, säger Krille när han har ögnat igenom nyhetsartikeln. ”Varför har Dalarna inte ens nämnt det?”

”Antagligen för att det hände för ett halvår sen och avskrevs som en olycka”, förklarar Emma.

”Så varför ser du så triumferande ut då?”

”Det var samma person som hittade båda kropparna.”

27

NYLLET STYR BARNVAGNEN mot Kungsholmen. Varför inte titta förbi en sväng och säga hej på jobbet? Och passa på att ta ett snack med chefen. Prata med Lindberg om Madeleine. Lagom till tvåfikat åker hissdörrarna upp på sjätte våningen och han rullar in barnvagnen i fikarummet. Stolt som få. Elli har en rosa sparkdräkt med björnar på, och en matchande hjälmmössa. Hon slår upp ögonen och sträcker sina armar mot honom.

”Är du vaken?” frågar han och lyfter upp henne.

Lindberg kommer in i fikarummet. ”Finbesök, minsann!”

”Hej chefen”, säger Nyllet. ”Har du något att bjuda på?”

Lindberg hälsar på Elli, som genast griper tag i hans finger med sin miniatyrhand.

”Lill-Nyllet, starkare än sin far”, skrockar Lindberg.

”Var är resten av gänget?” frågar Nyllet. ”Är det ingen ordning på fikareglerna längre?”

”Gå till Emma och beordra henne att komma hit”, säger Lindberg skämtsamt med barsk stämma.

Med lätta steg tar sig Nyllet till Emmas tjänsterum, knackar kort, och öppnar sedan dörren. Emma och Krille kollar förvånat upp på honom, där de sitter tätt intill varandra framför hennes dataskärm.

Emma flyger upp från stolen och tar Elli i sin famn, utan att ägna Nyllet en blick.

”Hej, lilla älskling”, utbrister hon.

Krille hälsar kollegialt men stelt och Nyllet får en dålig magkänsla, men han försöker att hålla masken. Inte hänga upp sig på att stämningen i rummet verkade vara enastående, tills han kom och avbröt. Det är han som är den erfarne polisen, inte Krille. Han som borde sitta vid Emmas sida.

”Ska ni vara med på tvåfikat?” frågar Nyllet.

”Klart vi ska”, säger Emma och bär med sig Elli ut i korridoren. Hon hindras genast av en kollega som vill hälsa på den docksöta bebisen med de stora, grönbruna ögonen.

Kvar blir Nyllet med smilfinken.

Under tystnad följer de efter Emma och väl i fikarummet är allt som vanligt. Alla småpratar och Lindberg slår sig ner vid deras bord. Ganska snabbt kommer de in på fallet, men de verkar inte ha någon lust att dela med sig av information. De kallpratar hellre.

Efter bara tio minuter reser sig Krille och Emma, eftersom de måste jobba, och Nyllet ångrar att han dök upp. Vad skulle han hit och göra? Fråga Lindberg vad han ska ta sig till med Madeleine.

Eftersom det är en tidigare kollega borde det ligga något ansvar på arbetsplatsen.

Men innan han hinner be om en minut på tumanhand, får Lindberg ett telefonsamtal och avviker. Det kanske är lika bra att han sköter Madeleine själv ändå.

Han letar upp Emma för att säga hejdå. När hon kramar om honom möter Nyllet hennes blick och han inser att hon har sminkat sig. Det brukar hon aldrig göra, åtminstone inte när hon ska till jobbet. Ännu en sten landar i den redan tunga ryggsäcken som han bär på. Efter att Emma har pussat på sin lilla prinsessa, tar han modstulet vagnen och går mot hissen.

Mobilen piper till, ett nytt meddelande.

När vill du träffa din dotter? ☺

28

WESTBERG BLIR INTE upprymd när Emma ringer och vill diskutera artikeln hon hittade gällande dödsfallet i maj. Särskilt inte när Håkan Bylund kommer på tal.

”Han är en kuf som har isolerat sig från sina syskon som bor i Borlänge”, säger han. ”Några kolleger har förstås pratat med honom redan, men han hade inte så mycket att säga.”

”Och det skulle alltså avfärda honom?” frågar hon och sträcker sig efter ett anteckningsblock på skrivbordet. ”Om han är ökänd, så kanske han är värd att titta närmare på? Hans fotspår finns ju vid fyndplatsen.”

”Jo, det är klart, men motiv, Emma? Varför skulle han ha ihjäl en programledare från Stockholm, gömma honom i skogen och sen ringa polisen?”

”Varför skulle polska hantverkare mörda Petter?”

”Det kanske var ett rån som gick snett?” kontrar Westberg. ”Jag kan inte servera hela lösningen på ett bräde, men Petter hade inga värdesaker på sig.”

”Är Bylund känd hos polisen, förutom som kuf?”

”Han har figurerat i en del utredningar, men mer som en sidofigur som har blivit utpekad av vittnen. Så nej, vi har inget konkret på honom. Inga smaskiga anmälningar.”

”Är det inte värt att prata med honom igen?” säger hon. ”Om han inte är inblandad kanske han ändå har observerat något. Eller har ni något annat spår att gå på under tiden som vi väntar på Sofias sista alibi?”

”Tipstelefonen går varm, men det är inget än som jag bedömer som intressant. Så vi åker väl och surrar med Bylund då, vi ska ändå ut och leta efter hantverkarna.”

”Bylund har god lokalkännedom”, påpekar hon. ”Kan han vara en sådan som avskyr att bli störd? Om någon inkräktar på hans område?”

”Kanske, men det är ändå långsökt”, avfärdar Westberg. ”Han borde inte riskera att ha ihjäl någon nära sitt älskade hem, som han aldrig tycks vilja lämna, men jag hör vad du säger. Jag återkopplar om han har något nytt att tillföra.”

”Du, jag ser på kartan att rättspsykiatriska i Säter inte ligger långtifrån sjön. Har ni koll på aktuella rymningar eller permissioner?”

”Absolut, vi har en ständig dialog med dem, men har inte ramlat över en potentiell gärningsman den vägen.”

”Fallet med den döda kvinnan då. Kan du berätta mer om det?”

”En tragisk olycka”, säger Westberg. ”Men det var inte jag som jobbade med det. Jag kan plocka fram information och skicka till dig.”

”Tack”, säger hon.

Under tiden som hon väntar på förundersökningsprotokollet, passar hon på att slå en signal till sin syster. Det var några dagar sedan de talades vid och det är alltid Emma som står i skuld när det gäller att höra av sig.

”Hur är det?” frågar Emma och Josefin svarar flyktigt.

Emma försöker få igång en dialog, men det låter som att Josefin är på språng och inte har lust att prata.

”Det är lite mycket nu, kram”, säger Josefin efter en stund och lägger på.

Samtalet lämnar en bitter eftersmak, men vill hon inte snacka så kan Emma inte påverka. Hon förstår bara inte hur det kan vara så mycket att stå i för en person som inte ens jobbar? Josefin har inte kommit igång med sina PT-kunder efter Palma, men det kanske är därför hon är stressad. Emma hann inte fråga om spårvagnsolyckan som inträffade i Bromma igår kväll. Emma läste att en ung tjej hade blivit påkörd och tänkte genast på sina syskonbarn. Det är säkert någon bekant till Josefins familj. Alla känner alla i det området. Ett nytt mejl får henne att släppa sin syster.

Förundersökningsprotokollet.

Det är inte många sidor att läsa igenom.

Ylva Weman, fyrtionio, från Uppsala. Hon hittades död nedanför en klippa vid Dammsjön den tjugofemte maj. Det fanns inget som tydde på något annat än en olycka, samtidigt som inget bevisade motsatsen heller. Ibland går det snabbt i bedömningen, och här misstänker Emma att just det har skett. Det finns inga vittnen. Ingen nära anhörig som visste att Ylva befann sig i Dalarna. Obduktionen visade inga tecken på våld, utan det fastställdes att hon måste ha omkommit av skadan hon fick i huvudet när hon föll mot det hårda underlaget. Bruten nacke. Blicken fastnar på en mening.

Missfärgningar på huden nedanför käkbenet.

Precis som Petter.

29

JULIA SJUNKER NER i sjukhussängen och stirrar framför sig. Hon tänker tillbaka på Palma, där hon fick chansen att börja om. Skaffa nya vänner, som hon sedan tvingades överge när året på Mallorca var slut. Nu har hon sporadisk kontakt med några av dem, och ingen vet vad hon har gått igenom. Det kan hon inte berätta. Hon skulle vilja lämna Bromma och aldrig mer komma tillbaka. En vuxen kan flytta, men hon har ingen rätt att bestämma över sig själv.

Och framför allt har hon ingen att prata med.

Det knackar försiktigt på dörren och en kort kvinna som Julia inte har sett förut kikar in.

”Väckte jag dig?” frågar hon.

Julia skakar på huvudet.

Kvinnan rättar till sin mörkgröna kofta och går fram till sängen. Hon presenterar sig som Sirpa, psykolog.

”Kan jag slå mig ner?” frågar hon och nickar mot stolen.

Vad ska Julia svara? Hon vill inte ha någon psykolog här, men inte heller det kan hon råda över. Sirpa sätter sig ändå. Rummet krymper och lysröret i taket blinkar till som i en skräckfilm. Sirpa ser inte ut att vara många år äldre än Julia och hon har ett nätt litet ansikte med snälla mörka ögon.

”Hur mår du?” frågar Sirpa.

”Jag vet inte vad jag ska säga”, får Julia ur sig, mest för att hon är artig och väluppfostrad.

Huvudvärken spränger bakom ögongloberna.

”Allt du berättar för mig stannar mellan oss”, säger Sirpa. ”Jag är här för din skull, för att se om jag kan vara till hjälp. Är det okej?”

”Mm.” Julia vet inte vart hon ska titta.

”Berätta vad du tycker om att göra på fritiden.”

Julia drömmer sig bort till tiden före Palma. Hon tänker på friidrotten, konståkningen, vännerna och allt kul och okomplicerat. Det som inte finns längre.

”Jag vet inte ...”

Sirpa försöker sig på ett leende. ”Du kanske håller på med någon sport eller spelar något instrument?”

”Inte längre.”

”Vad synd. Vad gjorde du förut då?”

Julia ger en kort version, sedan vänder hon bort blicken.

”Vad heter dina vänner?”

Frågan är som ett knivhugg i ett öppet sår. Julia sluter ögonen och lutar sig tillbaka mot den tunna kudden.

”Oavsett vad som tynger dig tror jag att det går att hitta en lösning på problemet”, säger Sirpa. ”Men då måste du börja prata. Okej?”

Julia väger för- och nackdelar och inser att hon inte har något val. Enda sättet att ta sig igenom smärtan är att tala sanning. Hon bestämmer sig för att ge Sirpa en chans.

”Jag ville inte ta livet av mig, det var en olyckshändelse”, säger hon. ”Men mamma och pappa tror inte på mig.”

Sirpa nickar och uppmuntrar Julia att fortsätta. Det är befriande att få sätta ord på händelsen, även om hon börjar darra när hon kommer till det värsta. När Liv säger åt henne att lägga sig på spåret. Hon kan fortfarande känna den kalla rälsen i nacken. Julia fick inte kroppen att samarbeta när hon ville resa sig upp, ungefär som en frysning under en våldtäkt. Så fruktansvärt obehagligt.

Sedan kom smällen.

Tårarna rinner, men Julia bryr sig inte.

Sirpa tittar diskret på klockan.

"Det var bra att du delade med dig. Vi ses imorgon igen och pratar vidare", säger hon och reser sig upp. "Ta hand om dig så länge."

Var det allt?

Julia ser psykologen lämna rummet, och hon ångrar att hon sa något. Sirpa kommer skvallra för mamma och pappa. Den stora skräcken är att inte bli trodd. Smärtan i huvudet tilltar och hon undrar hur länge till hon står ut.

Varför händer allt det här henne?

Hon har ingen aning om vad hon ska göra. Det enda hon kan komma på är att scrolla på mobilen, även om hon är rädd för vad hon ska möta. Hon vet inte vad som är värst, att ingen har hört av sig och undrar hur hon mår, eller att Liv ska ha skickat något nytt. Hon går in på sina olika favoritappar, och ser att hon har blivit taggad på ett inlägg på Insta. Ett litet hopp tänds att någon har valt att lägga upp ett krya på dig till henne. Hon trycker på symbolen för personliga taggningar, och undrar vad det är på bilden. En handled? Sedan ser hon att det är något mer på armen, ett rött streck.

Ett djupt skärsår.

30

EMMAS TJÄNSTETELEFON RINGER och hon svarar. Personen i andra änden låter andfådd. Hon kanske motionerar eller har bråttom någonstans.

”Det är Rebecka. Du hade sökt mig. Jag har precis slutat mitt pass på sjukhuset.”

Den sista personen på listan över Sofias alibin.

”Hej”, säger Emma. ”Det gäller mordet på Petter Lindh.”

”Okej”, svarar Rebecka och tycks stanna upp, för andhämtningen kommer av sig. ”Vad kan jag hjälpa till med?”

”Jag går rakt på sak”, säger Emma. ”Vad gjorde du på kvällen för exakt en vecka sen, alltså förra tisdagen?”

Emma hör en bil tuta där Rebecka befinner sig.

”Tisdagen, sa du? Ett ögonblick, jag måste kolla min kalender”, säger hon och det skrapar i luren. ”Jag står lite dumt till, vid ett övergångsställe. Vi ska se. Jag träffade Sofia då. Jaha, var det därför du frågade?”

”Berätta gärna var och när ni sågs”, svarar Emma.

”Vi skulle äta en bit mat och ta ett glas vin på Rival, men Sofia ville bara ha mineralvatten.”

Fan, det stämmer med Sofias uppgifter, tänker Emma.

Enligt henne hade Rebecka och hon ätit middag på Rival, sedan hade Sofia gått hem vid niotiden.

”Var Sofia som vanligt?”

”Vi hann knappt börja äta, eftersom hon fick det där samtalet och var tvungen att gå.”

Emma stelnar till. ”Vadå för samtal?”

”Jag vet inte, men hon fick plötsligt bråttom.”

”Vad var klockan då, ungefär?”

”Det kan jag kolla, för hon skickade ett sms strax efteråt och bad om ursäkt för sin hastiga sorti”, säger Rebecka. ”Vänta lite ... Halv sju.”

”Och du är säker på det?”

”Bombsäker”, säger Rebecka men låter ändå tveksam. ”Sa jag något konstigt? Jag vill verkligen inte förstöra för Sofia.”

”Hur menar du?”

”Med allt jobbigt hon har gått igenom med Petters alla problem och Fredrik som liksom kom in och räddade henne. Det är förstås känsligt.”

Rebecka är som en öppen bok, nu gäller det bara att hon inte begriper att hon avslöjar saker som Sofia inte har berättat. Emma måste spela med. Krille visar sig i dörröppningen och hon håller upp pekfingret för munnen, för att han ska förstå att det inte är läge att avbryta.

”Ja, det var mycket där innan han försvann”, säger Emma inställsamt.

”Verkligen, med bröllopet och allt”, svarar Rebecka. ”Men nu har de skjutit på det istället, vilket jag förstår.”

”Va?” utbrister Emma, utan att tänka sig för.

Rebecka kommer av sig. ”Jag måste avsluta.”

”Nej, vänta.” Men Rebecka har redan lagt på.

Emma försöker ringa upp, men får inget svar.

”Fan också”, säger hon och slår ut armarna mot Krille. ”Jag pratade just med Sofias alibi. Det håller inte. Och vi missade en ganska avgörande faktor när vi var där. Bröllopskatalogerna gällde inte Sofia och Petter.”

”Nähä?” Krille gapar som en oförstående fiskmås.

”De var för Sofia och Fredrik.”

31

PSYKOLOGEN KROCKAR NÄSTAN med Josefin utanför Julias sal, där hon har stått och väntat i en evighet. Hon måste få veta hur det gick. Det gick inte att tjuvlyssna, för dörren var för tjock.

”Vad som sägs innanför de fyra väggarna stannar mellan Julia och mig, men visst ska vi prata med tanke på hennes låga ålder.”

Josefin nickar. ”Tack.”

”Kom med till mitt rum”, säger Sirpa och börjar gå.

Andreas är på toaletten, men Josefin kan ta det här själv, så hon följer med Sirpa utan att invänta honom. De går genom halva sjukhuset innan de är framme. Bokhyllan bakom skrivbordet är fylld med engelsk och finsk litteratur om psykologi. På väggen intill hänger några barnteckningar med glada gubbar. Sirpa ber Josefin att sätta sig i en fåtölj som är alldeles för stor för det lilla rummet.

”Först var det svårt för Julia att berätta, vilket inte är konstigt med tanke på vad som har hänt. Men sen öppnade hon sig”, börjar Sirpa. ”Och då kom hela historien.”

Josefin andas ut över att Julia valde att anförtro sig. Då kanske det går att hjälpa henne. Och framför allt betyder det att Julia själv vill något med livet. Det finns hopp.

”Vad sa hon?” frågar Josefin. ”Om självmordsförsöket?”

Sirpa skakar på huvudet. ”Hennes uppfattning om vad som har skett skiljer sig från det vi vet om händelsen, och jag tänker att hon är så fylld med skam och skuld att hon inte vågar säga exakt som det är."

"Menar du att hon skulle ljuga?" Josefin stirrar på Sirpa.

"Absolut inte, men min känsla är att hon kryddar historien för att göra den möjlig att berätta."

"Vad sa hon egentligen?"

"Det måste stanna mellan henne och mig."

"Vad kan jag göra?"

"Ge henne kärlek."

Josefin skruvar på sig. "Inget mer?"

"Din främsta uppgift är att finnas tillhands, utan att döma eller pressa henne."

"Så vad är din bedömning av Julias tillstånd?"

"Att hon är kvar i förnekelsestadiet", säger Sirpa. "Din dotter vill inte kännas vid att hon försökte ta sitt liv."

32

FLYGET TILL DOMINIKANSKA går om mindre än en timme. Varken Sofia eller Fredrik svarar i telefon, och Emma och Krille kastar sig i bilen mot Arlanda. Lindberg får styra upp med polisen på flygplatsen, så de inte hinner kliva på planet. Det blir mycket värre för dem att tvingas gå av inför allas blickar.

”Den svikne Petter vägrade att bli lämnad”, spånar Krille.

”För sin egen chef som var Sofias närmaste stöd”, fyller Emma i. ”Kärleken kan vara lika underbar som skoningslös. Mörk, hemsk och livsfarlig.”

Vägskyltarna sveper förbi och hastighetsmätaren närmar sig hundraåttio. Emma är inte rädd, utan vill helst att det ska gå ännu snabbare.

En kvart senare är de framme.

Krille kör upp vid entrén till terminal fem och parkerar några meter utanför snurrdörren, mitt bland alla människor med resväskor i olika storlekar. Folk som ska någonstans, antingen bort eller hem.

Till skillnad från Sofia och Fredrik.

Deras resa tar slut innan den har börjat. Lindberg ringer och berättar att paret har lokaliserats.

”De fördes bort från Amex-loungen på Pontus precis när de var i färd med att sätta tänderna i sina räkmackor. Det hela gick odramatiskt till”, säger han. ”De väntar på er i ett avskilt rum.”

Samtidigt som Lindberg och Emma avslutar samtalet kommer polisen på Arlanda och möter upp dem. De får gå en bra bit i korridorerna innan de stannar framför en dörr.

”Varsågoda.”

Så fort Emma och Krille kliver in i rummet, reser sig Sofia upp. Hennes handväska rasar i golvet och den flätade axelremmen i guld rasslar till. Fredrik sträcker sig efter väskan och lyfter upp den. Han är klädd i kostym, hon i åtsittande dräkt. Båda ser ut som affärsresenärer, inte solbadare.

”Ni kan inte göra så här”, säger Sofia med blossande kinder och rödgråtna ögon. ”Vi kommer att missa flighten. Snälla, vi måste få åka.”

”Ni kommer inte hinna”, säger Emma lugnt. ”Sätt dig ner, vi behöver prata.”

Fredrik rör inte en min.

”Är det inte lika bra att ni berättar sanningen nu. Om hur Petter dog?”

Sofia gömmer ansiktet i händerna. ”Ni förstår inte.”

”Berätta för oss då”, säger Emma sansat.

Emma är lättad över att mordet på Petter kanske kommer att få en snabbare lösning än hon trott. Ett triangeldrama, där alla slutar som förlorare.

Fredrik tittar upp. ”Ni hade rätt, vi är ett par.”

Sofia stelnar till, men säger ingenting. Det enda som hörs från henne är snyftningar. Sedan börjar Fredrik berätta.

”Det har pågått länge och det är kanske svårt för någon annan att begripa, men Petter var inte lätt att leva med”, säger han i Sofias ställe. ”Ibland tog han sin väska och stack, och det var då som jag och Sofia hade kontakt. I hopplösheten som rådde uppstod tycke mellan oss. Petters problem förenade oss. Det var han som förde oss samman.”

”Kände Petter till det här?” frågar Krille.

Sofia skakar på huvudet. ”Jag tror inte det.”

”Men planen var aldrig att du skulle gifta dig med honom?”

”Jo, men det gick inte. Jag kunde inte hjälpa honom ur hans svacka, ingen annan än han själv kunde påverka läget. Fredrik var mitt stora stöd genom sorgen över det inställda bröllopet. Jag var tvungen att gå vidare och hade inga avsikter att bli förälskad i Fredrik, men allt går inte att styra.”

”Det är inte så att Petter kom på er innan han ’försvann’?” frågar Emma och gör citationstecken med fingrarna i luften.

”Det är inte som ni tror”, säger Fredrik. ”Vi var övertygade om att Petter återigen hade lämnat allt, och vi bestämde oss för att ligga lågt med att vi ville leva resten av våra liv tillsammans.”

De hör dånet från ett plan som lyfter, men ingen säger något. Sofia ser ut att behöva kräkas.

”För en vecka sen fick du ett telefonsamtal när du var med Rebecka på Rival”, säger Emma. ”Du skyndade därifrån. Varför hade du så bråttom?”

Fredrik tar Sofias hand i sin. ”Det var jag som ringde. Sofia hade glömt vår tid hos prästen.”

Fredrik visar upp en tidsbokning. ”Det borde vara lätt för er att kolla upp att vi var där.”

Krille reser sig och går ut och ringer. Han är tillbaka inom några minuter.

”Prästen bekräftade att Fredrik och Sofia kom till mötet en kvart sent.”

”Vad ni än tror, så har vi ingenting med Petters död att göra”, avbryter Sofia. ”Jag älskade honom, men han kunde inte ta emot min kärlek. Det var han som sakta men säkert såg till att den slocknade.”

Fredrik nickar. ”Ingen kunde rå på honom.”

”Var det därför han dog?” frågar Emma.

Sofia skakar på huvudet. ”Jag fruktade att han skulle ta sitt liv, men jag kan fortfarande inte fatta att han blev mördad. Jag förstår inte.”

”Och under tiden vi sitter här och dividerar, går gärningsmannen fri”, konstaterar Fredrik.

33

DET KRYPER AV otålighet i Magnus. Smutsen har trängt innanför kläderna och det stinker avföring i det trånga och leriga utrymmet. Hur länge ska han behöva ligga här och vrida sig i plågor över vad han har gjort?

Han hade aldrig trott att snedsteget med Enya kunde få så förödande konsekvenser. Men han underskattade sin förtjusande, alldeles för unga sekreterare. Trodde att han hade kontrollen över henne. Att hon var oförarglig.

Han hade så fel.

Genast när hon började prata framtid borde han ha klippt.

Då hade det nog kunnat sluta annorlunda.

Kroppen värker och Magnus rör på benen för att hålla igång blodcirkulationen, men byxorna har fastnat i jorden.

Han måste rycka sig loss.

Hjärtat slår snabbare av ansträngningen.

Solen är på väg ner. Inte en natt till, han klarar inte mer.

Det är så kallt.

Han vill krama om Vickan och barnen, be dem om förlåtelse. Förklara för dem hur mycket de betyder för honom. Erkänna allt han har gjort och stå sitt kast.

Han försvann utan ett ord.

Det är en fruktansvärd sak att göra mot dem man älskar.

Barnen kommer säkert klandra sig själva och Vickan lämnas ensam med allt. Alla hans saker är kvar. Ska hon behöva ordna med det också? Och när hon väl kraschar, då kommer barnen att drabbas dubbelt upp. På grund av honom. Varför kan livet inte bara vara enkelt och härligt?

Magnus sparkar rakt in i jordväggen, så leran rasar över honom. Smärtan hugger i bröstet.

Vad har jag gjort?

Han försöker minnas mannen med stövlarna. En egendomlig karl som inte sa mycket. Magnus var så upptagen av sina egna bekymmer att han inte ställde några frågor. Han fick något att dricka innan de gick ut i skogen. En varm våg sköljde genom kroppen och hjärtat slog saktare. Han blev lugn och avtrubbad.

Raka motsatsen till hur han känner sig nu.

Han kan inte bara ligga här, så han reser sig upp på skakiga ben och klättrar mot öppningen. Grinden är fastkilad i marken och omöjlig att rubba, men det måste gå att komma runt den på något sätt. Ta en kil i taget. Han gröper med full kraft i den hårt sammanpressade jorden. Gräver tills fingrarna värker och ser rubrikerna framför sig.

Affärsman levande begravd

Hur mycket han än tar i lyckas han inte rucka på den första kilen. Men han tänker inte ge upp, han ska ut härifrån, till varje pris. Hem till familjen.

På jobbet kan han aldrig mer visa sig.

Det såg Enya till.

Det kunde ha varit vilken måndag som helst, men det blev en dag som han aldrig kommer kunna glömma.

Som drev honom att lägga sig i en grav.

Redan vid entrén till kontoret fick Magnus dåliga vibbar.

Receptionisterna sneglade konstigt på honom, gjorde de inte det? Han höll hårdare om portföljen och gick raka vägen till sitt kontorsrum med den moderna glasdörren. På bordet låg ett vitt papper. Enyas avskedsansökan, där hon deklarerade att hon slutade med omedelbar verkan. Å ena sidan blev han lättad, å andra sidan irriterad. Så kunde hon väl inte göra vid minsta motgång? Hon hade för sjutton ett ansvar. Innan Magnus hann fördjupa sig i hennes beslut, knackade det lätt på glasrutan.

Verkställande direktören.

Hans egen efterträdare, som han själv rekryterat när han ville kliva åt sidan för att ägna sig åt nya projekt.

”Kan jag komma in?” frågade mannen försynt.

Vd:ns tillknäppta min vittnade om att det gällde något utöver det vanliga. Han var märkbart pressad.

”Ja, du har sett Enyas brev, vad bra”, sa han och nickade mot bordet.

”Det ställer förstås till det en del”, svarade Magnus. ”Kan jag låna in en av receptionisterna som tillfällig sekreterare tills jag har hittat en permanent lösning?”

”Ja, jo”, svarade vd:n svävande. ”Det var en annan sak jag skulle behöva ta upp.”

Magnus började bli nervös över hans beteende. Varför vände sig vd:n hela tiden om och tittade ut, som om han hoppades på hjälp? Och varför stirrade kollegerna tillbaka in i rummet? Någon med panik i blicken, en annan med genans.

”Innan Enya lämnade kontoret skickade hon tyvärr ut ett massmejl till alla anställda”, förklarade vd:n besvärat. ”Ett mejl som ställer till det för dig personligen.”

”Jaha, vad skrev hon då?”

Det började ringa i öronen och han kunde omöjligt hålla blicken fokuserad.

”Dessvärre är det snarare en film med explicit innehåll.”

Tala klarspråk, människa, hade Magnus lust att vråla, men samtidigt anade han vad vd:n försökte få sagt. Enya måste ha filmat dem i smyg.

”Kan jag få se mejlet?” frågade Magnus.

”Det tror jag inte att du vill.”

Magnus insisterade och fick sedan läsa de korta raderna som Enya hade skrivit. Ögonen hoppade fram och tillbaka över bokstäverna, och han snappade upp ord som *utnyttjad*, *svin* och *bedragare. Den värsta chefen någonsin.*

Sedan klickade han på play.

34

EMMA URSÄKTAR SIG och lämnar rummet när mobilen ringer. Hon ser inte fram emot att berätta för Westberg om samtalet med Sofia och Fredrik. Men det är han som kommer med den sista avgörande detaljen:

”Vi har gått igenom Sofias och Fredriks mobiltrafik. Deras telefoner har inte varit i närheten av Dalarna sen Petter försvann.”

”De försökte rädda Petters liv, inte ta det ifrån honom. Sen blev de kära.” Emma ser sig över axeln i flygplatskorridoren, för att försäkra sig om att ingen tjuvlyssnar.

”Som en liten tröst kan jag meddela att det faktiskt gav något att prata med Bylund igen. Han har gjort en del observationer i området.”

”Minsann, något att gå vidare på?”

”Ja och nej”, svarar Westberg. ”Han såg Petter Lindh i skogen under veckan, utan att förstå att det var han. Bylund tittar inte på Nyhetsmorgon och kopplade inte ihop honom med programledaren förrän vi visade upp en bild på Petter.”

”Så han såg honom, levande?”

”Ja, vid två tillfällen med några dagars mellanrum, men han kan inte precisera tidpunkterna.”

”Var Petter tillsammans med någon?” undrar Emma.

”Nej, han var dessvärre ensam, så iakttagelsen hjälper oss inte till några nya vittnen”, säger Westberg. ”Men Bylund reagerade på att Petter inte var klädd för en kall och blöt skogspromenad, snarare för en tv-sändning. Han var ganska jordig om byxbenen också."

Emma lägger den detaljen på minnet. "Inget mer?"

"Nej, men nu vet vi med säkerhet att Petter vistades här innan han dog."

"Hur gick det med hantverkarna då? Fick ni tag i dem?"

"Nej, de var inte i stugan", svarar Westberg. "Och Bylund har inte sett dem på något dygn. De kanske har åkt tillbaka till Polen, vi undersöker saken."

"Det är en sak jag inte får ihop", säger Emma. "Vi har inte hittat någon koppling mellan Petter och Dalarna. Och Ylva verkade inte heller ha någon anknytning till området. Är ni säkra på att hennes död var en olyckshändelse?"

"Jag kan inte svära på det", säger Westberg. "Jag jobbade som sagt inte med fallet."

"Obduktionsprotokollet var väldigt kortfattat", påpekar Emma. "Det fastställdes en dödsorsak, det var allt, och att hon hade missfärgningar på halsen. Det är svårt att bortse från den detaljen nu, med tanke på Petter."

"Det kan jag hålla med om", säger Westberg. "Så du tror alltså att Ylvas och Petters död kan ha ett samband?"

"Det går inte att utesluta, och i så fall är det avgörande för utredningen", säger hon. "Vet du om Ylvas kropp är kremerad eller begravd?"

"Nej, men jag gillar inte vad du insinuerar."

"Tänk om rättsläkaren missade något?" fortsätter hon. "Något som kan avslöja en gärningsman."

Westberg suckar. "Jag kollar."

Emma avslutar samtalet och går sedan tillbaka in i rummet och nickar åt Krille. "Vi är färdiga här."

"Vad händer nu?" frågar Sofia.

"Jag hoppas att ni får tag i nya flygbiljetter", säger Emma.

”Tack”, säger Sofia och kramar Fredrik.

När de lämnar Arlanda snurrar det i huvudet. Petter tillbringade alltså sin sista tid i Dalarna, på en hemlig plats som ingen anhörig kände till. De har inte lyckats kartlägga hur Petter tog sig från Stockholm till Dammsjön. Och inte heller vad han gjorde där.

Svaret på frågan finns inte i Stockholm.

De måste till Dammsjön.

35

Så fort Elli har somnat sätter sig Nyllet i sin slitna skinnsoffa. Nu när han har blivit pappa är det ingen idé att byta ut möblerna. Om några år kan han göra en uppgradering. Han har accepterat att han är kvar i sin tvåa på Torkel Knutssonsgatan på Söder.

Boendet är det minsta problemet.

Nyllet har bestämt sig för att svara på Madeleines meddelande, även om det tar emot. Han vill inte ha några fler bekymmer med henne. Tänk om det hon påstår är sant? Han skickar ett kort svar och hon ringer upp.

”Din dröm blev sann, nu är du pappa”, säger Nyllets före detta kollega.

Nyllet har svårt att få ner luft i lungorna när han hör hennes entusiasm. ”Är du säker på att jag är pappan?”

”Vad menar du?” säger Madeleine förnärmat.

”Precis det jag frågade”, svarar han och stirrar på sitt stökiga vardagsrum. Babymobilen med djurtema, hoppgungan i dörrkarmen som han måste lyfta åt sidan varje gång han går förbi, babysittern, klossarna, ja, alla spår efter Elli.

”Ja, hundra procent säker förstås”, säger hon. ”Det kan bara vara du.”

Han ryser.

Det kan bara vara du.

”När föddes hon?” frågar han och försöker att inte låta anklagande.

”Den tredje maj.”

Ungefär en månad efter Elli. Nyllet räknar febrilt, och blir illamående när han inser att det kan stämma.

”Vad tyst du blev”, påpekar Madeleine. ”Vad tänker du på?”

Nyllet har hundra svar på den frågan. Han inser att precis allt kommer att förändras. Först och främst behöver han berätta hela sanningen om Madeleine för Emma, vilket känns så onödigt nu när de ändå har separerat. Det är dumt att förstöra tilliten som Emma och han har byggt upp. Den är avgörande för att få det att fungera med Elli. Han vill inte ha ett band till Madeleine för resten av livet. Samma kvinna som försökte preja Emma av vägen när hon hade Elli i magen.

”Jag undrar hur du mår”, säger han och väger orden varsamt. ”Om du har fått ... ja, du vet ... hjälp?”

”Oroa dig inte för mig.”

Nej, det gör jag inte heller, jag är mer orolig för egen del.

”Så du har gått vidare?” frågar han försiktigt.

Madeleine låter ledsen. ”Det har varit en tuff tid, det kan jag inte förneka. Men nu har jag kommit ut på andra sidan. Och har dessutom något att kämpa för.”

Nyllet har svårt att föreställa sig Madeleine som en ansvarstagande mamma. Problemen letar sig in som giftpilar i hans liv. Han vill verkligen inte det här.

”Det vore fint om du kan börja betala underhåll så fort som möjligt. Det är inte lätt att få det att gå runt”, säger Madeleine och börjar lista alla utgifter för blöjor, kläder och bebisprylar.

Betala underhåll?

Nyllet blir snurrig i huvudet. Är det här på riktigt?

”Om jag ska betala för ett barn jag aldrig har träffat, så vill jag förstås veta om jag verkligen är pappan. Jag vill göra ett faderskapstest.”

”Du sårar mig”, säger Madeleine. ”Är du orolig för vad Emma ska tycka?”

Nyllet suckar. ”Nej, vi är ändå inte tillsammans.”

Konstigt nog verkar det inte komma som en överraskning för Madeleine, hon kommenterar det inte ens.

”Vill du inte veta vad din dotter heter?” frågar hon med besviken röst.

Han svarar inte och är redan på väg att lägga på.

”Sally, heter hon.”

Det är det sista han hör innan han trycker bort samtalet. Sedan går han in på nätet och söker på faderskapstest.

Att genomföra ett sådant test är diskret och enkelt, och han kan dessutom vara anonym. Runt tretton procent av de som testas är inte pappa till barnet, läser han, och får nytt hopp.

Tänk igenom innan hur du ska förhålla dig till kvinnan och barnet om det visar sig att barnet inte är ditt.

Det har han redan klart för sig. Han ska klippa helt.

Det enda som behövs är ett kit som landar i brevlådan efter några dagar. Han har topsat hundratals människor förut. Det är bara att dra en provpinne mot kindens insida.

Du får utföra testet utan att informera modern.

Bra, tänker Nyllet och klickar på ”köp”.

Mina syskon står i hallen med sina ryggsäckar och ser på mig med stora ögon. Helst av allt vill jag gå iväg med dem till skolan, men jag kan inte trycka undan oron. Det har varit tyst inifrån mammas rum hela natten.

"Jag ska bara titta till mamma", säger jag.

Varje steg uppför trappan är tungt. Jag stannar utanför den stängda sovrumsdörren.

"Mamma?" ropar jag.

Hon brukar mumla något tillbaka, men nu svarar hon inte. Jag öppnar den knarrande trädörren och går in. Först förstår jag inte vad det är jag ser.

Ett par fötter som flyger i luften?

Alldeles lila och fnasiga.

Mammas nakna fötter?

Jag får inte ihop det, synen är för konstig.

Fötterna vajar sakta fram och tillbaka som en gungande taklampa, och blicken fastnar på det avskavda röda nagellacket på tånaglarna. Jag tänker att jag borde erbjuda mig att måla om dem, så hon blir fin och kanske gladare. Det tar några sekunder för hjärnan att pussla ihop intrycken och jag lyfter blicken.

Det är som att få en elektrisk stöt.

Kroken i taket, där lampan brukar hänga.

Repet och snaran. Mammas kropp.

Den omkullvälta pallen. Det vita nattlinnet.

Nej, nej, nej.

Jag vrålar rakt ut och i nästa sekund springer små barnfötter med hetsiga steg uppför trappan. De får inte se mamma hänga i taket. Jag kastar mig mot dörren och drar igen den. Vrider om låset i sista sekund. Pulsen rusar och jag är på väg att kräkas upp mitt eget hjärta.

"Ni får inte komma in", skriker jag.

Jag hör att de gråter av rädsla och jag vill säga att allting ordnar sig, men den här gången fastnar de tröstande orden i halsen. Det går inte att ljuga mer.

Sedan ställer jag mig på pallen och försöker nå repet, men jag lyckas inte. Mina armar är inte tillräckligt långa för att lyfta av snaran från kroken. Mitt ansikte är bara några centimeter från mammas. Jag krockar med hennes näsa och ögonen stirrar rakt på mig.

Blicken är glasartad och ansiktet blålila.

Jag förstår att hon är död, ändå kan jag inte sluta försöka få ner henne. Repet har skurit in i halsen och lämnat fula sår. Jag talar lugnande till henne. Säger att allt kommer att bli bra. Ber om förlåtelse för att jag inte gick in i rummet tidigare.

"Jag ville inte att du skulle dö, jag menade det inte."

ONSDAG 16 OKTOBER

36

ÄNDA SEDAN BESKEDET kom att Julia måste åka hem har hon haft ont i magen. Här på sjukhuset kan hon leva i en bubbla, men i Bromma är allt för nära det som hände. Mamma har erbjudit sig att hämta läxor åt henne, så att hon inte ska komma efter alltför mycket i skolan. Men det är ingen idé, för hon kan aldrig mer visa sig där.

Julia vägrar träffa Liv och Tessan igen.

Mobilen ligger bredvid hennes säng, men hon har knappt vågat röra den efter att hon såg meddelandet från Liv och taggningen på bilden av skärsåret. Menar hon att Julia ska ta livet av sig? Julia kan inte tolka det på något annat sätt. Hon vill inte veta vad klasskamraterna skriver om henne. Julia avskyr att det heter ”kamrater”, när det lika gärna kan vara ens värsta fiender. Med andan i halsen väcker hon mobilens svarta skärm ändå. Lika bra att få det gjort. Hon inser snabbt att hon inte hade behövt oroa sig, för hon har inga nya notiser.

Inte en enda människa har hört av sig och undrar hur hon mår.

Hon plågar sig igenom andras flöden, och ser Liv posera sexigt i magtröja mot kameran med Tessan bredvid sig. Som om ingenting har hänt. Det är röda hjärtan och pussmunnar i svarsfältet, men Julias blick fryser på en särskild kommentar.

Jag har skrivit av mig om svikaren J. Läs gärna.

Julia klickar in på tjejens konto som inte är privat. Hon förstår inte var hon ska läsa om sig själv, för det senaste inlägget är en bild på en gubbe med glasögon och skägg. Julia tittar ändå vad som står där, och efter en stund reser sig håret på armarna.

Min älskade pappa valde att lämna oss för tre år sedan och jag saknar honom varje jävla sekund. Jag har förlåtit honom, nästan i alla fall. När jag läste om J och det hon gjorde på spåret, revs allt upp igen. Jag blir så jävla arg! Hur fan kan man vara så självisk? Fattar de inte hur mycket de förstör för alla andra? Hela mitt liv rasade samman när pappa tog livet av sig. Det är så orättvist.

Julia sväljer när hon läser vidare. Sedan ser hon att Liv har kommenterat inlägget.

Jag kan inte tänka mig ett värre svek.

Efter meningen är det ett krossat hjärta och en gråtsmiley.

Julia har aldrig känt sig lika maktlös förut. Hur ska hon få världen att förstå att hon inte försökte ta livet av sig? I vilken ände ska hon börja? Snacket går redan som en löpeld, de lär inte prata om något annat i skolan.

Julia öppnar Safari och skriver in ett ord i sökfältet.

Självmord.

Hon scrollar igenom träffarna.

Så kan du som vän förhindra självmord.

Skrattretande rubrik i Vårdguiden. Ett, hon har ingen vän. Två ... hennes före detta vän var den som försökte iscensätta något som skulle se ut som ett självmord.

Ändå hatar Julia sig själv mer än Liv.

Hatar att hon inte har förmågan att göra sig trodd. Någonjävla-stans. I skolan, hemma, på sjukhuset. Alla tror att hon skyller ifrån sig. Varför säger vuxna att de vill lyssna, när de inte alls är intresserade av det hon faktiskt har att säga?

Varje år sker omkring femtonhundra självmord i Sverige. Hundrafemtiotusen personer har allvarliga självmordstankar och femtontusen gör självmordsförsök.

Julia blir mörkrädd av siffrorna. För att skingra tankarna scrollar hon igenom resten av sökträffarna, och fastnar på en rubrik.

Så här tar du livet av dig

En tråd på Flashback. Hon klickar in på länken. Efter en stund dör batteriet och hon stirrar på den svarta skärmen. Var det ett tecken? Hon försöker skaka av sig ångesten och rädslan. Och önskar så förtvivlat att någon kunde se hur hon egentligen mår.

En vän.

När psykologen Sirpa sticker in huvudet i salen låtsas Julia att hon sover. Det är ändå ingen idé. Julia vet redan att hon inte tror henne. Det var så uppenbart att hon hade skvallrat för mamma. Sirpa går in i rummet, ända fram till sängen, och Julia undrar vad hon håller på med. Det dröjer flera minuter efter att dörren har åkt igen innan hon vågar öppna ögonen. På sängbordet ligger ett vitt kort. Julia lyfter på det. En stödlinje för ungdomar med självmordstankar. Aldrig i livet att hon tänker ringa dit.

Hon river sönder kortet.

Det finns ingen i hela världen som skulle förstå.

37

UNDER PROMENADEN TILL polishuset slår Emma en signal till Josefin, men hennes syster svarar inte. Kan Emma ha sagt eller gjort något, eftersom Josefin var så kryptisk och kort i tonen igår? Hon kanske är sur på Emma som låter deras föräldrar ta hand om Ines när hon jobbar. Josefin tycker att Emma utnyttjar dem, men det är inte lätt att få ihop tillvaron som ensamstående.

Emma är på väg till Krille som väntar i garaget och hennes tankar på syskonbråk försvinner. Det är dags att åka norrut och träffa kollegerna i Dalarna och gå runt på fyndplatsen. Krille står lutad mot huven och spricker upp i ett leende när han ser henne.

”Hej”, säger han och ger henne en kram.

Omfamningen dröjer något för länge. Emma släpper taget och märker till sin stora irritation att knäna skakar.

”Laddad?” frågar Krille och hoppar in i förarsätet.

Hon bryr sig inte om att det är hennes tur att sitta bakom ratten. Det är skönt att kunna halvslumra bredvid.

”Jadå”, säger hon och han räcker över en kaffe i take-away-mugg, som han redan hade ställt i bilen. Hon blir överraskad av hans omtänksamhet.

De lämnar Stockholm bakom sig och ju längre bort från huvudstaden de kommer, desto lugnare blir trafiken. I höjd med Enköping ringer Westberg och vill skjuta en timme på deras möte.

”Då kan ni svänga förbi fyndplatsen först och bilda er en uppfattning om området, så har ni mer på fötterna inför mötet”, säger han och skickar en karta.

Förutom platsen där Petter hittades, vill Emma se klippan där Ylva låg död. Det skiljer inte mer än några hundra meter mellan fyndplatserna. När Emma har lagt på och Krille svängt in på riksväg 70 mot Sala, försöker hon diskutera sannolikheten att två personer dör i samma skog inom loppet av ett halvår. Men Krille hummar mest under hennes utläggning.

”Ylva anmäldes aldrig försvunnen, och det fanns inget som pekade på människorov”, säger Emma och kommer till slut av sig. ”Vad tyst du är, har det hänt något?”

”Äsch, det är tjafsigt mellan mig och flickvännen bara.”

Emma tittar på honom och märker att hans leende sitter långt inne. ”Berätta.”

”Hon är världens finaste, men det tänder inte till”, säger han. ”Det är inga fyrverkerier känslomässigt, om man säger så. Jag kan ha råkat påpeka det igår efter en öl eller två.”

”Oj då.”

”Ja, hon tog det inte så bra.”

Krille skulle behöva någon med lite jävlar anamma. Som en polis, tänker hon och skrattar till.

”Hörde jag ett hånflin?” frågar Krille.

”Förlåt, ibland skrattar jag tvångsmässigt när det är som minst lämpligt. Det är en skada sen barndomen.”

Han sneglar på henne. ”Vi kanske ska snacka om utredningen istället.”

Resten av bilfärden rullar samtalet på och de passerar Hedemora ännu tidigare än beräknat.

”Vi hinner nog förbi Håkan Bylund också”, säger Emma och knappar in hans adress i gps:en.

När de kommer fram till skogsvägen som ska leda till Bylunds hus, är Emma lättare till sinnes än på länge. Det känns enkelt och kul för stunden. Tills hon kommer på hur långtifrån barnen hon är.

Hon sväljer och ser på den kompakta skogen.

Krille svänger av och en bit längre fram anar Emma en brun stuga bakom några träd. Huset ser ut att vara i ett så risigt skick att hon är förvånad att taket inte har rasat in.

Ett rivningsobjekt?

Emma huttrar till när hon kliver ur bilen. Det är kallare här än i Stockholm, bara två grader. En hund skäller hysteriskt redan innan de hinner fram till dörren. Emma knackar på, men ingen öppnar. Hunden skäller allt högre. När de är på väg att ge upp, rasslar det till i låset och en äldre man syns i dörrspringan.

Sedan faller blicken på en gevärspipa.

38

JOSEFIN SNEGLAR PÅ Julia i backspegeln. Vad ska hon säga till sin älskade dotter? Hon känns som en främling efter olyckan. Ett skal som stirrar tomt framför sig med en gravallvarlig min. Julias svar är aningen fördröjda och Josefin är orolig att hjärnan kan ha tagit mycket mer stryk än vad läkaren förstod.

Vart tog min Julia vägen?

Det finns ingen att fråga om råd heller. Krismötet med psykologen hjälpte inte, och nu sitter de här och lyssnar till bildäcken som rullar över asfalten. Andreas lugn stressar henne. Hon klarar inte av att saker ska få ta sin tid, utan vill ha en lösning direkt.

Så fort de är hemma, går Julia raka vägen till sitt rum.

Josefin hör hur hon låser dörren om sig.

”Låt henne vara nu”, säger Andreas.

”Det är väl inte bra om det är låst när hon har fått en hjärnskakning?”

”Snälla, lämna henne ifred.”

Josefin tar ett djupt andetag och går ner i källaren. Hon rullar ut yogamattan och gör några hetsiga solhälsningar. Det resulterar inte i den harmoni hon eftersträvar.

Då bestämmer hon sig.

Hon måste berätta vad som har hänt. Hon kan inte bära det inom sig längre för att skydda sig själv och Julia. Det är klart att hennes mamma och pappa har rätt att få veta att

Julia försökte ta livet av sig. Även Emma, hur jobbigt det än är att tala med henne om allvarliga saker. Mamma först, tänker Josefin. Marianne blir förkrossad när hon ringer och säger som det är.

”Varför har du inte berättat tidigare?” frågar hon. ”Jag är hennes mormor.”

Varför måste du låta så anklagande?

”Jag vet inte”, svarar Josefin till slut. Vad ska hon säga? Att det helt enkelt var för jobbigt att prata om det? Att hon hade hoppats på att slippa berätta. Att hon önskade att hon kunde vakna upp från mardrömmen och att ingenting av det hade hänt på riktigt.

”Vet Emma?” frågar Marianne.

”Nej, jag ska ringa henne nu.”

”Gör det”, säger Marianne och ber henne krama om Julia ordentligt. ”Emma kan vara bra att prata med. Ge henne en chans.”

Josefin har svårt att tro det. Vad ska hennes syster kunna bidra med? Hon hinner ju inte ens med sina egna barn.

Josefin tar ett djupt andetag och ringer upp Emma.

Signalerna går fram.

Sedan startar telefonsvararen.

39

MAGNUS SLÅR VILT omkring sig och skriker ut sitt raseri. Han ligger halvt begravd i marken och vrider sig i plågor. Jorden singlar ner över ansiktet. Maktlösheten maler sönder honom, han håller på att tappa förståndet. Men vreden lägger sig lika snabbt som den kom, och rädslan tar över.

Ska han inte få krama sina barn igen?

Magnus har vaknat till ordentligt ur sin verklighetsflykt, han har nog aldrig sett livet så glasklart som nu. Först och främst måste han ställa allt tillrätta. Sedan, om Vickan fortfarande vill, finns det mer kvar att upptäcka och förverkliga, så mycket som är viktigare än siffror på ett bankkonto eller karriär. Allt det är bara patetiskt. Familjen går först.

Han önskar att han hade fått den insikten tidigare.

Enya då? Kan han förstå hennes agerande?

Han sväljer.

Hon hade andra förhoppningar än han, och han sårade henne djupt. Han lekte, hon menade allvar.

Det är lätt att skylla ifrån sig, men med tanke på att Enya var i beroendeställning och han dessutom är betydligt äldre, är det han som har gjort fel. Magnus sätter punkt för Enya nu. Hon fick sin hämnd och han sitt straff.

Ju längre tid som går, desto mer flyter allting ihop. Magnus kastas mellan barndomsminnen och nutid, gråter och skrattar om vartannat. Långsamt förlikar han sig med tanken på att dö, även om han inte vill det.

Han slutar streta emot. Accepterar läget.

Sedan kommer han att tänka på det där han skrev.

Avskedsbrevet.

Han hade glömt bort det.

Har mannen skickat det till Vickan?

Det han skrev där var bara lögner. Det var innan han lade sig i graven och insikterna trillade som äpplen från ett träd. Mannen kan väl ändå inte ha postat det, utan hans medgivande? Magnus blir yr i huvudet.

Ett brev med hans handstil, med hans ord.

Hur ska Vickan kunna tro något annat än att han menar det han skrivit? En massa dåliga bortförklaringar.

Hon kommer att bli förkrossad.

Det får inte bli hans sista hälsning, men Magnus är alltmer övertygad om att mannen med stövlarna inte är den hjälpsamma personen han utgav sig för att vara.

Han är ett monster.

40

”VAD I HELVETE är det frågan om?” fräser mannen med geväret. ”Vad vill ni mig?”

Emma håller fram sin polisbricka. ”Sänk vapnet.”

Det är inte alltid lätt att vara civilklädd polis. Inte heller att få oväntat besök, tydligen. Mannens blick är härjad, men slutligen sänker han motvilligt bössan.

”Håkan Bylund?” frågar hon.

Han nickar och granskar hennes legitimation.

”Du ska vara glad att jag inte sköt”, muttrar han.

”Detsamma”, säger Emma och nickar mot hölstret, där hon har sin Sig Sauer. ”Jag hoppas för din skull att du har vapenlicens.”

”Ni skrämde mig. Hur ska jag veta vilka galningar som stryker omkring här med tanke på alla döingar? Dessutom hade jag påhälsning av polisen igår, och de sa inget om att någon skulle komma tillbaka idag. Ni kunde ha förvarnat.”

”Vi kommer från Stockholm”, förklarar Krille.

”Ännu värre”, säger Bylund och himlar med ögonen.

Sedan visar han in dem i huset, som är i ett risigt skick, även invändigt. En skarp lukt slår emot Emma, en instängdhet blandat med blöt hund. Hon får kväljningar.

”Bor du här ensam?” frågar hon.

”Nej”, säger Bylund och Emma kan föreställa sig att det såg exakt likadant ut för femtio år sedan. ”Det är faktiskt jag och Bobo.”

Han nickar mot en hundkorg. Schäfern ställer sig genast upp på alla fyra och viftar ivrigt på svansen, beredd på nästa kommando. Hallen är liten och mörk och väggarna är prydda med bruna tapeter.

”Brukar du hota med geväret så fort någon knackar på dörren?” frågar Krille. ”Det kunde ha varit skolbarn som sålde jultidningar.”

Bylund fnyser och leder in dem till ett rum med en fåtölj, ett soffbord och en gammal tjock-tv. En enda sittplats. Han väntar verkligen inte besök. Någonsin.

Bobo följer med och ställer sig som en mur mellan dem och sin husse.

”Ingen har något här att göra, det är min mark.”

”Du svarade aldrig på min fråga om du har vapenlicens”, säger Emma.

”Klart att jag har”, fräser Bylund. ”Jag sover med geväret bredvid mig i sängen. Man kan inte lita på folk.”

”Du är väl medveten om att du måste ha ditt vapen inlåst på nätterna?”

”Det var ett skämt, fröken.”

Emma vet inte vad hon ska tro, och hon gillar inte att han kallar henne fröken. Samtidigt vill hon komma till saken.

”Vi utreder mordet på Petter Lindh”, förklarar hon och ser en stor husspindel klättra i taket. ”Du hittade honom.”

”Ja, eller rättare sagt Bobo”, säger Bylund och klappar sin hund bakom öronen. ”Duktig pojke!”

Hunden spetsar öronen och börjar vifta på svansen.

”Petter låg i en nedsänkning under en rejäl hög med kvistar, så jag hade gått förbi om det inte vore för Bobo. Han skällde något förbannat högt. Men jag har ju redan berättat allt för polisen härifrån. Är jag misstänkt för något, eller varför kommer ni hela vägen från huvudstaden?”

”Nej”, säger Emma, men hon kan inte låta bli att fundera på varför han undrar det. Är han orolig? ”Vi samarbetar med utredningsgruppen i Borlänge.”

”Vi hörde att du såg Petter Lindh innan han dog”, säger Krille. ”Är det något annat du har lagt märke till i området?”

”Det rör sig en del människor runt sjön.”

”Folk på promenad, eller hur menar du?”

”Jag vet inte, men det händer underliga saker”, säger Bylund. ”Det är klart att det är en del gäster på pensionatet på kullen, men de som stör mig mest är hantverkarna från Polen. Jag fattar inte vad de ska hit och göra? Det byggs väl i Polen också?”

”Kan du ge något konkret exempel på vad de har gjort?” säger Emma och överväger att gå och öppna ett fönster för att släppa ut luften som förmodligen har varit instängd i det här rummet sedan Håkan föddes. Stanken av blöt hund gör inte saken bättre.

”De kör runt på nätterna”, säger han. ”Jag tror att de håller på med något skumt som inbrott eller liknande. Varför skulle de annars vara här?”

Bylund verkar inte ha något mer än så att komma med. Helst av allt ska ingen röra sig på hans marker, så mycket har Emma förstått.

”Bobo är en känslig hund, som reagerar och markerar när något inte är som det ska. Och han har betett sig nervöst ända sedan han hittade den döda kvinnan i maj.”

”Ja, hur gick det till?” frågar Emma och råkar snudda vid väggen. Den bruna tapeten har släppt i kanterna och hon är rädd att den ska rasa ner.

”På samma sätt. Skillnaden med henne var att hon låg helt synligt på klippan”, säger Bylund.

”Hur då, minns du det?” frågar Krille.

”På sidan. Hon såg fridfull ut, som att hon solade, men det fattade jag snabbt att hon inte gjorde eftersom hon inte reagerade när Bobo skällde.”

”Vad gjorde du då?”

”Jag gick fram till henne och upptäckte blodpölen under huvudet”, säger han. ”Och ena benet låg i en konstig vinkel. Så jag ringde polisen.”

”Stannade du kvar och tog emot dem?”

”Ja, det var lättare än att försöka förklara var jag befann mig”, säger han. ”Hon måste ha gått vilse, fast jag tyckte att det var något konstigt med alltihop. Vem irrar omkring i skogen i vit klänning?”

Emma och Krille tittar på varandra. Varför har de inte fått den här informationen? Det var samma sak med Petter, han hade inte heller lämpliga kläder för en skogspromenad.

Båda var alltså finklädda.

Men vad betyder det?

41

NYLLET STROSAR PÅ Urvädersgränd upp mot Mosebacke på Söder. Solen skiner mellan hustaken, och den friska höstkylan biter i ansiktet. Kullerstenen under barnvagnens hjul får Elli att somna på rekordtid och han styr vidare mot Nytorget. När mobilen ringer svarar han utan att hinna oroa sig, men Madeleines röst gör att en ilning far genom kroppen. Han kan inte förlika sig med tanken på att vara pappa åt hennes barn.

Skulle hon ha blivit gravid efter en enda gång?

Det är klart att det är möjligt, men sedan påminner han sig om hur beräknande hon är. Madeleine kanske hade planerat att ligga med honom under sin ägglossning. Hon var målinriktad när hon kom hem till honom den där kvällen. Det fanns inte en chans att värja sig. Eller jo, han kunde förstås ha sagt nej, men lusten tog över.

Hjärnan krympte till en ärta.

”Hur mår du?” frågar Madeleine med en inställsam röst som han inte tänker lita på.

”Det är bra, tack”, svarar han kort. ”Själv då?”

”Jag är glad att vi har kontakt”, säger hon. ”Det var min psykolog som rådde mig att ta steget. Hon tycker att du har rätt att få veta.”

Nyllet sväljer sin ångest och tittar på sin sovande dotter. Det är bara Elli han vill ha. Inget annat barn.

Han önskar att tiden gick att spola tillbaka.

”Om du vill träffa Sally måste du lova att inte tjafsa om underhållet”, säger hon. ”Jag orkar inte med fler motgångar. Det har varit tufft, mamma gick bort i våras också. Min psykolog säger att jag inte får utsättas för mer stress.”

Det var ett himla tjat om psykologen.

Är det en fälla? Han känner ett svagt illamående.

”Jag är i Stockholm över dagen”, fortsätter Madeleine.

”Jaha, okej.”

”Är det inte bäst att vi ses och diskuterar ett upplägg som passar båda?” föreslår hon. ”Det är dumt att ta på telefon.”

Nyllet sneglar mot vagnen. Det finns inget upplägg som kommer att passa honom, för han vill inte vara inblandad. Dessutom har han inte fått leveransen av faderskapstestet än. Elli sover som en stock. Han är inte sugen på att träffa Madeleine med henne, men han har inget val om de ska ses idag. Det är kanske bäst att gå med på det för att hålla Madeleine på gott humör. Så fort han träffar barnet kan han nog avgöra om det är hans. Det borde finnas några likheter. Och om han inte lyckas, får de väl mötas igen när han har testet med sig.

”Okej, vi ses på Café String på Nytorgsgatan om ungefär en timme”, säger han och lägger på.

42

JULIA LIGGER I SÄNGEN under täcket för att inte frysa. Det är skönt att få några timmar på sig att landa innan hon träffar sina syskon som är i skolan. Samtidigt längtar Julia efter Sofia och Anton och undrar varför de aldrig hälsade på henne på sjukhuset. Det var säkert mammas beslut.

Var hon rädd för vad Julia skulle säga?

De måste ändå ha fått höra allt. Ingen i Bromma kan ha missat händelsen. Men det skulle inte förvåna Julia om Josefin har berättat en annan version för Sofia och Anton. Hon skäms säkert. Den tanken gör att huvudvärken blir ännu värre. Julia vill till sjukhuset och få mer smärtlindring. Det pulserar runt såret där de har sytt.

Om hon skadar sig igen får hon åka tillbaka.

Julia skälver till. Varför tänkte hon så? Det kommer många sjuka idéer hela tiden, nattsvarta tankar. De är så obehagliga att hon måste blunda.

Hon blir rädd för sig själv.

Julia lyfter upp det trasiga visitkortet som Sirpa lämnade på sängbordet på sjukhuset. Frågan är varför hon tog med sig det, eftersom hon ändå inte tänker ringa någon jävla stödlinje. Hon hämtar den bärbara datorn, men ångrar sig och tar upp mobilen istället. Ifall någon skulle gå igenom sökhistoriken på datorn är det bättre att hon inte använder den. Inte till just det här.

Josefin knackar på dörren. ”Vill du ha fika?”

Det skär i huvudet bara av att höra mammas röst. Den är vänlig, men också tillgjord och desperat. Stresshormonerna rusar i kroppen.

Julia lägger ner mobilen och tar ett djupt andetag. ”Tack.”

Sedan går hon och låser upp dörren. Det är bäst att spela lugn och tacksam istället för att vråla åt mamma att låta henne vara. Josefin tassar in med en bricka och ställer ner den på nattduksbordet. Kanelbulle, juice och en smörgås med ost och gurka.

”Vill du ha sällskap?” frågar hon försiktigt.

Julia skakar på huvudet, men det gör för ont. Hon måste hålla sig stilla.

”Okej, jag ska inte störa”, säger mamma och går med släpande steg mot dörren, och signalerar tydligt att hon kommer att bli besviken om Julia inte ångrar sig.

Julia väntar tills hon hör steg i trappan. Sedan smyger hon till dörren och vrider om låset så tyst det går, för att inte göra mamma ännu mer ledsen. Fikat står orört bredvid sängen och Julia skriver in sitt ord i sökfältet.

Självmord

Den andra världen öppnar sig, den mörka. Det finns betydligt mer att läsa om än statistik. Människor delar med sig av självmordstankar, sorgen efter anhöriga som har dött, om sina egna misslyckade självmordsförsök och andras fullbordade. Det finns även bilder och filmer. Men det är för hemskt, Julia vågar inte titta. Hon läser om ett barn som längtar efter sin mamma. Som önskar att hon hade sett och förstått. Som drömmer om henne varje natt. Som skulle ha gjort vad som helst för att få henne tillbaka. Det är det enda hon önskar sig i julklapp. Sedan hamnar Julia på en blogg, där en pappa skriver till sin döda dotter som hoppade framför tåget. Julias hjärta slår snabbare. Hennes pappa kunde ha varit den som skrev inlägget om det hade gått värre för henne. Hon förstår hur nära det var att hon slutade i en kista. Och då hade han aldrig fått veta att Julia inte ens ville dö. Den tanken får henne att börja gråta. Sedan börjar hon läsa:

Älskade Miranda,

Du var mitt ljus, och så kommer det att förbli. Du var jämt så positiv. Sprudlande. Fylld av livslust. Du satte alltid andra i första rummet. Jag var så stolt över dig. Var det därför du var tyst när livet plötsligt rämnade? Därför du valde att inte berätta vad som tyngde dig? För att inte göra mig bekymrad? Den tanken gör mig förkrossad. Jag fanns inte där för dig när du behövde mig som mest. Det är något jag måste leva med. Jag klandrar dig inte, du var ett barn och kommer aldrig att få växa upp. Skulden ligger hos mig. Skulden, saknaden och sorgen.

Din för alltid, pappa

Det går inte att få stopp på tårarna. Julia undrar vad Miranda var med om. Hade hon någon att prata med? Hon blir nästan avundsjuk på de vackra raderna från pappan. Den nakna kärleken som blir så påtaglig när den han älskade allra mest inte finns mer. Julia kan inte låta bli att ställa sig frågan om han sa lika fina saker till sin dotter medan hon levde, eller om det var sådant som kom fram efteråt.

Sedan läser hon vidare om andras självmordstankar.

Ju mer hon ser, desto större igenkänning. Deras ord flyttar in i henne. Hon känner en stark samhörighet med dessa trasiga själar. Många är helt ensamma med sina funderingar och har ingen att prata med. Några skriver om mod, om att våga gå hela vägen för att få slut på lidandet.

Är du en fegis?

Livs ord och hatiska blick framträder på näthinnan. Nej, tänker Julia. Det är klart att jag inte är. Sedan klickar hon in på en blogg som fanns med i träfflistan när hon sökte på självmord, och ser en bild på en person som hon mycket väl känner igen.

Sig själv. Rubriken är *Cringe*.

Med stigande fasa läser hon vad en tjej i parallellklassen skriver. Att Julia är desperat och misslyckad, och att hon bara utnyttjar situationen för att få uppmärksamhet.

Hon skulle aldrig våga ta livet av sig på riktigt.

Julia tittar på den meningen tills det svartnar för ögonen. Det är alltså så hon framställs? Som en lögnaktig fegis. Någon som strävar efter att hamna i rampljuset. Inte konstigt att alla har dragit sig undan.

Hon tänker på mamma och pappa, klasskompisarna, lärarna och psykologen på sjukhuset. Alla tror att hon försökte ta livet av sig den där kvällen, men misslyckades.

Är det alltså ett självmord ni vill ha?

43

NÄSTA STOPP FÖR Emma och Krille är vid pensionatet som Bylund nämnde. Någon där kanske har gjort intressanta observationer, eftersom fyndplatsen bara är några hundra meter bort. Det vackra vita stenhuset ligger på en kulle ovanför Dammsjön. Emma förstår varför det heter Pensionat Solglimten. Solens strålar träffar byggnaden mellan de höga höstträden och lyser upp fasaden. På en skylt som sticker upp ur gräset står det *VÄLKOMMEN* med snirkliga handmålade bokstäver. Trädgården är imponerande välskött med ljung i krukor.

Krille når trappan först och knackar på dörren.

En gråhårig kvinna med rött läppstift öppnar dörren och spricker upp i ett leende.

"Stig på", säger hon och presenterar sig som Elisabeth.

Hon visar in dem i salongen med levande brasa och rokokofåtöljer i olika färger. En slottsliknande miljö med spröjsade fönster och enorma målningar på väggarna. Det finns så många fina pensionat runt om i landet som Emma inte känner till. Men hon åker heller aldrig på romantisk weekend. När skulle hon ha tid med det? Och framför allt: vem skulle hon ha med sig? Efter en stund kommer Elisabeth gående med en bricka fylld av småkakor och en kaffekanna i silver. Porslinet klirrar till när hon ställer ner brickan på soffbordet.

"Vad lugnt ni har det", säger Krille.

”Det är inte många som hittar hit en vardag i mitten av oktober”, säger Elisabeth. ”Därför blev jag förvånad när jag såg er bil på uppfarten.”

Elisabeth berättar om pensionatet, som hon driver tillsammans med sin bror. En familjeverksamhet som fungerar utmärkt, förutom att ingen av dem har något intresse för internet och marknadsföring.

”Vi når inte ut så brett, men gästerna brukar vara nöjda och tipsa vidare till sina vänner och bekanta. En undangömd pärla, säger de.”

Det låter som en bra slogan, tänker Emma.

”Vi undersöker dödsfallen som har skett i området.”

”Är det flera?” frågar Elisabeth förbryllat.

Emma och Krille utbyter blickar. ”Ja, förutom Petter, så hittades en kvinna död i maj.”

”Ylva Weman, ja”, säger Elisabeth. ”Hon bodde hos oss.”

Hon var alltså gäst här. Emma undrar varför det inte nämndes i förundersökningsprotokollet.

”Det var otroligt sorgligt”, fortsätter Elisabeth. ”Hon checkade inte ut i tid och när jag knackade på dörren till hennes rum var hon inte där. Springnotor är inte vanligt, men det händer att folk sticker utan att betala för sig.”

”Hur länge dröjde det innan hon hittades?” frågar Emma.

Elisabeth tar ett djupt andetag. ”Något dygn efter att hon försvann, men vi trodde som sagt att hon hade stuckit frivilligt. Annars hade vi förstås gett oss ut för att leta efter henne.”

”Vad hände med hennes saker på rummet?” frågar Emma.

”Det var någon som skulle komma och hämta dem, men nu när du säger det inser jag att det aldrig blev av”, svarar Elisabeth. ”Jag har nog väskan med hennes tillhörigheter på vinden. Vill du att jag hämtar ner den?”

”Gärna, men berätta mer om Ylva först”, säger Krille och tar en kaka. ”Fick ni någon kontakt med varandra?”

”Hon var trevlig, men tillbakadragen. En sökande konstnärssjäl som hade åkt hit för att hitta lugnet i skogen. Den bästa platsen i världen att finna frid på, om ni frågar mig. Det är något särskilt med skogen och sjön. Rogivande på ett oslagbart vis.”

Det låter som något alla skulle behöva en dos av.

”Verkade Ylva glad eller bekymrad?” frågar Emma.

Elisabeth tar en syltkaka och doppar i kaffet. ”Väldigt tillfreds, skulle jag säga. Som om hon äntligen hade hittat hem. Därför blev jag minst sagt förvånad när hon bara lämnade oss utan ett ord.”

”När såg du henne sista gången?” frågar Krille och följer Elisabeths exempel med kakan. Enda skillnaden är att han måste vara inne på sin femte vid det här laget, men det verkar inte hindra honom.

”På morgonen när hon var ute på en promenad.”

”Minns du hur hon var klädd?”

”Hon hade något ljust på sig, en klänning tror jag. Det var en solig och vacker dag, så hon var lättklädd.”

”Gjorde du några observationer i området den aktuella dagen?” frågar Emma.

Elisabeth rynkar pannan. ”Jag förstår inte, Ylva föll ju olyckligt från en klippa. Varför intresserar det polisen nu?”

”Det kan vi inte gå in på, som du säkert förstår”, förklarar Krille. ”Minns du den dagen?”

”Jag har förstås tänkt mycket på den i efterhand”, säger Elisabeth. ”Det var en del spring i området då. Ungdomar på moppar som verkade ha funnit sitt nya tillhåll, ungefär vid den där klippan faktiskt. Tills Bylund kom och viftade med sitt gevär. Herregud, vad jag snackar.”

Emma väntar på fortsättningen.

Elisabeth skrattar. ”Oss emellan måste jag erkänna att jag kan förlåta honom för det. Jag vill inte heller ha stökiga fester och nedskräpad skog. Det blir ett himla arbete för oss.”

”På tal om det, var är din bror som du driver pensionatet med?” frågar Krille.

”Jörgen är ute på ett ärende.”

”Är det han som sköter trädgården?” undrar Emma och hoppas att hennes komplimang ska få Elisabeth att öppna sig ännu mer. ”Väldigt fin.”

”Tack, men det är jag”, säger Elisabeth och sträcker på sig. ”Hösten är den vackraste tiden på året. Synd att så få gäster kommer när det är som bäst.”

”Hur gick det med ungdomarna efter att Bylund jagade bort dem?” frågar Krille.

”Jag har inte sett till dem mer”, säger hon och ser plötsligt skärrad ut. ”Tror ni att någon hade ihjäl henne?”

”Vi tror ingenting”, avfärdar Emma. ”Bodde Petter Lindh också här?”

I så fall kan det vara ytterligare ett samband mellan dödsfallen. Till Emmas stora besvikelse säger Elisabeth att han inte har satt sin fot på pensionatet.

”Det hade varit så trevligt. Jag tycker han är en fantastisk programledare. *Var*”, rättar hon sig. ”Men varför skulle han ha besökt just oss?”

Frågan hänger i luften, tills Elisabeth erbjuder sig att hämta väskan med Ylvas saker. Det dröjer några minuter innan hon är tillbaka.

”Här”, säger hon och räcker över en svart bag.

”Tack.”

”Hoppas att innehållet kommer tillrätta.”

44

MADELEINE SER HELT annorlunda ut. Mindre farlig, mer städad. Som vilken småbarnsmamma som helst, men Nyllet får inte låta sig luras av hennes oskyldiga uppsyn. Han, om någon, vet vad som döljer sig där bakom. Till hans stora förvåning kommer hon gående utan barnvagn. Och hon ser lika förbryllad ut över att han har en.

”Vad händer?” säger hon. ”Har du redan skaffat en vagn?”

Hon böjer sig fram och tittar. ”Har Sally ett syskon?”

Sedan stirrar de på varandra en kort stund innan hon ger honom en kram. ”Grattis, men varför har du inte sagt något?”

Därför att jag inte vill ha med dig att göra.

Han ångrar att han gick med på att ses. Madeleine är förtjust över Elli och det knyter sig i bröstet när Nyllet ser hennes blick på hans dotter. Det är omöjligt att inte dra paralleller till galningen Hillevi som var ute efter Emmas första barn.

”Det ser ut som en flicka?” säger Madeleine.

”Ja, det är det.”

”Tänk att Sally har en syster, vilken dröm”, utbrister hon. ”Ska jag passa henne medan du går in och köper fika? Vad heter hon förresten?”

Madeleine får det att låta så enkelt, men det finns inte en chans i världen att han tänker lämna sitt barn ensamt med henne. Inte för en sekund. Han parkerar barnvagnen utanför ett fönster och lyfter upp sin dotter.

”Elli.”

”Sally och Elli. Amen, så gulligt! Men ska du inte låta henne sova?” undrar hon och förställer rösten när Elli öppnar ögonen. ”Nämen, hej lilla du!”

Madeleine ska inte få röra henne, tänker han. Men det tar bara någon sekund innan hennes händer är överallt på Elli.

”Ska vi gå in?” säger Nyllet och öppnar dörren. Han vill bara få det överstökat.

Det finns ett ledigt bord på det charmiga retrofiket med en salig blandning av olika fåtöljer, stolar och bord.

”Jag tar en kaffe”, säger Madeleine. ”Ska jag hålla henne?”

Elli börjar gråta och det räddar honom. ”Hon är blyg för främmande människor.”

Madeleine kan inte dölja sin besvikelse, hennes blick mörknar, men hon följer med till disken och beställer.

”Ska ni betala tillsammans?” frågar expediten.

Av någon anledning Nyllet inte kan komma på, väljer han att bjuda på fikat när Madeleine inte är snabb nog att ta upp sitt kort. De slår sig ner i varsin fåtölj och han ber Madeleine berätta om Sally. Han får förlossningen redovisad i detalj och hon trycker på ömma punkter hela tiden. Förklarar hur ensam hon var genom graviditeten och att hon inte vågade höra av sig till honom.

”Och jag är alltså pappan?”

Hennes ansikte förvrids och tårarna strilar. ”Ja, vem skulle det annars vara?”

”Det kan väl vara vem som helst?”

Madeleines kinder blossar upp och hon höjer rösten. ”Påstår du att jag ligger runt?”

”Snälla, dämpa dig”, vädjar han men det är för sent.

Det blir helt tyst inne på fiket och allas blickar vilar på honom. Hårda, arga och dömande.

”Det är lugnt”, säger han till lattemammorna och ler, men får ingen respons. De har valt sida.

Han stirrar hjälplöst på Elli, sedan på Madeleine.

”Vad vill du att jag ska göra?”

”Ifrågasätt mig inte, snälla”, säger hon. ”Jag var rädd för att det skulle bli så här.”

Jag med, tänker Nyllet. Livrädd. För han förstår att det här är upptakten till något större. Något som bara kan sluta på ett sätt. I en katastrof.

45

EMMA BÄR UT YLVAS väska från pensionatet. Solen speglar sig i Dammsjön och den vackra vyn gör det svårt att tro att något hemskt har utspelat sig där.

”Stannar ni över natten?” frågar Elisabeth. ”Vi har ett jättefint dubbelrum med utsikt över sjön.”

Krille tittar roat på Emma och sedan på Elisabeth. ”Tack, men vi har redan bokat *vårt* rum på Stadshotellet.”

Varför sa han så? De har förstås två enkelrum och inget annat. Irriterande nog rodnar Emma och är på väg att rätta honom, men Elisabeth hinner före.

”Jörgen är äntligen tillbaka”, säger hon och pekar mot parkeringen, där en svart pickup svänger in och ställer sig på snedden bredvid en röd bil.

En man kliver ur och kisar mot dem.

”Vad bra att du kommer”, ropar Elisabeth. ”Säg hej till polisen från Stockholm.”

De går och möter honom och passar på att växla några ord, sedan tackar de för sig och sätter sig i bilen. Efter en snabb titt på klockan inser Emma att det är dags att åka till polisstationen.

”Vilket drömställe”, säger hon på vägen mot Borlänge.

”Jättefint, men jag får lappsjuka.”

De passerar en röd stuga, som inte syns på gps:en. Kanske för att den är så liten. Stället ligger bara någon kilometer från sjön.

”Vilket sött dockhus”, säger Emma och undrar om det är där hantverkarna håller till.

”Jag skulle aldrig vilja bo helt ensam i skogen”, säger Krille. ”Hur kul är det att vara själv där på kvällarna?”

”Alldeles för långtifrån Stureplan”, säger Emma retsamt. ”Är du mörkrädd?”

Krille rycker på axlarna. ”Jag gillar inte tanken på att vara isolerad. Man vet inte vilka lik som gömmer sig där.”

”Är det något du vill prata om?”

”Liken?”

”Din rädsla.”

Emma öppnar väskan i knäet med Ylvas saker. Högst upp ligger en vit linneskjorta, en regnjacka och sedan en handbroderad necessär. Inuti den hittar hon en tandborste, tandkräm, deodorant och tops. Inget smink. I ett fack med dragkedja ligger ett hopvikt papper.

”Jag trodde att du var min kollega, inte min psykolog”, svarar Krille. ”Men jag kanske har missat något.”

”Nu när vi ska hänga en del, är det väl bra om vi känner till varandras styrkor och svagheter”, säger hon och vecklar ut papperet. ”Särskilt om det blir skarpt läge.”

”Vad vill du veta?” frågar han spänt.

”Berätta vad som hände hos Jerka”, säger hon och väntar med att läsa den handskrivna texten. ”Du bara gick.”

”Jag har svårt för döden”, säger Krille kort.

Först undrar Emma om han skämtar, eftersom han har valt ett yrke där han står öga mot öga med döden. Kanske är det just därför, tänker hon. Han vill bearbeta något.

”Alla har vi våra utmaningar i yrket”, säger hon diplomatiskt. ”Ändå valde du att arbeta med mord. Varför?”

”Det snacket kräver nog ett glas vin, eller två”, säger han. ”Synd, nu är vi framme.”

Emma beundrar hans mod. Själv skulle hon inte komma på tanken att erkänna något liknande för en kollega, förutom Nyllet då. Han vet det mesta om henne. Hon hoppas att Krilles rädslor inte blir ett problem. Att han lämnar henne i sticket. Nyllet skulle aldrig utsätta henne för fara. Det finns en anledning till att poliser arbetar i team, och inte är ensamma.

Hon skummar igenom texten på Ylvas papper.

Jag stod där tyst på avstånd, mitt bland folket,
såg såren i din hand, din fot, din kropp.
Och mörkret slöt sig tungt och utan hopp.
Jag hörde ryktet flyga över staden
att graven inte höll min Herre kvar.
Men jag har sett och hört och lärt av livet
att dödens gåta aldrig kan få svar,
och ingen ger tillbaks vad graven tar.

Emma får rysningar och läser högt för Krille. ”Vad är det för sjuk dikt?”

Han rycker på axlarna. ”Ingen aning.”

Under den finns ytterligare en kort text.

”Lyssna på det här då”, säger hon.

Jag går mot döden var jag går
och anar aldrig stunden
när den till slut en gång mig når.
Den har mig redan bunden.
Ett flyktigt andetag
kan ända väg och dag
så jag i evigheten står.
Jag går mot döden var jag går.

”Är det något du har hört förut?” frågar hon.

”Nej”, svarar han och de kliver ur bilen.

Hon huttrar till av den bitande kylan. Det känns som minusgrader. Hon längtar redan till sommarvärmen.

På polisstationen bjuds det på kaffe och ostfralla.

Emma hade byggt upp en bild av spaningsledare Westberg som en stor och kraftig karl, men den visar sig vara felaktig. Han är lång och senig med Freddie Mercury-mustasch och springer milen på trettiofyra minuter.

”Välkomna”, säger han. ”Slå er ner var ni vill runt bordet, vi har inga fasta platser.”

Ytterligare tre utredare dyker upp och de hälsar på varandra. Sedan är mötet igång. De går igenom vilka misstänkta som finns och vilka som kan avfärdas. Slutrapport från obduktionen av Petter har inte kommit än.

”Har ni fått tag i hantverkarna?” frågar Emma.

”Nej, de håller sig undan”, svarar Westberg. ”Vi har ständig kontakt med den polska polisen, men de har inte heller hittat någon som vill berätta var de är. Däremot kom det fram att de är tre bröder, inte två.”

”Okej, vi träffade Bylund idag”, säger Emma. ”Och han var uppenbart irriterad på dem, påstod att de skapade oro.”

”Så ni hann dit också?” frågar Westberg förvånat. ”Vi har ju redan pratat med honom.”

Krille sneglar på Emma, som behåller kommandot.

”Vi svängde bara förbi för att se om han var hemma. Trevlig karl, måste jag säga. Det var en hårsmån från att han blåste skallen av oss.”

Poliserna runt bordet skrattar. ”Vi skulle ha förvarnat er om vi visste. Han har något fel i huvudet.”

”Eftersom han hittade både Petter och Ylva, kan jag inte se honom som något annat än potentiellt misstänkt.”

Någon suckar åt henne, men ingen säger emot.

”Vi svängde förbi pensionatet också.”

”Ja, det är klart att ni gjorde”, säger Westberg.

”Tillmötesgående kvinna”, säger Krille. ”Vad vet ni om fastigheten?”

”Det är ett gammalt pensionat som snart går i graven, de borde ha stängt av respiratorn för länge sen”, skrockar en äldre polis med vitt skägg. ”Jag kan inte tänka mig att verksamheten går ihop ekonomiskt.”

”Ylva Weman bodde där”, säger Emma. ”Vi fick med oss en bag med hennes saker. Varför har ingen varit där och hämtat den?”

Poliserna skruvar på sig.

”Det var aldrig tal om något annat än en olycka”, säger Westberg. ”Men det är konstigt att inga anhöriga har gjort anspråk på hennes tillhörigheter.”

”De kom tydligen aldrig dit”, säger Emma och läser upp dikterna som låg i necessären. ”Är det någon som har hört dem förut?”

Alla skakar på huvudet.

”Det är psalmer om döden”, säger Krille och Emma tittar förvånat på honom. ”Psalm 473 och 239. Jag googlade.”

”Är det inte ett märkligt sammanträffande att Ylva gjorde anteckningar om begravningspsalmer?” säger hon. ”Som om hon förutspådde sin egen död.”

Mannen med vitt skägg harklar sig högt och blänger på Emma. ”Hur ska man kunna veta om det var självförvållat eller en olyckshändelse? Död är hon i alla fall, och det var jag som höll i utredningen. Jag har förstått att du har kritiserat den?”

”Har jag kritiserat den?” säger Emma och tittar på Westberg som bekräftar det påståendet genom att nicka.

Krille sträcker sig nervöst efter en ostfralla istället för att hjälpa henne ur den jobbiga situationen. De har varit här i en kvart, och hon har redan skapat osämja.

”Med tanke på att Ylva också påträffades död vid Dammsjön, tycker jag att det finns anledning att titta närmare på det fallet igen. Obduktionsprotokollet lämnade en del att önska, precis som FUP:en. Om ni mot all förmodan missade något där, kanske det är just den detaljen som avslöjar vår gärningsman.”

”*Om* det finns ett samband, ja”, påpekar den ansvarige utredaren och drar sig irriterat i det vita skägget.

Westberg nickar. ”Emma har en poäng. Vi ska inte låta prestige gå före resultat. Jag har kollat upp Ylva Weman, och hon är inte kremerad, utan ligger begravd på Gamla kyrkogården i Uppsala.”

”Har jag alla emot mig nu”, klagar utredaren på sin breda dialekt.

”Gräv upp henne”, säger Emma.

Kroppen kommer att vara i gott skick, även om det har gått flera månader sedan hon begravdes. I en kista flera meter under jord är det kallt som i ett kylskåp.

Skäggmannen slår näven i bordet. ”Vad fan ska det vara bra for? Ska de jävlarna komma hit och tala om för oss hur vi sköter vårt jobb?”

Krille och Emma tittar på varandra.

”Lugn nu, Dahlström”, säger Westberg.

”Jag *är* lugn”, skriker han och lämnar rummet.

Dörren åker igen med en smäll och poliserna som är kvar runt bordet tittar medlidande på Emma och Krille.

”Ja, välkomna hit då”, sammanfattar Westberg.

Samma dag som jag hittar mamma död kommer en massa främmande människor till vårt hem. De samlar oss i vardagsrummet och säger att vi måste flytta. Jag vägrar släppa taget om mina syskon, för nu är jag den enda tryggheten de har.

"Vi ska vara tillsammans", säger jag.

Jag gör vad som helst för dem. En äldre kvinna med runda glasögon trasslar in sig i krångliga meningar, tills hennes kollega avbryter:

"Det är nog bättre att bara säga som det är."

När hon berättar att vi inte kan bo i samma fosterfamilj, blir det svart. Jag rivs och slåss, skriker och svär, kämpar för mitt liv och för mina syskons framtid. För vår enda chans att få vara med varandra. Har de verkligen rätt att ta dem ifrån mig?

Till slut känner jag ett hårt grepp om min arm och de sliter bort mig med våld. Det finns inget snällt i deras blickar. Jag ropar efter pappa, även om jag förstår att det är meningslöst. Det här hade aldrig hänt om han hade varit kvar.

Mamma och pappa, ni straffade mig genom att försvinna.

Det är jag som blir ensam.

"Ingen familj kan ta tre barn", förklarar kvinnan och rättar till sina glasögon som hamnat snett.

Om de bara kunde förstå hur mycket ångest det skapar att splittra oss. Mina syskon är så rädda att den yngsta kissar på sig. Vem är det som springer upp och hämtar nya kläder?

Jag, förstås.

Hur ska jag veta att deras nya familj kommer att bry sig på samma sätt? Jag kan inte skydda dem längre och oron äter sig hela vägen till hjärtat.

Sedan kommer ilskan.

Jag hatar dig, mamma. Allting är ditt fel från början.

Precis allt som hänt handlar om dig.

Jag kommer aldrig kunna sudda ut bilderna när du hänger i taket. Hoppas att du brinner i helvetet.

Den här gången tänker jag inte lyssna på några skuldkänslor, för jag står mitt i kaoset som mamma har lämnat efter sig. Mina syskon vänder sig om med söndergråtna ansikten. De får knappt med sig några av sina saker, för plötsligt är det bråttom iväg.

"Jag kommer och hämtar er", är det sista jag ropar innan de försvinner ur mitt synfält.

Det är ett löfte och jag tänker hålla mitt ord.

TORSDAG 17 OKTOBER

46

JULIA BORRAR NER huvudet i kudden. Hon orkar inte resa sig ur sängen, utan stannar hellre kvar i sina skrynkliga, svettiga lakan. Mamma har råkat bädda med hennes gamla prinsesspåslakan. Tur att ingen ser.

Huvudvärken ger inte med sig.

Innan Julia släckte igår tog hon upp det sönderrivna visitkortet från psykologen med information om stödlinjen för ungdomar med självmordstankar. Då såg hon att det också gick att chatta med en rådgivare. Det är mycket lättare att uttrycka sig i text än att behöva prata. Julia förväntade sig ingen respons så sent på kvällen, men någon som heter Nelly svarade.

Sedan chattade de i en timme.

Äntligen har hon hittat en som har tid och som inte dömer henne, bara lyssnar. Julia har aldrig velat dö, tvärtom, hon har fruktat döden. Drömt mardrömmar om att någon i hennes familj ska avlida, och varit livrädd när moster Emma råkat ut för mordförsök. Men efter kvällen på spårvagnsrälsen gick något sönder inom Julia. Det är som ett trasigt torn med klossar som hon inte vet hur hon ska bygga upp igen. Vilken kloss är stabilast och ska vara längst ner och i vilken ordning ska hon fortsätta? Hon kan inte sortera. Ett gift har letat sig in i hennes kärna och det gnager på hennes friska och sunda tankar. Snart är det bara mörker kvar, och det skrämmer henne.

Sådant kan hon skriva till Nelly.

Berätta om sina innersta tankar, utan att skämmas.

Julia tar upp mobilen för att se om Nelly har skickat något nytt, och hon blir varm inombords när hon möts av ett oläst meddelande.

Har du sovit gott?

Om någon annan hade ställt frågan skulle hon ha svarat ja, men för Nelly kan hon berätta att natten var en enda lång plåga. Att hon knappt kunde sova en blund. Huvudvärkstabletterna hjälpte inte.

Nelly är snabb med att ge tröst.

Allt kommer att bli bättre.

Det känns skönt att läsa. Nelly, om någon, vet. Hon är arton år och har varit med om massor av skit. Föräldrar som har svikit, gång på gång, och lärare som bara har blundat för hennes problem som slutligen blev outhärdliga. Ingen såg eller förstod. Allt det skrev hon i sin presentation igår. Och Julia känner igen sig i allt. Det är precis samma sak för henne, eller kanske inte riktigt, men nästan. Nelly har lidit av ätstörningar och varit deprimerad, men har tagit sig ur det på egen hand. Nu vill hon hjälpa andra. Så himla fint. Julia blir tårögd. Hon är väldigt känslig nuförtiden.

Jag har tur som fick tag i just dig.

Julia skickar iväg det, utan att tveka, och Nelly svarar:

Jag bryr mig om dig, Julia. Hur mår du idag?

Det tar tid att formulera något vettigt tillbaka, eftersom hon inte vet riktigt. Julia skriver några ord, raderar, börjar om, och till slut får hon iväg en sammanfattning. Hon avslutar med att hon inte kan hitta något ljus i livet just nu, hon känner sig alldeles för ensam.

Varför lida när man lika gärna kan dö?

Svaret dröjer, och Julia blir orolig att hon gick över gränsen.

Hon menar det egentligen inte och Nelly kanske drar sig ur eller kontaktar en läkare. Tänk om Julias nattsvarta tankar skrämde henne? Sedan inser hon att Nelly förmodligen sitter med flera chattar igång samtidigt. Hon kommer säkert svara till slut. Det dröjer många minuter innan det plingar till:

Döden går inte att ångra.

Det har hon förstås rätt i. Sedan skriver Nelly att hon måste avsluta, men att de kan höras senare under dagen.

Var försiktig, Julia.

Tårarna börjar rinna. Nelly bryr sig verkligen.

Julia sträcker sig efter toarullen på nattduksbordet och snyter sig. Rullgardinerna är neddragna och rummet är lika mörkt som Julias sinne. Hon önskar inget hellre än att hon hade en riktig vän. Någon i hennes egen ålder som tycker om henne. Men det har Liv satt stopp för. Liv har haft två terminer på sig att snacka så mycket skit om Julia att alla håller sig undan henne som om hon vore ebolasmittad. Ingen tycker att det är värt besväret att ge henne en chans och riskera att hamna på Livs shitlist.

Julia sväljer några smärtstillande, och hoppas att det inte bara ska döva den fysiska smärtan. Det blir tomt nu när Nelly inte har tid att chatta. Skolan är utesluten.

Vad ska hon ta sig till? Tiden går långsamt.

Hon söker på nätet efter likasinnade, men det är bara deprimerande. Det är så många unga som lider. Antalet elvaåringar med självmordstankar ökar, läser hon i en nyhetsartikel. Det är som att lillasyster Sofia skulle vilja dö.

Julia får upp en bild i huvudet av familjen på sin begravning och tårarna börjar rinna. Hon ser en smal kista övertäckt med vackra blommor.

Varför skulle det bli så här?

47

ÄNTLIGEN SOVER ELLI bredvid honom i den stora sängen. Centimeter för centimeter ålar sig Nyllet mot kanten och kan till slut sätta fötterna i golvet utan att hon reagerar. Att hållas vaken en hel natt av en otröstlig bebis var rena tortyren. När han lyfter undan täcket ger sängen ifrån sig en frän lukt av kräks och kiss. Nyllet reser sig upp på vingliga ben och tar sig till badrummet.

Det enda positiva är att han höll sig från att ringa Emma och fråga om råd, även om han var nära flera gånger.

Vad skulle hon kunna göra från ett hotellrum i Dalarna?

Tala vett med Elli i telefon?

Han hade bestämt sig på förhand att han skulle klara detta. Men natten var värre än allt han har upplevt i sitt yrkesliv, och då har han ändå varit med om det mesta. Allt från att plocka upp resterna av en människa på järnvägsspåret, till att se någon som blivit avrättad på nära håll. Det dröjde till ända in på småtimmarna innan Elli slocknade, och han undrar varför det kom nu och inte de första nätterna utan Emma. Det finns oerhörda resurser i en spädbarnskropp. Elli lär ligga däckad hela dagen och Emma kommer bli irriterad på honom att hon har vänt på dygnet.

Otacksam uppgift, tänker han och suckar.

Han undviker att se sig i spegeln, och efter sina morgonbestyr slår han på kaffebryggaren i köket. Sedan ringer han upp Emma som har försökt få tag i honom.

”Har du sovit gott?” frågar hon utan ironi. Hon låter upprymd på ett sätt han inte alls gillar.

”Det har varit en tuff natt”, erkänner han matt. ”Elli har varit ledsen.”

En skopa sympati skulle inte skada.

”Hon kanske håller på att få tänder”, säger Emma som tydligen sitter med facit. Han har inte tänkt en sekund på att det kunde vara därför Elli var förtvivlad.

”Nu sover hon i alla fall”, säger han trött och stirrar på kaffebryggaren som inte har bråttom, utan ger ifrån sig en droppe i sekunden. Snart räcker det till en halv kopp. ”Hur går det själv då? Sköter sig Krille?”

”Absolut”, svarar hon snabbt.

Han får en sur uppstötning.

”Så du trivs bra med din nya partner?” undrar han och ångrar sig i samma ögonblick. Frågan är rena självskadebeteendet. Han tittar på dropparna som faller i slowmotion ner i kannan.

”Han är inte som du”, svarar hon och det gör Nyllet något bättre till mods. Det kanske är nu han ska ta upp det där med Madeleine.

”Kommer ni framåt?” frågar han istället.

”Ja, fast vi pratar myrsteg”, säger Emma, och det låter som en bildörr stängs.

Äntligen kan han fylla kaffemuggen.

”Vi har precis parkerat utanför en sommarstuga som vi ska ta oss en titt på”, säger hon. ”Jag måste avsluta.”

Nyllet hinner inte nämna något om Madeleine. Det kanske är lika bra, för han vill egentligen inte oroa Emma i onödan.

”Vi får höras senare, känn efter ifall en tand är på väg upp”, säger hon. ”Ta hand om dig och krama Elli. Du fick med Alvedon till henne?”

”Jag tror det, annars går jag till apoteket sen”, svarar han. ”Hej så länge.”

Det skär i honom när han hör Krilles röst i bakgrunden. Efter samtalet är det något som stannar kvar hos Nyllet, ett orosmoln, som han inte riktigt kan förklara. En känsla av att vara på väg att förlora något. Eller någon.

För alltid.

48

STACKARS NYLLET, TÄNKER EMMA. Det är mycket för honom att förhålla sig till. Inte bara deras separation, utan även det nya livet som singelpappa. Han måste också acceptera att Emma har en ny partner in crime. Emma sneglar på Krille när de går mot den röda stugan. Han ser förbannat bra ut, och det är inte så konstigt att Nyllet nästan lät svartsjuk. Molnen hopar sig på himlen och det verkar vara oväder på gång. Krille knackar på dörren och ingenting händer.

”Det är ingen hemma”, säger han till slut.

Emma går runt hörnet och kikar in genom ena fönstret till den lilla sommarstugan som hantverkarna hyr. Rummet är stökigt och det står två öppnade konservburkar med gulaschsoppa på diskbänken, två skålar, skedar och burköl.

Men det är inte där blicken fastnar.

”Det ligger verktyg och buntband på matbordet”, säger hon och Krille drar sig närmare henne för att kunna se.

De råkar snudda vid varandra. Bredvid den ena pinnstolen står svarta sopsäckar, halvfyllda.

”De är inte särskilt diskreta ifall de skulle hålla på med något olagligt.”

Han har en poäng.

”Vi får väl gå en sväng och ta oss en titt”, säger hon.

Bakom stugan ligger en lada i samma faluröda färg. Dörren är stängd med en hasp som bara är att lyfta av. Hon öppnar och kliver in, även om hon vet att det är att passera gränsen för vad som är tillåtet. Polackerna är inte misstänkta för något än, Emma och Krille har inget tillstånd för husrannsakan. Ändå väljer hon att göra en liten överträdelse, för att kunna bedöma ifall de kan vara intressanta för utredningen. Ladan är kall och rå och full av skräp. Hon lägger märke till en jordig spade, en stor grön presenning och två sågar som står mot väggen. Sedan faller blicken på ett rep med en karbinhake som hänger från taket. Emma ryggar tillbaka när hon tänker på Krilles ord om att vara isolerad här ute i ingenstans.

Ingen skulle höra om hon skrek för sitt liv.

”Usch, vilket ställe”, säger Krille alldeles intill henne och Emma hoppar till.

Hon vänder sig om och tittar på honom. ”Vad du skräms!”

Han ser löjligt nöjd ut. Emma skrattar till och skakar på huvudet. Sedan går hon ut därifrån.

De måste få tag i hantverkarna som hyr stugan. Om de inte dyker upp snart, behöver de göra något åt det. Buntbanden och den jordiga spaden kan ha använts vid mordet på Petter.

”Dags att titta på fyndplatserna”, säger Krille.

De åker tillbaka ut på Dammsjövägen och tar sedan av på en grusväg. Skogen blir allt tätare tills de når en glänta där den mörka sjön glittrar till i bakgrunden. Emma kliver ur och Krille sträcker på sig. Sedan tittar hon på kartan hon har i handen och de börjar gå mot skogen. Det är så absurt att hon är här med Krille. Och dessutom får betalt för det.

”Hur går det med tjejen?” frågar hon när de tar sig fram på stigen mot klippan där Ylva hittades.

Krille rycker på axlarna. ”Jag har gjort slut.”

”På telefon?” frågar Emma och jämför platsen med kartan. De är snart framme.

”Det är så vi jobbar nuförtiden”, svarar han svävande och Emma känner sig som en stenåldersmänniska.

”Det var tråkigt att höra.”

”Äsch, det är lugnt”, säger han och sparkar till en sten på marken. ”Det var bäst så.”

Plötsligt tar Krille tag i hennes arm.

”Hörde du?” frågar han.

Emma lyssnar. ”Nej.”

”Det lät nästan som ett stön eller jämmer.”

Båda lyssnar spänt, men hon uppfattar ingenting annat än bladen som vajar i vinden. Emma går vidare, medan Krille dröjer sig kvar. Hon vet inte vad hon ska tro, han kanske ville byta ämne. När hon kommer fram till stupet är hon varm, trots att det är kyligt ute. Promenaden var mer ansträngande än förväntat, eller också är hon bara otränad efter graviditeten.

”Det var inte så högt som jag trodde”, säger hon och tittar ner på marken nedanför klippan.

Krille stannar upp bredvid henne.

”Ett fall på tre fyra meter borde man väl överleva?”

”Ja”, svarar hon fundersamt. ”Beroende på hur illa man landar, förstås.”

De klättrar ner längs sidan av stupet och kliver ut på avsatsen som är alldeles platt och ensligt belägen. Det syns inga tecken på att något otäckt har hänt här, förutom ett litet träkors. Mossa saknas på en del av marken, men det finns inte några stenar att skada sig på i ett fall. Inga blomsterbuketter eller andra hälsningar. Ensamt och sorgligt.

”Vi får se vad den utökade rättsmedicinska obduktionen visar”, säger Emma.

”Vad arg Dahlström blev. Så för din skull hoppas jag att den ger något.”

Emma tar ett djupt andetag. ”Tack.”

De går vidare mot sjön och efter några hundra meter möts de av något helt annat när de kommer fram till platsen där Petter hittades. Den är fortfarande avspärrad och utanför ligger ett handgjort kors av pinnar, stora blombuketter och handskrivna lappar med fina texter till Petter. Och två regndränkta nallebjörnar som håller om varandra. I mitten sitter ett rött hjärta av tyg.

Det prasslar till i buskarna en bit in i skogen och Emma lyfter blicken.

”Hallå?” ropar hon.

Det enda som hörs är suset från träden.

”Kom”, säger hon till Krille. ”Det var någon där.”

Hon skyndar sig mot skogen och ropar igen. Då ser hon en reslig gestalt. Någon som inte reagerar på tilltal.

”Hallå?” försöker hon igen.

Mannen vänder sig om med jagad uppsyn.

49

VAR DET INTE RÖSTER? Magnus ropar, men inser att det inte kommer något ljud. Stämbanden sviker, lungorna har slut på luft. Hjärtat orkar knappt arbeta längre. Systemet är på väg att kollapsa. Det kliar överallt på kroppen, men delar av den är bortdomnade. Ljuden ovanför klingar av och han krafsar förtvivlat i jorden.

”Hjälp”, viskar han.

Snart är hans enda chans förbi.

Det blir tyst och stilla ovanför hans huvud.

Han förstår att han förtjänar att plågas.

Men räcker det inte nu?

Han har aldrig tidigare längtat så mycket efter möjligheten att få vara pappa. Det är skrattretande att han inte har satt sig ner och lyssnat på vad barnen har att säga. Till slut var det ingen som frågade honom om hjälp längre. Inte ens Vickan.

Han rörde sig genom huset som en skugga.

En inkräktare.

Enya fick honom att känna sig bekräftad. Betydelsefull, intressant och sexig. Något Vickan inte lyckades framkalla, men hon hade såklart fullt upp. Han förstår det nu och borde aldrig ha antytt i avskedsbrevet att hon fick honom att inte känna sig älskad. Det är ju lika mycket hans eget fel att han har hamnat utanför i familjen.

Han har tagit avstånd och hållit sig undan.

Avskedsbrevet trodde han var en övning, precis som att lägga sig i graven, men nu förstår han att stövelmannen lurade honom. Det är därför han befarar att det ödesdigra brevet är skickat.

Han borde ha formulerat sig annorlunda.

Det senaste halvåret har han inte varit den man som Vickan gifte sig med, utan har betett sig som ett svin. Han väntade på att Vickan skulle få nog och sparka ut honom, så han kunde åka raka vägen till Enya.

Men den hjälpen på traven fick han inte.

Vickan gjorde det inte lätt för honom.

Ingenting bet på henne, utan hon stod fast vid att hon skulle stötta honom genom krisen. Hon är en fantastisk människa, men det framgår inte i det där brevet. Tvärtom, han lägger skulden på henne.

Där står det att allt är hennes fel.

Att det är hon som har drivit honom hit.

Till graven.

50

JOSEFIN SITTER HEMMA i vardagsrummet och har lust att slänga mobilen rakt i parkettgolvet. BUP Brommaplan tar inte emot nya patienter. Hon ska vara glad att hon över huvud taget kom fram i telefonkön, säger receptionisten. Alla vårdcentraler har milslånga köer för att få träffa en psykolog. Det är fan inte klokt.

Hur gör folk som mår dåligt?

Julia behöver hjälp nu, inte om ett halvår.

Det säger hon också till personen på BUP Täby, som hon blir hänvisad till av Brommaplan.

”Vi beklagar, men det är så här det ser ut nuförtiden. Trycket är större än någonsin och resurserna begränsade.”

Josefin orkar inte ens lyssna klart på skiten. Plötsligt blir det tydligt vilken kris som råder i Sverige när det kommer till psykisk ohälsa. Om inte ens ett barn som gjort ett självmordsförsök kan få hjälp är det något allvarligt fel på systemet.

Maktlösheten gör henne förbannad och förtvivlad.

Hon lägger ifrån sig mobilen och önskar att livet inte vore så komplicerat. Julia vägrar komma ut från rummet och Josefin vet inte vad hon ska ta sig till. Hon vågar inte lämna Julia ensam, men känner att det är precis det Julia önskar allra mest. Att slippa sin mamma.

De malande tankarna kommer av sig när en dörr knarrar på övervåningen. Hon går till trappan och möter Julia halvvägs ner.

”Men hej”, säger Josefin. ”Är du hungrig?”

Hon vill ge henne en kram, men Julia ryggar undan. ”Jag ska bara ta en macka.”

”Ska vi snacka lite?”

”Nej.” Julia går förbi henne.

Hon försöker göra allt för sin dotter, men får inget gehör. Josefin har svårt att acceptera det.

”Varför vill du inte prata med mig?” frågar hon desperat och följer efter henne in i köket.

”Snälla, kan du låta mig vara”, säger Julia. ”Jag har ont i huvudet.”

”Säg bara vad jag ska göra.”

”Jag sa ju precis det: låta mig vara.”

Josefin går fram och lägger sin hand på Julias axel och märker hur hon stelnar till.

”En dag kommer du att se tillbaka på den här tiden och kanske, kanske kommer du att förstå hur det är att vara mamma och förtvivlat försöka hjälpa sin dotter.”

”Jag ska inte ha några barn.”

Josefin hajar till. ”Varför säger du så?”

”Därför att jag inte tänker bli mamma.”

”Okej, men det är ändå viktigt att du talar med någon om det som har hänt”, säger Josefin och försöker att hålla tårarna tillbaka.

”Det gör jag redan.”

Julia vänder sig om med mackan i handen och går tillbaka upp. Josefin blundar när hon hör Julia smälla igen dörren och låsa den. Det är som att få ett hårt slag i magen, och sedan vrids tarmarna om ett varv.

Josefin känner ett behov av att prata med någon, men Andreas är på jobbet.

Ska hon ringa Emma?

Hon gör ett försök, men får inget svar. Kanske lika bra, eftersom hon inte har en aning om vad hon ska säga. Det enda Josefin någonsin har varit bättre på än Emma är att bilda familj. Hela Josefins identitet bygger på rollen som mamma, och nu ska hon alltså behöva berätta att hon inte ens lyckades med den uppgiften.

Att hon är värdelös, på alla plan.

Josefin ringer till en vårdcentral på Östermalm, där hon har fått tips om att det ska finnas utrymme för nya patienter. Hon hamnar på plats trettionio i kön. Tjugotre minuter senare svarar en sköterska och Josefin kan inte hålla tårarna tillbaka när hon får beskedet att de kan ta emot Julia.

Redan imorgon eftermiddag.

51

BYLUNDS SKÄRRADE BLICK flackar fram och tillbaka, och han slår förtvivlat ut med armarna. Han har en lång, svart parkas med huva och rejäla gummistövlar på fötterna. Emma kommer att tänka på liemannen. Himlen är mörk och hon känner den första regndroppen.

”Bobo är försvunnen”, säger han.

”Hur länge har han varit det?”

”Över en timme, det är inte likt honom.”

Emma tittar på klockan. ”Vi kan tyvärr inte stanna och hjälpa dig att leta.”

Bylund ser knappt ut att lyssna.

Först på vägen tillbaka till polisstationen inser Emma att Bylund störde dem. De stannade bara till vid platsen där Petter hittades, men hann inte undersöka omgivningen. Stod han och höll ett öga där av rädsla för att någon skulle komma?

Emma får inte riktigt grepp om Bylund, och förstår inte varför den lokala polisen verkar så ointresserad av honom.

”Kolla”, säger Krille och pekar mot den röda stugan.

En vit minivan står parkerad utanför med bakdörrarna öppna. Två män är i full färd med att bära en stor platt-tv mot huset. Sladdarna släpar i marken. I samma sekund tittar männen panikslaget mot deras bil och ställer ner apparaten på marken. Sedan kastar de sig mot minivanen och smäller igen dörrarna. Krille ställer bilen tvärs över vägen för att blockera utfarten, men minivanen kör rakt ut i diket och bränner förbi dem. Sedan ökar den farten.

”Vad fan”, utbrister Krille och gör en snabb manöver och gasar efter dem.

Emma slår igång saftblandaren, för att männen ska förstå vem de har bakom sig. Eftersom Emma och Krille inte använder en målad polisbil, är det inte lätt att veta att de är poliser. Sirenerna skär i öronen. Emmas förhoppning är att männen ska stanna för att inte förvärra situationen för sig själva, men blåljuset ger motsatt effekt. De accelererar. Krille får problem att hänga med.

Hon ringer ledningscentralen för att begära förstärkning.

”Det närmaste vi har är två trafikpoliser en kvart bort”, är beskedet hon får.

”Vi är inte i Stockholm nu”, säger hon till Krille och förklarar att det inte finns backup inom räckhåll. ”Vi måste lösa det själva.”

Emma önskar att hon hade skött gaspedalen istället. Det är frustrerande att sitta bredvid och inte kunna påverka förloppet. Hon far fram och tillbaka som en vante i passagerarsätet när Krille svänger tvärt.

”Vänster”, skriker Emma när bilen framför plötsligt tar av på riksväg 70 mot Mora.

De ökar hastigheten ännu mer.

Emma kan inte förstå varför männen agerar så idiotiskt. Efter några minuter tappar minivanen greppet om vägbanan och biljakten får ett abrupt slut i ett dike.

Hon drar sitt vapen och rusar ut.

”Polis!” skriker hon.

Föraren med svart skinnjacka sitter kvar i bilen. Den andre hoppar ut genom passagerardörren och börjar springa.

”Jag tar honom”, ropar Krille.

Rymlingen kommer att ångra sig, han har fel man efter sig. Krille är explosiv och orädd.

Föraren kliver ut med händerna ovanför huvudet. Hans pupiller är små som prickar och svettpärlor framträder i hårfästet. Emma står kvar med pistolen riktad mot mannen, som befinner sig någon meter ifrån henne. Lite för nära för att hon ska vara bekväm, men hon har koll på läget. Han säger ingenting. I ögonvrån ser hon hur Krille tar in på den andra personen, meter för meter, och flyger över honom. De rullar runt på åkern och det verkar som att Krille till slut får övertaget.

Ett ögonblick av fel fokus är allt som behövs.

På några sekunder har föraren slitit pistolen ur Emmas hand, hennes eget tjänstevapen. Hon hann inte ens blinka.

Emma står blickstilla. Kroppen känns blytung.

Sig Sauern är kall mot tinningen.

52

OM JULIA INTE ens kan smyga ner och ta en macka utan att bli attackerad av sin mamma, är det bäst att stanna kvar på rummet. Hon mår bättre tack vare Nelly, men efter stunden i köket knackar huvudvärken som hammarslag.

Yrseln kommer plötsligt, och hon måste sätta sig ner.

Hon känner med fingertopparna på stygnen. Det gör inte särskilt ont över själva såret, det är mest inuti huvudet som det dunkar och spränger. Hon borde duscha, för pyjamasen luktar svett, men hon pallar inte att gå ut och träffa sin mamma igen.

Synd att Josefin inte har ett vanligt jobb som alla andra föräldrar, så Julia kunde få vara ensam på dagtid.

Julia lutar sig tillbaka mot huvudkuddarna, som står uppställda mot sängramen, och kollar mobilen.

Hon har tur, Nellys profil lyser grön.

Jag är så glad att jag har dig.

Julia tvekar inte en sekund när hon skriver de orden till en person hon aldrig har träffat. Hon känner verkligen att Nelly är hennes räddning. Hon frågar hur det är möjligt att hon kan vara tillgänglig jämt.

Jag är mellan två jobb.

Det förklarar att hon ofta svarar snabbt. Julia uppskattar Nellys närvaro och att hon inte blir långrandig när hon uttrycker sig. Oturen kanske äntligen har vänt. Julia önskar att Nelly var några år yngre. Arton är för gammalt för att bli vänner på riktigt. Tänk om hon hade varit i hennes ålder och gått på samma skola. Då hade Julia kanske vågat visa sig där igen. Varje gång hon tänker på att ingen har hört av sig och frågat hur hon mår, växer klumpen i magen.

Vad har Liv lyckats lura i alla?

Det räcker gott och väl med de smakprov Julia har sett på nätet. Hon vill inte läsa en rad till om sig själv. Det bultar i huvudet och plötsligt är tanken på döden tillbaka. Vändningarna kommer så snabbt, hon hinner aldrig ducka. Det är som att snubbla och falla nerför ett stup.

Vad har jag att leva för?

Julia ställer frågan till Nelly, och pillar med en hårslinga under tiden som hon väntar. Hon lindar hårstråna flera varv kring sitt finger, om och om igen, tills de går av. Sedan ångrar hon sin fråga, för det är såklart inte Nellys uppgift att svara på den.

Massor väl?

Nellys svar får henne att tänka efter, men Julia kan inte komma på något.

Nej.

Kom igen! Seriöst, vill du verkligen inte leva längre?

Julia vet inte, men det låter alldeles för veligt.

Inte det här livet i alla fall. Jag byter gärna med dig.

Nelly återkommer snabbt.

Det tror jag inte att du vill.

Blev hon sur? Hon får inte avbryta chatten nu, Julia vill inte bli lämnad ensam igen. Det är en pina att sitta här i sitt rum och tyna bort. Stunderna med Nelly är den enda ljusglimten i tillvaron.

Varför är det så svårt att leva?

Det kanske Nelly kan ha en teori om i alla fall.

Livet går upp och ner, så är det för alla.

Visserligen, men Julia tvivlar på att alla har behövt vara med om ett sådant bottenlöst djup som hon. Det finns liksom ingen väg upp. Hon föreställer sig hur hon försöker simma mot ytan, men fastnar i det klängande sjögräset och näckrosstjälkarna som håller kvar henne på botten.

Mina problem är omöjliga att lösa.

Om hon fick flytta från fucking Bromma och börja om sitt liv på nytt skulle hon kanske ha en chans, men det kommer inte att hända. Alltså är det kört.

Är det verkligen så du känner?

Julia svarar ja på Nellys fråga.

Det finns hjälp att få.

Hon måste förstås skriva det, tänker Julia trött. Men hon orkar inte höra att hon borde gå till en psykolog. Den enda som hon har träffat satt och sneglade på klockan och försökte svälja sina gäspningar. Ingen kan reperara skadan som Liv har orsakat. Det är för fan Liv, inte hon, som borde gå i terapi. Ändå kan hon inte motstå att fråga Nelly vad hon menar.

Vadå för hjälp?

Julia väntar tålmodigt på ett svar.

Något som gör slut på lidandet.

Hon stirrar på meningen. Hjärtat slår snabbare. Julia känner sig grötig i skallen när hon inte kan tolka Nellys ord. Handlar det om tabletter?

Vad menar du?

Julia skickar iväg frågan.

Om man inte vågar gå hela vägen på egen hand finns det andra som kan hjälpa till.

Föreslår Nelly det Julia tror att hon gör?

Nyfikenheten har väckts, men också rädslan. Hon håller andan när hon ser att Nelly skriver något mer.

Man reser bort och kommer aldrig mer tillbaka.

53

DIMMAN LIGGER TÄT över vägen och när som helst lär himlen öppna sig. Emma sneglar mot Krille, men han har inte upptäckt vad som hänt än. Hur ska hon kalla på hans uppmärksamhet utan att stressa mannen med skinnjackan? Hon försöker att hålla sig iskallt strategisk, men det är svårt att bortse från att hon har en pistol vid tinningen.

Sin egen.

”Please”, säger Emma.

En bil passerar på vägen, föraren saktar in och tar en bild med mobilen, men stannar inte. Var är den förbannade radiobilen? Än så länge har föraren som hotar henne inte sagt ett ord, men plötsligt skriker han något på polska åt sin kumpan. Emma blir så överraskad att hon hajar till och trycket mot tinningen hårdnar.

Vrålet får Krille att vända sig om.

”Emma”, ropar han och släpper taget om mannen som kommer på fötter och springer för sitt liv över åkern.

Krille går mot dem med händerna över huvudet, för att visa att han inte tänker dra sitt vapen. Han närmar sig med bestämda steg, men mannen rör sig inte ur fläcken. Handen som håller i vapnet darrar och han flämtar av anspänning. Han står så nära att hon känner hans armsvett.

Krille, skjut honom.

En erfaren kollega som Nyllet hade förmodligen avlossat ett dödligt skott i huvudet för att rädda henne.

Men Krille tycks välja en annan strategi. Han fortsätter enträget framåt, antagligen för att få mannen ur balans. De hör sirener närma sig, snart är kollegerna framme. Mannen verkar bli störd av oljudet och Krilles agerande. Plötsligt försvinner trycket från pistolen och han riktar den istället mot Krille som tvärstannar.

”Easy”, uppmanar Krille, samtidigt som den efterlängtade polisbilen bromsar in. Två uniformerade poliser kliver ur, men de kan inte göra någonting.

Krille sneglar som hastigast på Emma och ger ifrån sig en knappt märkbar nickning. Det är det enda som behövs. Emma sparkar mannen hårt på ena sidan av knäet, så benen viker sig. Men i fallet lyckas han göra en mantelrörelse och vapnet avfyras mot Krille. Sig Sauern faller ur mannens hand och han far i marken med en duns. Trafikpoliserna kommer springande och kastar sig över honom. På några få sekunder har de tryckt ner mannen på mage mot asfalten och säkrat honom med handfängsel. Skräckslaget tittar Emma mot Krille, som ligger stilla.

Hon blir alldeles kall inombords.

Sedan rusar hon fram och sjunker ner bredvid honom.

Rösten i bakgrunden som kallar på ambulans låter långt borta. Synfältet krymper och vägen, bilarna, åkern och dimman förvandlas till prickar framför ögonen. Emma hyperventilerar och nyper sig själv hårt i låret för att komma tillbaka till verkligheten.

”Krille”, viskar hon och får ett mumlande ljud till svar.

Sakta häver han sig upp i sittande ställning och tar sig för armen. Jackan är trasig strax ovanför armbågen, och Emma hjälper honom att slita av den för att kunna avgöra hur skottet har tagit.

”Ska du ha ihjäl mig redan?” jämrar han sig.

Emma är för fokuserad på skottskadan för att kunna skämta tillbaka. Såret blöder, men han verkar tack och lov ha träffats ytligt. Det kunde ha gått så mycket värre och hon förstår att hon kommer att behöva förklara sitt agerande i en intern utredning. Han med.

”Är alla okej?” frågar en av kollegerna och hon nickar.

Mannen med skinnjackan förs bort mot polisbilen.

”Om det ska vara så här spännande att jobba med dig, så måste jag nog omplaceras”, säger Krille och sneglar roat på henne. ”Hur fan har Nyllet klarat sig i alla år?”

”Sluta nu, det är inte kul”, säger hon. ”Du kunde ha dött.”

”Att kunna skoja om det är en viktig del i min debriefing.”

Men Krille bleknar snabbt och är förmodligen mer skärrad än han vill ge sken av.

”Hur kom du på den idiotiska idén att gå mot honom?”

”Jag hörde ingen mantelrörelse, så jag räknade iskallt med att han inte skulle hinna skjuta.”

En av poliserna knackar Emma på axeln. ”Här är ditt vapen. Vi har sökt igenom bilen. Den är full med stöldgods.”

Samtidigt bromsar ambulansen in, och nu ser Emma att även en förbipasserande har stannat. En vuxen karl har lämnat sin Volvo och står och filmar ogenerat med sin mobilkamera. Om han inte sätter sig i bilen snart lär fler behöva vård. Trafikpoliserna får rycka in och mota bort idioten.

Sedan anländer sjukvårdare och Krille insisterar på att han inte behöver lägga sig på någon bår.

”En vanlig torsdagsskjutning bara”, skojar han och kommer på fötter. ”Fast jag är nog lite yr ändå.”

Han sjunker tillbaka mot marken och protesterar inte när de lägger honom på båren. Emma åker mot polisstationen, och ringer upp Westberg på vägen för att berätta vad som hänt.

”Så den ene mannen är på fri fot”, sammanfattar hon.

Westberg låter inte glad, men är förstås lättad över att det inte slutade med en ny Malexanderkatastrof.

”Skaffa fram en tolk”, säger hon. ”Jag vill inleda förhöret så fort som möjligt.”

Medan Krille är på sjukhuset och blir omplåstrad ska hon pressa hantverkaren på information. Några andra får ge sig ut och leta efter smitaren, hon har fått tillräckligt med frisk luft idag.

Men det dröjer innan tolken kommer.

När en medelålders kvinna med portfölj och leopardmönstrade glasögonbågar äntligen kliver in genom entrén till polisstationen, ringer Emmas mobil. Hon vill inte bli hindrad nu, men det fortsätter att ringa oavbrutet.

Det är någon från ett okänt nummer.

En envis jäkel.

”Jag måste ta det här”, säger hon till Westberg och trycker fram samtalet. ”Ja, det är kriminalinspektör Emma Sköld.”

Personen i andra änden talar osammanhängande. Linjen sprakar och knastrar, och hon förstår inte vem det är.

”Jag ... hittat honom”, tycker Emma att han säger, för det låter som en han.

Hon hör bara enstaka ord.

”... hade ... ditt kort ... fickan”, förklarar mannen när han har hämtat andan.

”Vem är det?” frågar hon och äntligen blir täckningen bättre.

”Det är jag, Bylund. Jag har hittat Bobo.”

Emma suckar. Ringde han bara därför? Som om hon skulle bry sig när hon just hotats till livet och Krille blivit skjuten. Precis när hon ska gratulera och lägga på, fortsätter Bylund prata forcerat, och hon klarar inte av att trycka bort honom.

”Bobo hade dragit iväg en bit in i skogen”, berättar han. ”Det var därför jag inte hittade honom. Han har markerat, ni måste komma genast.”

Emma tittar på klockan, halv åtta på kvällen. Det är becksvart ute och så fort förhöret är över vill hon åka till hotellrummet och krypa ner i sängen.

Inte ge sig ut i skogen igen.

Hon nickar ursäktande mot Westberg och tolken som står och väntar på henne.

”Bobo har hittat något”, säger Bylund. ”Igen.”

Hon hör hur hunden skäller och gnäller någonstans i bakgrunden.

”Kan du gå och se efter?” ber hon honom. ”Vi kan inte åka om det är falsklarm, de resurserna finns inte.”

”Är det inte bättre att polisen ...”, försöker Bylund men kommer av sig. ”Bobo har något i käften.”

Emma vet inte om hon ska ta honom på allvar. Ska de kasta sig i bilen för att en hund kommer springande med en pinne?

”Så ja, lugn.” Bylunds ord är inte menade till henne, utan till Bobo. ”Det är en sko.”

54

NYLLET SLÅR EN SIGNAL till Emma för att Elli ska få höra hennes röst innan hon somnar, men det är upptaget. Det är bara för Elli att vänja sig, tänker han bistert.

”Statistiskt sett kommer mamma svara var tredje gång”, säger han till sin lilla dotter som jollrar tillbaka.

Spjälsängsskyddet har hasat ner och han rättar till det, för att Elli inte ska snurra runt och slå sig. Han sätter sig på golvet bredvid hennes säng, så hon kan somna tryggt. En nattlampa i form av en vit ängel lyser borta i hörnet. Han har verkligen ansträngt sig för att göra det mysigt i sovrummet. Elli stirrar upp i taket, men ligger stilla. Ibland dröjer det över en timme innan sömnen infinner sig. Innan dess vågar han inte röra sig.

Han älskar varenda minut tillsammans med Elli, men vacklar i sin övertygelse om att det här upplägget med Emma kommer att fungera.

Nyllet hade sett fram emot sin föräldraledighet, och de första dagarna var fantastiska, men nu vet han inte längre. Han saknar gemenskapen, pulsen, strävan efter att lösa ett fall. Kickarna när de lyckas komma någon på spåren och slutligen gripa en gärningsman. Han är van vid ett högt tempo som kommer av sig själv, men nu är det upp till honom att skapa sin tillvaro. En svår uppgift med nya utmaningar som inte gick att förbereda sig på. Han hade gärna rådfrågat någon om barn och sömn.

Elli sluter ögonen, men han vågar inte ta ut någon glädje i förskott. Istället tänker han på Emma.

Det är hemskt att hon teamar med någon annan.

Tänk om hon trivs med jättebebisen?

Om de samarbetar bra kanske det blir Nyllet som måste hitta en ny partner när han kommer tillbaka. Han kan inte släppa den obehagliga tanken. Emma kanske föredrar att arbeta med Krille och ber Lindberg att styra upp det snyggt, så att ”ingen blir sårad”. Var det därför stämningen var tryckt när han hälsade på? Nyllet får svårare att andas. Han byter ställning och Elli gnyr till.

Samtidigt tänds displayen på mobilen.

Madeleine.

Försiktigt reser han sig upp och smyger ut ur rummet. Dörren gnisslar lätt när han skjuter igen den, och han ber till högre makter att Elli inte ska vakna. Sedan svarar han med en viskning.

”Hej”, säger Madeleine glatt. ”Hur är det med pappsen?”

”Jodå, hur är det själv?” känner han sig tvingad att fråga, fast han inte vill veta.

En lång harang kommer till svar, hon berättar inlevelsefullt om sin dag med Sally. Han sätter sig i soffan i vardagsrummet och hummar med litegrann när det uppstår små luckor, men tjuvkikar samtidigt på en fotbollsmatch på tv. Madeleine säger inte ett ord om pengar, och han tar inte heller upp ämnet. Han väntar mest på att hon ska komma till saken. Madeleine borde känna till att det behövs ett faderskapsintyg om det ska bli ekonomiska skyldigheter för hans del, men hon kanske hoppas att han ska betala ändå.

Han sneglar på paketet på soffbordet, en efterlängtad leverans som kom fram idag.

Innehållet kan avgöra hans framtid.

”Jag tänkte att vi äntligen skulle ses alla fyra”, säger hon och han längtar efter en stor stark att svälja ner sin ångest med. ”Redan imorgon.”

”Alla fyra?” frågar han och går till kylskåpet. Han måste sluta köpa öl, så att det inte finns hemma. Det är den enda lösningen för att inte dricka.

”Ja, vi två och systrarna.”

Han ryser av obehag och öppnar burken. Elli har en halvsyster, och det är Ines, ingen annan. Han vägrar tro på Madeleine tills det finns bevis.

”Vi kan gå och fika tillsammans”, säger hon. ”Det vore väl mysigt om de får lära känna varandra?”

När hon låter normal på rösten är han återigen på väg att luras. Men hon är inte som alla andra. Nyllet får aldrig glömma det. Trots att han inte kan tänka sig något värre än att behöva sitta med Madeleine på ett kafé igen, har han inget val. Inte om han ska kunna genomföra sin plan. Han går tillbaka till soffan och fingrar på paketet. Nu saknas det bara en sak för att göra faderskapstestet.

Själva barnet.

55

WESTBERG FÅR TA förhöret med den gripne hantverkaren själv, medan Emma går mot bilen. Krille hinner bara komma tillbaka från sjukhuset innan det är dags att åka iväg igen.

”Hur mår du?” frågar hon och sätter sig vid ratten, för att han åtminstone ska slippa köra. Han har fått tillbaka färgen på kinderna.

Krille fnittrar till. ”Jodå, jag har aldrig mått bättre.”

Hon tittar fundersamt på sin kollega och undrar vad de har stoppat i honom, men hon säger inget. Det är klart att han behöver smärtstillande.

”Bylund har hittat en sko”, berättar hon och försöker koncentrera sig på vägen.

Sikten är dålig och regnet smattrar mot rutorna. Gatubelysningen försvinner helt när de lämnar staden. Hon skulle inte ha en chans om ett rådjur hoppade ut framför bilen.

”Det är väl ingen som tappar en sko mitt i skogen utan att plocka upp den?” säger Krille. ”Petter hade båda sina skor på sig när han hittades.”

”Det behöver inte betyda något.”

Krille börjar nynna på *The Final Countdown* och Emma blir orolig på allvar att han ska ställa till med något. Eftersom Bylund hade svårt att förklara var han befann sig i skogen, erbjöd han sig att möta upp dem nere vid badstranden. Emma kör den vägen hon hittar, till pensionatet. Hon parkerar nedanför den vita byggnaden och huttrar till när hon stiger ut. Det är några plusgrader, men regnet och blåsten gör att det känns kallare.

Elisabeth kliver ut genom dörren.

”Vad är det som händer?” ropar hon och vinkar mot dem.

”Vi har fått ett tips som vi ska kolla upp”, berättar Emma.

”Behöver jag vara orolig?” undrar Elisabeth. ”Om det inte är säkert att vara här alltså?”

”Är du ensam?” frågar Krille och tänder ficklampan.

Elisabeth skakar på huvudet. ”Min bror är hemma.”

”Då så, vi pratar mer med er senare.”

Sedan går de över gräsmattan ner mot sjön. Skuggorna dansar omkring och Emma kommer på sig själv med att andas ytligare. Mörkret och skogen där två personer har hittats döda får henne att känna sig liten och sårbar. Bobo börjar skälla, och leder dem till Håkan Bylund nere vid sjön.

”Vad snabbt ni kom”, säger Bylund förvånat och räcker över den upphittade skon och hyssjar sedan åt sin okopplade hund. ”Sitt.”

Bobo gnäller undergivet.

Emma granskar den leriga skon som måste tillhöra en man. Hon har svårt att tro att en kvinna har storlek fyrtiosex. Krille räcker över en bevispåse.

”Där”, säger Håkan och pekar rakt in i mörkret. ”Strax till höger om stenen stod Bobo och skällde. Jag vågade inte gå dit och klampa runt ifall det skulle vara något.”

”Du får nog visa oss”, säger Emma och önskar att hon snart kunde få krypa ner i sängen och värma sina stelfrusna fingrar.

Den regndränkta hunden håller sig lugn bredvid sin husse. Båda två ser tärda ut och Emma undrar hur många timmar de har varit ute. Det var länge sedan de träffade på varandra vid platsen där Petter hittades.

De måste frysa och vara hungriga. Bylund tar med dem djupare in i skogen och Emma kan inte låta bli att undra om de går här med en mördare. Någon som lurar dem rakt i fällan. Han säger ingenting, utan fortsätter bara bestämt framåt över stock och sten. Det var längre bort än hon trodde och hon undviker att titta åt sidorna där varenda gren känns hotfull i mörkret.

Hon lyser med ficklampan och ser ett runt stenblock med mossa framträda mellan träden.

Plötsligt stannar Bylund och pekar. ”Där.”

Krille är strax bakom när Emma sveper med ficklampan över marken. Det enda hon lyckas urskilja framför sig är skog och mark, ingenting annat.

”Var försiktig”, varnar Krille.

Bakom stenen ligger en hög med ris. De hjälps åt att lyfta bort kvistar och grenar. När Emma drar en av de sista grenarna åt sidan uppenbarar sig ett mörkt hål i marken.

”Akta så att du inte rasar ner”, säger hon. ”Det är någon som har grävt här.”

Emma riktar ficklampan mot hålet, men har svårt att avgöra hur djupt det är. Sedan fryser blicken på något som ligger längst ner. Krille böjer sig över hennes axel.

”Det var det sjukaste jag sett”, utbrister han.

56

SÄNGEN HAR BLIVIT obekväm efter alla timmar som Julia har suttit i den och malt sina tankar fram och tillbaka. Det är omöjligt att sova. Tänk om hon hade haft en liten hund att gosa med, någon som älskade henne för den hon är. Mobilskärmen lyser upp i det mörka sovrummet.

Är du vaken?

Nelly kan inte somna, skriver hon i chatten. Julia tar ett djupt andetag och svarar att hon har ont i huvudet och är trött, men att det är svårt att koppla av.

Du är inte ensam.

Axlarna sjunker när Julia läser den raden. Hon är glad över att hon tog kontakt med stödlinjen. Annars hade Nelly och hon aldrig lärt känna varandra. Nelly är modig och erfaren. Om Julia bara vore hälften så bra, skulle hon klara vad som helst.

Nelly har rest till massor med länder och bott i Japan, Sydafrika och Thailand. Helt otroligt att hon har hunnit med allt trots att hon bara är arton. Och ju mer de chattar, desto mer personlig blir Nelly. Julia ser det som ett gott tecken att hon börjar berätta om sig själv, att hon vill fördjupa deras vänskap. Julia undrar om Nelly engagerar sig lika mycket i alla som hör av sig till linjen. Fast varför skulle hon ägna mer tid åt just Julia? Hon har ju inget att komma med förutom mörker.

Men Nelly verkar inte ha något emot det. Tvärtom.

För hon skriver mer och mer om döden. Avdramatiserar den. Det är spännande att resonera kring vad som händer efteråt. Himlen eller helvetet?

När man dör kommer man till en bättre plats, där man slipper lida. Det är jag övertygad om. Jag har varit nära döden och det var så härligt att jag blev besviken när jag vaknade upp och förstod att jag levde.

Julia måste läsa två gånger.

Var du inte rädd?

Nelly svarar nej, tvärtom.

Det var som att sväva på moln. Som en förtrollande dröm där allt är möjligt.

Julia frågar vad som gjorde att hon var nära döden, och när Nelly inte svarar med en gång blir hon orolig att hon var för närgången. Alltid samma ångest över att hon ska bli övergiven. Det kanske inte är så lätt att berätta om sitt eget självmordsförsök, tänker Julia, och får upp flashar från spårvagnsrälsen. Livs svarta blick, spårvagnens skarpa strålkastare genom dimman. Varningssignalen som skar i öronen. Kollisionen. Uppvaknandet på sjukhuset. Mammas tillrättavisningar. Julia skakar och hjärtat slår snabbt.

Du behöver inte svara.

Hoppas att Nelly inte blev sur på henne. Varför skriver hon inget? Det dröjer ytterligare några minuter, sedan kommer en rad som får Julia att studsa till av förvåning och förväntan.

Vad gör du imorgon? Vill du träffas?

57

DEN LERIGA FOTEN har bara en strumpa på sig och det andra benet är gömt under jorden. Emma sveper med ficklampan över resten av kroppen i den djupa gropen. En smutsig arm sticker fram och även delar av överkroppen. Till slut lyser hon på ansiktet och möts av ögonvitor.

”Usch”, säger hon och ringer spaningsledaren som får kalla på kriminaltekniker.

”Vad har ni hittat?” frågar Westberg.

”En kropp”, svarar Emma och berättar det hon vet.

”Okej, jag är på väg.”

”Fick du något ur hantverkaren?” frågar hon.

”Nej, inte ett skit. Han hävdar att han handlade i självförsvar när han sköt mot Krille.”

Emma vet inte om hon ska skratta eller gråta, och de avslutar samtalet.

En ny sorts stress flåsar henne i nacken. Ylva, Petter och nu ännu en död människa. Det här kan vara mycket större än någon av dem har förstått. Hon stirrar på den döde.

Hur länge har du legat här?

”Är du okej?” frågar hon Krille som nickar kort.

”Än så länge”, säger han. ”Minns du ljudet när vi gick genom skogen mot fyndplatsen tidigare idag? Det var väl ungefär här?”

”Det kan nog stämma”, säger hon, även om det inte är helt lätt att orientera sig i mörkret.

Hon tittar ner i graven igen.

Just nu vet de ingenting och det känns som en evighet innan Westberg och de två kriminalteknikerna äntligen anländer. Området spärras av med en rejäl marginal och polisens blåvita plastband fladdrar i vinden.

De två teknikerna i vita dräkter går fram till graven och Emma backar undan för att ge dem plats. Hon drar en suck av lättnad att det inte ingår i hennes arbetsuppgifter att klättra ner i djupet. De har inte med sig någon lyftkran, så hon förstår inte hur de ska få upp kroppen. Den ene teknikern börjar montera upp ett tält, som skydd för väder, kyla och eventuell insyn, medan den andre klättrar ner i graven. Det är bara en tidsfråga innan media kommer farande som ett oväder. Emma inser att det inte regnar mer, och undrar när det slutade.

”Det blir svårt att få upp honom”, ropar teknikern.

Westbergs mobil ringer.

”Det är redan ute i media att en ny kropp har hittats vid Dammsjön”, säger han efter samtalet. ”Jag förstår inte hur de gör. Hur kan de veta allt?”

”Det finns tipsare överallt”, svarar Emma avmätt. ”Och polisradion.”

”Vi har fått samtal från en orolig fru”, fortsätter Westberg. ”Viktoria Svantesson anmälde sin man försvunnen i tisdags. Han åkte på en konferens i Borlänge och har inte gått att nå sen dess. När hon ringde till hans jobb för att fråga efter honom, kände de inte till något om en konferens. Nu undrar hon om det är han.”

Westberg visar upp en bild på en stilig karl med mörkblå kavaj, vit skjorta och slips. En typisk profilbild på Linkedin.

”Har han någon koppling till Dalarna?” frågar Emma.

”Nej, förutom att han sa att han skulle till Borlänge.”

”Men det hade inte Petter eller Ylva heller”, fyller hon i och stampar i marken för att hålla värmen. Regnet hann ta sig innanför hennes kläder, som klibbar obehagligt mot den kalla huden.

De begrundar det hela ett tag. Det här är den tredje personen som hittats död i samma område på kort tid. Emma ser sig om i mörkret. Vad är det för hemlighet som vilar här?

Det är hennes uppgift att ta reda på.

Kamerablixtar lyser upp himlen. Först tänker hon att det är en nyhetsfotograf som hunnit fram, men det är bara den ena teknikern som arbetar för fullt för att dokumentera mannen i graven.

”Arbetet kommer att ta hela natten”, säger han.

”Vi får åka hem och ta oss ett par timmars sömn”, säger Westberg till Emma och Krille. ”Och lämna dem ifred att göra sitt jobb.”

De går tillbaka mot pensionatet. Emma lockas av tanken på att sova i ett vackert inrett rum istället för ett sunkigt och opersonligt hotellrum på Kupolen i Borlänge, men hon har ju redan sina saker där.

Elisabeth tittar ut genom dörren och undrar om hon kan vara till hjälp. ”Vill ni komma in och värma er med en kopp te?”

De avböjer, vänligt men bestämt, men berättar sedan om fyndet, eftersom det redan är ute i media.

Elisabeth bleknar och tar sig för ansiktet. ”Herregud.”

”Har du eller din bror märkt något annorlunda i området den senaste tiden?” frågar Krille och Elisabeth ser ut att fundera. ”Kanske några främmande människor som rört sig här omkring?”

”På somrarna är det ett populärt utflyktsmål, men nu på hösten är det lugnare.”

Emma kommer att tänka på hantverkarna. ”Vet du när polackerna flyttade in i den röda stugan?”

”Det var i våras, i början av maj, tror jag.”

Strax innan Ylva hittades död.

Det enda som finns i huvudet är att hämta mina syskon, men det dröjer flera månader innan jag kan sätta planen i verket. Tågresan tar över två timmar, och jag måste promenera i en timme för att komma fram till det gröna trähuset i utkanten av ett litet samhälle.

Jag stannar vid grinden och ser ett äppelträd, en gungställning och en liten sandlåda. Precis som mina syskon har beskrivit det i telefon. De bor i olika rum mot baksidan av huset. Jag går runt trädgården och ställer mig vid skogsbrynet som gränsar till tomten. Där väntar jag tills mörkret lägger sig.

Jag tittar upp mot andra våningen. Det oroar mig att huset är så högt. Hur ska de klara att klättra ner utan att ramla och slå sig? Jag tar ett djupt andetag och försöker behålla lugnet.

Tiden kryper fram innan lamporna släcks

En skugga rör sig hastigt vid sidan om mig och hjärtat stannar för en sekund. Jag vänder mig sakta om och stirrar rakt in i ögonen på ett rådjur. Rädslan förvandlas till lättnad. Jag klättrar över staketet och smyger fram till huset. Det finns en dörr på baksidan som har ett litet tak. Jag ställer mig på trappräcket och lyckas ta mig upp på taket. Men sedan är det inte lika lätt. Det är mer än en meter till balkongen, och jag måste ta sats och kasta mig mot det vita räcket. Jag får ett grepp om det, men det dunsar till.

Genast tänds en lampa i ett av rummen, och jag tar mig kvickt över och gömmer mig bredvid balkongdörren. Hjärtat klappar så hårt att hela kroppen skakar.

Men ingen kommer.

Jag väntar länge innan jag vågar röra mig.

Mitt yngsta syskon bor i rummet med balkongen. Stackarna får inte ens dela sovrum. Jag tittar in genom glasrutan och ser ena änden av sängen. Någon ligger där. Försiktigt knackar jag på rutan och byltet rör på sig. Jag blir så himla glad när ansiktet dyker upp på andra sidan. Men blicken är livrädd.

"Det är bara jag", viskar jag och pekar på handtaget.

Så fort dörren öppnas, tar jag mitt syskon i famnen och kramar hårt.

"Jag är här nu, var är brorsan?"

Det lilla fingret pekar mot rummet intill.

"Vänta här."

Jag smyger in till nästa rum, som är ännu mindre. Han sitter i den smala sängen med stora, uppspärrade ögon.

"Kom", viskar jag, men han är som förstenad.

"Var inte rädd", säger jag och tar hans hand. "Jag är här för att hämta er."

Han greppar tag om sin bruna nallebjörn och följer med.

Nu är vi alla tillsammans igen. Jag är så glad att jag måste hålla tillbaka ett skrik.

"Vi kommer att klättra ner på gräsmattan", förklarar jag och lyssnar spänt efter ljud.

Ingen annan verkar ha reagerat på min ankomst.

Båda syskonen nickar osäkert och sedan går vi mot balkongen. Jag tar med ett lakan och knyter det runt räcket, så att de har en livlina.

De släpper ner sina gosedjur på marken.

Den yngsta får gå först. Jag tvivlar inte en sekund på att båda kommer att klara det. De tar sig smidigt över till taket ovanför dörren och klättrar ner, sedan är det min tur.

När jag hör röster någonstans i huset får jag bråttom och kastar mig mot taket. Jag missar med några centimeter och faller handlöst ner i rosenrabatten. De vassa taggarna river sönder mina byxor och tröjan fastnar. Smärtan skär genom kroppen när jag ställer mig upp. Höften är skadad.

Båda mina syskon är bleka, men ingen av dem gråter.

”Kom”, viskar jag och tar en i varje hand.

Vi skyndar oss mot staketet. De klättrar över och jag grimaserar när jag måste lyfta på det skadade benet. Jag ignorerar yrseln när vi går genom skogen. Om någon ser oss kommer vi att bli stoppade. Jag säger ingenting, för jag vill inte oroa mina syskon.

Vi ska vara tillsammans.

Till slut sviker skogen, den tar helt enkelt slut. Vi hinner bara några hundra meter på en asfalterad väg innan en bil bromsar in bakom oss. Poliser. De behöver inte säga något, jag förstår med en gång att jag har misslyckats och att vi kommer att skiljas åt.

Sedan gick åren. Och jag kunde inte ana att det var döden som skulle återförena oss.

FREDAG 18 OKTOBER

58

MATBORDET ÄR BELAMRAT med frukostskålar, halvfulla mjölkglas och brödsmulor. Att barnen aldrig hittar ända fram till diskmaskinen. Josefin kommer av sig i sin frustration över stöket när hon räknar skålarna på bordet.

Är Julia uppe med Anton och Sofia?

”Jag mår bättre nu, jag ska till skolan”, hör hon en röst bakom sig.

Josefin vänder sig om. Julia har bytt sin pyjamas till jeans och tröja.

”Ska du?” frågar hon och försöker att inte göra för stor grej av sin glädje och lättnad, men det är svårt att hålla masken. Hon går fram och kramar om Julia hårt och ett ögonblick för länge. Är det äntligen över nu?

”Jag har bokat en tid hos en psykolog i eftermiddag”, säger Josefin.

”Va?” Julia ryggar undan och hennes blick smalnar.

”Du behöver prata med någon.”

”Jag vill inte”, säger hon. ”Det får mig bara att må ännu sämre. Jag vill glömma och gå vidare.”

Om Julia visste hur mycket arbete som ligger bakom för att få den tiden. Hur mycket kärlek och omtanke som finns.

”För min skull?” frågar Josefin forcerat och möter Julias skeptiska min.

Hennes dotter nickar till slut och de bestämmer träff på skolans parkering klockan tre. Sedan lämnar Julia huset och Josefin vet att hon inte kommer att kunna slappna av en sekund förrän de ses igen. Hon försöker slå bort känslan av att hon pressade Julia till något hon inte ville. Samtidigt tror Josefin att hon som vuxen kan avgöra vad som är bäst för Julia. Om hon inte bearbetar händelsen nu, riskerar den att ligga och gnaga för resten av livet. Det blir mer komplicerat med åren att försöka reda ut saker, minnet sviker och efterhandskonstruktionerna tar vid.

Med rätt expertis kommer Julia att få hjälp.

Josefin häller upp en kopp kamomillte för att lugna nerverna, och slår sig ner i soffan. Andreas jobbar och barnen är på väg till skolan. Kvar blev hon. För första gången sedan Julias självmordsförsök kan Josefin andas hela vägen ner i magen. Tills hon kommer på att hon fortfarande inte har berättat för Emma. Hon har gjort några halvhjärtade försök, men Emma svarar ju aldrig när hon ringer.

Nu när det ser ut att ordna sig med Julia är hon bättre rustad för ett samtal med sin syster. Och för en gångs skull svarar Emma i telefon.

”Jag måste berätta en sak”, säger Josefin innan hon hinner ångra sig. ”Julia blev påkörd av spårvagnen i måndags, och fick sy några stygn. Hon är hemma igen. Jag tänkte att du kanske ville veta.”

Det är så hon beskriver det, rakt på sak, utan onödig fakta. Hon klarar inte av att nämna det där andra, om hur Julia hamnade på spåret. Det är deras ensak, Josefin har ingen informationsplikt.

”Herregud”, säger Emma och sänker rösten. ”Vi har ju pratat med varandra i veckan? Varför sa du inget?”

Josefin är på väg att blixtra till och häva ur sig något ogenomtänkt. Det är klart att hon skulle bli ifrågasatt istället för att få förståelse och omtanke.

”För att det kanske inte var så lätt att berätta.”

”Varför inte då? Jag förstår inte”, säger Emma. ”Det är klart att jag vill veta om det händer mina syskonbarn något.”

Du har väl ändå inte tid att bry dig, tänker Josefin. Det enda som intresserar dig är döda människor.

”Och nu vet du.”

”Josefin?” frågar Emma. ”Vad är det du inte vill säga?”

”Jag orkar inte prata om det mer just nu, jag kanske gör det längre fram”, säger hon. ”Jag är ganska trött efter det här, som du kanske förstår. Det har varit mycket oro och sömnlösa nätter.”

”Okej, du bestämmer”, säger Emma. ”Jag hör av mig till Julia.”

”Vad snällt.”

”Jag finns här om du behöver mig.”

Gör du?

59

GNISSLET FRÅN SPÅRVAGNSRÄLSEN får det att vrida sig i magen. Julia motar bort bilderna från ödeskvällen, men det tar emot att kliva på Nockebybanan. Andhämtningen blir ytligare och hon kokar under den tunna dunjackan. Så fort hon kommer in i vagnen måste hon hålla i sig för att inte tappa balansen. Bandaget runt huvudet är ersatt av ett större plåster som hon kan dölja med håret och mössan, men hon tycker att alla glor ändå. Vet de? Ja, alla känner till händelsen, men har de koll på att det är just hon?

Klart de har, det är ju Bromma.

Julia tittar ner i golvet för att slippa möta någons blick. Skäms mer än hon gjort i hela sitt liv. Längst bak i spårvagnen står några från parallellklassen och pulsen ökar dramatiskt. Hoppas att de inte ser henne.

När de är framme vid hållplatsen utanför skolan öppnas dörrarna, men hon står kvar. Hon får ögonkontakt med en av tjejerna som går förbi.

”Ska du inte av?” frågar hon.

Julia skakar på huvudet och dörrarna stängs. Hon anar en tendens till medlidande i blicken och Julia sväljer. Inte gråta. Men när det plingar till i mobilen och hon läser ett meddelande från Emma, blir det för mycket.

Älskade du, hur mår du? Jag fick precis höra av Josefin. Kan jag göra något för dig? Du vet var jag finns om du behöver mig. Alltid. Kram Emma

Julia svarar med ett rött hjärta. Hon orkar inte skriva något just nu. Det snurrar i huvudet och hon känner sig åksjuk. Den förbjudna tanken kommer till henne, den som dyker upp ibland. Julia undrar hur det skulle vara att ha Emma som mamma istället för Josefin. Hon är tuffare och roligare, mindre ängslig. Samtidigt jobbar hon förstås jämt, men det är också skönt. Deras personkemi stämmer bättre, Julia förstår sig inte på sin mamma.

Det var därför hon inte yppade ett ord om idag.

Hon är inte alls på väg till skolan, men det är bäst att mamma tror det. Pappa hade redan gått till jobbet när hon gick upp, så hon behövde bara ljuga för en person.

Den svåraste.

Josefin gick på hennes snack om skolan, och det var enklast att lova att hon skulle följa med till psykologen. Annars skulle mamma aldrig ha släppt iväg henne. Spårvagnen bromsar in vid Alvik och Julia kommer på sig själv med att knipa ihop hela ansiktet för att slippa höra gnisslet från rälsen. Hon kliver av och andas in den friska luften tills illamåendet lägger sig.

Äntligen ska hon få träffa Nelly.

Julia hade ingen aning om att Nelly bor i Stockholm och blev jätteglad över frågan om att ses irl. Det var ett steg som Julia inte ens hade vågat drömma om. På kort tid har deras kontakt utvecklats till en fin vänskap.

De har bestämt möte utanför Haymarket.

Julia byter till tunnelbanan mot stan och är framme vid Hötorget en kvart senare. Blomster- och frukthandlarna ropar på henne när hon korsar torget, men hon låtsas inte om dem. Hon är inte här för att handla blommor. När hon kommer fram till den stora entrén till Haymarket, är hon först på plats. Det är bara en malplacerad lantis i keps som står där och en affärskvinna i skyhöga klackar, som snart går sin väg. Ingen i hennes ålder.

Minuterna går och besvikelsen växer. Hon tittar på mobilen för att se om Nelly har hört av sig, men hon är inte uppkopplad. Kan hon ha lurat henne?

Eller har hon råkat ut för något? Julia vet inte om hon ska bli orolig, men hon börjar ana att Nelly inte kommer att dyka upp.

Jag är framme, var är du?

Julia skickar iväg meddelandet och ser till sin lättnad att Nelly är aktiv igen. Då är hon i alla fall okej.

Jag är också här.

Julia läser Nellys svar och tittar upp, men hon ser ingen ung tjej i närheten, ingen som står och väntar på någon i alla fall. Alla är på väg någonstans. Kan hon ha ställt sig inomhus? Det är klart att hon har, det är ju svinkallt. När hon bestämmer sig för att gå och se efter, kliver gubben i keps fram och hindrar hennes väg.

”Julia? Bli inte rädd.”

60

EMMA FYLLER PÅ sin kaffekopp och förser sig av hotellets frukostbuffé. Varför har Josefin hållit henne utanför? I fyra dagar. Det är som att hennes syster inte vill att hon ska komma för nära. Är det ett straff för att hon inte finns tillgänglig dygnet runt? Polisyrket kan sätta relationer på prov, och Josefin tar allting personligt, istället för att försöka sätta sig in i hennes situation. Det finns ingen vilja att förstå.

Emma tänker tillbaka till i måndags.

Det var då de hittade Jerka efter hans självmord. Hjärtat slår dubbelslag när hon minns ambulansen på vägen tillbaka till stan, och den korta informationen om störningar på Nockebybanan.

Var det Julia som låg på spåret då?

Herregud.

I så fall var hon bara några minuter därifrån.

Om hon bara hade vetat.

”Vem var det?” undrar Krille som kommer gående med en smörgås.

”Min syster”, säger hon och följer med honom till ett ledigt bord.

Emma vet inte när hon åt frukost med en man sist, utan barn. Men det mesta av hennes fokus är kvar hos Josefin. Var det fel att ifrågasätta varför hon inte hade berättat om olyckan? Det borde vara befogat, men inget hennes syster ville prata om. Emma hade hoppats på att deras gamla syskontjafs någon gång kunde läggas till historien, men uppenbarligen inte.

”Jo tack, det är okej med mig, även om det pulserar i armen”, säger Krille och vinkar demonstrativt mot henne.

”Förlåt”, säger hon. ”Jag sov inte alls bra i natt. Hur är det med skadan?”

Emma ser att han inte använder vänsterarmen, så ont gör det nog. Frågan är om han verkligen borde jobba.

”Det är ingen fara med mig, så länge jag inte ligger på vänster sida”, svarar han och tar ett bett i sin smörgås. ”Vill du prata om samtalet med syrran?”

”Nej, helst inte.”

Sedan äter de under tystnad.

Ännu en natt på hotell var inte vad Emma hade tänkt sig, och hon är ambivalent. Ska hon ringa Lindberg och säga att det inte fungerar att vara borta för länge när hon har en bebis hemma? Fast båda barnen är i goda händer. Det är nog hon själv som lider mest av separationen. Elli är hos sin pappa och får all den kärlek och omtanke hon behöver. Ines har det underbart hos mormor och morfar. De skämmer bort henne mer än Emma själv någonsin har upplevt. Hon får facetima med barnen senare. Nu när hon är indragen i utredningen vill hon inte lämna över till någon annan, särskilt inte när den har tagit ny fart i och med upptäckten igår kväll.

”Ska vi bege oss?” frågar Krille och reser sig upp.

De är framme vid polisstationen i Borlänge klockan nio. Kriminalteknikerna har arbetat fram till gryningen på fyndplatsen. Emma är väldigt nyfiken på vad de har hittat och vem den döde mannen är.

Ett fat med kanelbullar står på mötesbordet och alla tar för sig, utom Emma. Hon vill inte göda sitt sockerbehov så här tidigt på dagen.

”Jag väntar på samtal från rättsläkaren, men det jag vet hittills är att offret inte hade någon legitimation på sig”, säger Westberg när de har satt sig ner. ”Än så länge är alltså identiteten okänd.”

”Finns det någon i registret över anmälda försvunna som passar in på signalementet?” frågar Krille.

”Ingen som försvunnit här i området, men vi har utökat sökningen till hela Sverige.”

”Kan det vara Magnus Svantesson?” frågar Emma och sneglar på kanelbullarna. ”Hans fru hade ju hört av sig.”

”Jag har jämfört med bilden som hon skickade”, svarar Westberg. ”Och det är svårt att säga om det är han, eftersom offret är så illa tilltygat.”

Westberg lägger fram några bilder på bordet som polisen tog igår kväll. Emma reagerar på mannens propra klädsel: chinos, skjorta och kavaj.

”Varken Petter eller den här personen var passande klädda för skogen”, säger hon. ”Inte Ylva heller. Varför?”

Den detaljen håller på att göra henne galen. Det måste betyda något. Lurade gärningsmannen ut sina offer i skogen? Hon kan inte se någon annan förklaring.

Westbergs mobil ringer, det är rättsläkaren.

”Han vill att vi kommer till fyndplatsen”, säger Westberg när han har lagt på. ”Det är något vi måste se.”

61

NÄR DEN FÖRSTA chocken har lagt sig över att Nelly i själva verket är en gubbe, undrar Julia över nästa sak. Hur i hela friden kunde hon följa med honom till ett konditori?

Trotset kanske, att hon triggas av att göra något som skulle få mamma vansinnig.

För vad kan hända?

Han bad om fem minuter, och det måste hon ge honom efter allt han gjort för henne. Men innerst inne vill Julia bara åka hem. Hon är fruktansvärt sårad.

Det är nästan tomt när de kommer in på Vetekatten på Kungsgatan, men hon ser till att inte vara helt ensam med honom. Självklart inte, hon är väl inte dum.

Några bord bort sitter en tjej och pluggar.

Det är ett skrik ifrån att få hjälp om han blir äcklig på något vis. Fast han ser snäll och ofarlig ut med sina klarblå ögon, det gör han faktiskt. Mer som en nallebjörn än en snuskgubbe. Ändå surrar en liten varningsklocka.

Det är sådana här dårar man läser om, tänker Julia. Män som lurar iväg unga tjejer och mördar dem. Hon ryser bara av tanken, men hon har ju koll på läget. Han bjuder på fika, och för första gången sedan olyckan är hon sugen på något sött. Hon väljer en liten bakelse och en apelsinjuice.

I morse fick hon inte i sig en smula, eftersom hon var nervös över att visa sig utomhus i Bromma igen. Däremot tog hon fram en skål och hällde yoghurt i den, så Josefin skulle tro att hon hade ätit. Allt för att slippa bli förhörd. Julia och mannen sätter sig mittemot varandra vid ett runt kafébord nära det stora fönstret ut mot Kungsgatan. Hans kaffe spiller över på assietten och han torkar upp det utan ett ord. Det börjar sjunka in att det här är människan bakom Nelly.

En äldre man.

Personen som hon har anförtrott sig åt. Berättat om spårvagnsolyckan, Liv och allt annat. Som hon har beskrivit sin dödslängtan för. Och han har hela tiden låtsats vara en artonårig tjej. Är något av det han skrev sant? Barndomen, resorna, nära-döden-upplevelsen? Förmodligen är alltsammans bara skitsnack. Julia har lust att säga rakt ut att han är en lögnare, eftersom hon är besviken och chockad. Han kanske märker det, för han håller hårt om kaffekoppen och tittar skamset på henne.

”Förlåt, men du skulle aldrig ha chattat med mig om du visste sanningen”, säger han. ”Inte sant?”

Det har han förstås rätt i.

När ilskan och rädslan har lagt sig något slappnar Julia av. Hon smygkikar på mobilen för att hålla kolla på tiden. Han ska få sina fem minuter, men inte mer.

”Vad vill du mig?” frågar hon.

Han ler ett sorgset leende. ”Hjalpa dig, men nu kanske du inte tror mig längre. Det är så många unga där ute som mår dåligt, och det är därför jag arbetar ideellt på hjälplinjen.”

”Men varför ljuga om både kön och ålder?” Hon måste ändå ställa frågan.

Han suckar uppgivet. ”En man i min ålder blir misstänkt om han påstår att han vill hjälpa unga tjejer. Ja, och killar också, för den delen. Kunskapen spelar ingen roll.”

”Vad tråkigt”, säger hon i brist på andra kommentarer.

”Du ska veta att jag aldrig träffar någon av dem jag chattar med, men du är speciell, Julia. Så klok, trots att du bara är tretton.”

Hon sneglar på sin mobil. Han har två minuter kvar, sedan tänker hon resa sig upp och gå. Inte en minut till ska hon ödsla på honom, även om han verkligen anstränger sig för att återfå hennes förtroende.

”Jag har erfarenhet av självmord i familjen”, förklarar han och börjar berätta om sin uppväxt, hans riktiga kanske.

Julia vet inte vad hon ska tro. ”Vad heter du?”

”Mikael, men du kan kalla mig Nelly.”

Hon kan inte låta bli att skratta till. Vill han bli kallad för Nelly? Det är knäppt. Mikael fortsätter prata om sin trasiga barndom.

Till en början låtsas Julia inte vara intresserad, men efter en stund dras hon med i hans historia. Han öppnar sig totalt. Det är svårt att inte bli berörd när han berättar om föräldrarna som svek, om tuffa år utan någon i omgivningen som brydde sig. Om ensamhet och tankar på döden. Fosterhem. Mikael visar sig vara som Nelly i chatten. Inte som en gubbe, fast han förstås är det.

Det går inte att komma ifrån.

Julia sneglar på mobilens klocka. Det har redan gått tjugofem minuter, och hon bestämmer sig för att strunta i tiden. Det är skönt att lyssna på en person med erfarenhet av psykisk ohälsa. Han har drabbats hårt i livet.

”Men det viktiga är hur du mår”, säger han efter en stund och hon svajar till. ”Hur är det?”

”Jag vet inte riktigt.”

”Drick mer juice”, säger han och håller fram glaset.

Julia tar en klunk och försöker skärpa sig.

”Tänker du mycket på döden?” undrar Mikael.

Hon ser sig om för att försäkra sig om att ingen hör. Rörelsen är något för hastig, för rummet blir oskarpt. Det sitter två äldre damer några bord bort, annars är det tomt. Tjejen som pluggade har visst gått.

Sedan nickar hon. ”Ja, det har blivit så.”

”Jag kanske kan hjälpa dig”, säger han. ”Litar du på mig?”

Nej, är hennes omedelbara svar, men när hon möter hans intensiva blick vågar hon inte säga emot, så hon rycker på axlarna. ”Vet inte.”

”Har du berättat för någon om det här mötet?”

”Nej, just nu är jag i skolan”, svarar hon och fnissar till. Allt är så befängt. Det pirrar i kroppen och hon börjar bli obehagligt varm. Samtidigt triggas hon av att det händer något i hennes nattsvarta tillvaro. Klasskompisarna skulle bara veta.

”Bra”, säger han.

Ingen ska någonsin få kalla henne för fegis igen. Oavsett vad Mikael har att erbjuda, tänker hon vara modig nog att ta reda på det. Så kan hon fatta sitt beslut senare när hon vet vad hon vill. När hon reser sig upp för att gå på toaletten, håller hon på att ramla omkull. Mikael tar emot henne och hon sätter sig på stolen igen.

”Hur är det fatt?” frågar han oroligt.

”Jag vet inte, jag blev alldeles snurrig.”

”Oroa dig inte, jag har bilen precis runt hörnet.”

62

REPORTRAR OCH FOTOGRAFER står utanför avspärrningarna vid det vita tältet, där teknikerna har arbetat för att säkra spår under natten. Rättsläkaren är klädd i sin vita skyddsdräkt. Han har påsar under ögonen, men ser fokuserad ut.

”Välkomna”, säger han och visar gentlemannamässigt in dem under tältduken, där den obehagliga lukten av död är påtaglig. ”Det var tydligen ett helvete att få upp honom.”

Emma ser de blåröda likfläckarna på mannens kropp, men klarar av det utan att blunda. Det är värre för Krille. Han är redan grön i ansiktet.

”Jag väntar utanför”, säger han och vänder sig om.

Emma grabbar tag i honom. ”Du stannar.”

Förr eller senare måste han ta itu med sina problem istället för att fly från dem, och det finns ingen anledning att vänta. Han gör motvilligt som hon säger, men färgen i ansiktet förändras inte till det bättre.

Offret ser ut att vara i femtioårsåldern. Kroppen är i ett sämre skick än hon först trodde, med rivsår över armar och ben. Fingertopparna och naglarna är spruckna. Hon har bilden av Magnus Svantesson i huvudet, men kan inte avgöra om det är han.

Blicken faller på märkena runt hans hals.

Vad hände egentligen?

”Mannen har varit död i ett, max två dygn, vilket går att avgöra på likstelheten och förruttnelseprocessen”, säger rättsläkaren och pekar på offrets böjda fingrar. ”De kommer att rätas ut när kroppen mjuknar.”

Krille ser ut att behöva svälja en spya. Sedan kastar han sig ur tältet och Emma hör hans hulkningar, och hoppas för hans skull att nyhetsfotograferna har rast.

”Dålig hotellfrukost”, förklarar Emma. ”Vi kan fortsätta utan honom.”

Rättsläkaren nickar oberört. ”Det jag ville visa var märkena från ett rep runt halsen.”

Emma tittar närmare på den blåröda svullnaden.

”Har han dött av strypning?” frågar hon.

Rättsläkaren skakar på huvudet. ”Som skadorna ser ut runt halsen och nacken var min ursprungliga tanke att han ströps till döds, men jorden under naglarna vittnar om att han fortfarande levde när han hamnade i gropen. Det var det jag också tyckte att ni behövde få se.”

”Hur länge var han levande begravd?”

”Det är svårt att säga före obduktionen, liksom den faktiska dödsorsaken. Men förmodligen ett tag, med tanke på hans insjunkna kinder och att han har försökt att ta sig upp.”

Emma kan inte föreställa sig mannens fruktan när han förstod att han inte skulle överleva. Det är verkligen en sjuk person som har orsakat hans död.

Hon tittar ut genom en glipa i tältet, men ser inte till Krille. Han kanske borde åka till hotellet och vila.

”Vi måste ta reda på vem mannen är så fort som möjligt”, säger Emma och visar upp bilden på Magnus Svantesson för rättsläkaren. ”Den här personen anmäldes försvunnen i Borlänge i tisdags och hans fru är orolig för att det är han som har hittats. Vad tror du?”

”Svårt att avgöra”, säger rättsläkaren. ”Finns det några kännetecken, som en tatuering, ring eller ett ärr?”

”En vigselring i guld”, säger hon och tittar på offrets vänstra ringfinger. Där är det tomt, men hon anar en ljus linje runt fingret.

”Han hade ingen ring på sig när han hittades.”

Mobil och plånbok saknas också. Emma undrar om gärningsmannen tog sakerna för värdets skull, eller för att försvåra identifieringsarbetet.

Magnus Svantesson.

Är det du?

63

SÅ FORT MADELEINE närmar sig med sin hastiga gångstil på andra sidan gatan på Söder, suckar Nyllet. Ingen barnvagn nu heller. Han sparkar till den smutsiga trottoarkanten och grimaserar av smärtan i tårna. Sedan vänder han sin vagn och börjar gå därifrån. Varför låter han sig luras av henne? Det finns kanske inte ens något barn, och det vore förstås en lättnad. Faderskapstestet ligger i skötväskan och väntar, men förpackningen kommer att förbli obruten.

”Nyllet, vänta!” ropar hon.

Madeleine springer efter honom och rycker i hans arm. Han frigör sig och snurrar runt.

”Jag orkar inte mer strul nu, Madeleine.”

Hon drar händerna genom det svarta håret. ”Sally kräktes i natt och jag ville inte riskera att smitta Elli.”

Men du har inget problem att lämna din sjuka bebis för att träffa mig, tänker han. Det räcker med lögner. Han kan inte med det här längre.

”Sluta”, säger han. ”Säg som det är istället. Det finns inget barn, eller hur?”

Ett ögonblick av förtvivlan, sedan förvrids hennes ansikte och blicken blir kolsvart.

”Hur kan du säga så?” frågar hon och spänner käken. Sedan sliter hon upp jackan och blottar sin skrynkliga mage. ”Tror du inte att det har legat ett barn här inne?”

Förbipasserande på Hornsgatan går omvägar.

Det är så uppenbart att något är på tok, och Nyllet skäms.

”Dra ner tröjan, är du snäll”, säger han och flyttar vagnen med Elli bort från Madeleine. ”Du förstår väl att jag ställer frågan när du kommer ensam igen?”

Hon skakar på huvudet och svär. ”Nej, inte efter allt du har gjort mot mig. Har du inget hjärta? Jag trodde mer om dig.”

En affärsman på elskoter bränner förbi och Nyllet måste väja för att inte bli påkörd.

”Jävla idiot!” ropar han.

Madeleine tar åt sig, och han är på väg att förklara att det inte var menat till henne, men ångrar sig.

”Men du har ju aldrig med dig Sally”, protesterar han.

”Hon …”

”Du behöver inte ens svara”, säger han. ”Hej då.”

Madeleine spänner blicken i honom. ”Om du lämnar mig nu får du aldrig träffa din dotter. Någonsin.”

Det sista skriker hon.

Nyllet tvekar en halv sekund, osäkerheten river i bröstet. Han försöker ignorera kvinnan med rollator som har stannat upp och stirrar ilsket på honom. Sedan vänder han Madeleine ryggen och börjar gå. Först sakta, sedan mer bestämt. Han skjuter barnvagnen framför sig och vågar inte se sig om. Det dröjer flera minuter innan han lättat kan konstatera att hon lät honom gå. Han fortsätter sin promenad genom Gamla stan mot Kungsholmen. Huvudsaken är att han kommer så långt bort från Madeleine som möjligt.

Han gjorde rätt.

Åtminstone intalar han sig det.

Han passerar skyltfönster efter skyltfönster. Tankarna maler, men det är befriande att han förhoppningsvis kommer att slippa Madeleine efter det här.

Om du lämnar mig nu får du aldrig träffa din dotter. Någonsin.

Det knyter sig i magen när han tittar på Elli i vagnen. Inte kan han väl vara pappa till ännu ett barn? Han stannar vid ett trafikerat övergångsställe och sväljer sitt sista tvivel.

Det är för osannolikt.

Han går längs Drottninggatan. Varje gång han befinner sig här tänker han på lastbilen som prejade människor till döds. Det är lika svårt att förstå det nu som då, men det är ofrånkomligt att inte tänka på hur mycket större katastrofen kunde ha blivit. Minuten efter att lastbilen plöjt igenom gågatan lämnade en stor barngrupp biograf Skandia. Nyllet får tårar i ögonen när han tänker på vad som hade hänt om ödet hade velat annorlunda den dagen. Gruppen splittrades och vettskrämda vuxna armbågade sig fram och sprang ner barnen, men ingen av dem skadades allvarligt.

Lastbilen hade redan passerat.

Det var en av de värsta arbetsdagarna han upplevt som polis. De nya betonglejonen på den drabbade gatan ska skydda mot liknande terrordåd. Det är rejäla klossar som inte borde gå att rubba, tänker han, men kan ändå inte slappna av förrän han har svängt in på Kungsgatan.

Vetekattens fönster drar till sig hans uppmärksamhet.

Han blir alltid lika fikasugen när han ser konditoriet.

Och nu var det ett tag sedan han åt något.

Är det inte Josefins äldsta dotter som sitter vid fönstret tillsammans med en man i keps? Nyllet slår bort den befängda tanken. Det är klart att det inte kan vara hon. Julia går i skolan i Bromma.

Men hon var bra lik henne, det var hon.

64

ÄNTLIGEN SKA DE genomföra ett nytt förhör med hantverkaren som i desperation tog Emmas vapen. Krille är inte riktigt i form än, och får nöja sig med att sitta i medhörningsrummet.

”Redo?” frågar Westberg och tittar på Emma. ”Tolken väntar med Bendeck Komorowski.”

Sedan öppnar han dörren och de sätter sig ner i det spartanskt inredda förhörsrummet. Bendeck vägrar att ta emot en försvarare, eftersom han tycker att han inte har gjort något fel. Emma är inte intresserad av hans stöldgods, biljakten, eller dödshotet mot henne. Alla de sakerna kommer de ändå kunna styrka. Hon vill veta om han är inblandad i morden.

Men förhöret går inte som hon tänkt sig.

Bendeck bryter ihop och börjar gråta.

”Allt är förstört nu”, översätter tolken efter att Bendeck har viskat samma mening tre gånger.

Emma skulle behöva något som stärker hennes tålamod, för hon orkar inte med mer strul. Samtidigt kanske den misstänktes sinnesstämning kan leda till ett erkännande, om allt ändå är förstört, som han säger.

Westberg vill veta namnet på Bendecks kompanjon, och efter en del lirkande säger mannen att det är hans lillebror.

”Han heter Lolek”, säger Bendeck. ”Det betyder fri man.”

Sedan skrattar han hysteriskt över det lustiga sammanträffandet, tills Emma slår näven i bordet så tolkens vattenglas hoppar till.

”Ska jag behöva ta det från början?” ryter hon. ”Du sitter inlåst för att du har hotat en polis till livet, och den polisen råkar vara jag. Min kollega blev skjuten. Tycker du att det är roligt?”

Det rycker i Bendecks mungipor och han brister ut i skratt igen. ”Förlåt.”

”Har han tagit något?” frågar Emma och håller upp en hand som stopp när tolken börjar översätta även det.

Westberg suckar. ”Bendeck, det här är allvar. Svara på en enkel fråga: har du befunnit dig vid Dammsjön?”

Skrattet tystnar. ”Jag vet inte.”

”Du vet inte, eller *du vill inte* berätta?”

”Det var min bror.”

”Vilken av dem?”

”Lolek, såklart. Marek är inte ens i Sverige.”

Emma knyter sina nävar under bordsskivan. ”Vad gjorde Lolek där?”

”Ingen aning, han gillade att hänga vid sjön.”

”Men du har inte varit med, är det vad du säger?”

Tolken översätter. ”Ja.”

”Ibland var han borta långa stunder, och jag blev irriterad på honom”, berättar Bendeck plötsligt självmant. ”Jag tror han försökte smita undan arbetet.”

”Var är din bror nu?”

Bendeck börjar skratta igen. ”Glöm det, ni kommer aldrig hitta honom. Om det är något han kan, så är det att gömma sig.”

65

MAMMA SKULLE GÅ i taket, tänker Julia när hon tackar ja till skjutsen. Ett hårt och bestämt klipp i den allt tunnare navelsträngen. Julia blir exalterad, även om hon känner sig alltmer dåsig och illamående. Hon är så less på sin mamma och lovar sig själv att aldrig bli likadan. Så bevakande och snabb med tillrättavisningar. *Om* hon blir mamma, just nu vet hon ingenting om sin framtid. Mikael snackade om att hjälpa henne att ta reda på vad hon vill.

Leva eller dö?

"Inte förrän man står öga mot öga med döden kan man locka fram sanningen inom sig", förklarade han. "Det var så jag själv valde livet."

Allt snurrar, hon förstår inte hur det skulle gå till.

Mikael ser fokuserad ut där han sitter bakom ratten.

"Du hittar till Bromma va?" frågar hon och han nickar.

Hon skulle gärna kalla honom för Nelly, eftersom det var så han presenterade sig i chatten, men det blir ju himla konstigt. Huvudvärken tränger sig på och de smärtstillande tabletterna hjälper inte längre. Det är svårt att tänka klart och hon är rädd att hon behöver kräkas. Mikael säger inte mycket, det kanske tar på krafterna att koncentrera sig bakom ratten. Julia försöker titta ut, men ögonlocken vill hela tiden åka igen och hon får anstränga sig för att inte somna. Det var länge sedan hon kände sig så borta. I och för sig blir hon alltid trött av att åka bil. Men var hon inte väldigt utmattad redan innan hon satte sig? Det tar en stund innan hon reagerar på husen utanför fönstret. Hon känner inte igen dem. Borde de inte vara vid Tranebergsbron nu?

En plötslig instinkt säger henne att hon måste hålla sig vaken, helst gå ur bilen genast. Hon kan inte åka en meter till med en främmande man. Hjärtat bultar intensivt och det vänder sig i magen.

”Jag mår inte bra, jag måste på toa”, säger hon.

Mikaels panna rynkar sig en aning, men han svänger av vid den första bensinmacken som dyker upp. Julia kämpar för att inte spy i bilen.

”Jag hjälper dig”, säger han och leder in henne i butiken.

Tjejen bakom kassan tittar inte ens upp. Julia ser sig om efter toaletterna, men allt bara snurrar. Mikael hittar wc-skylten och hjälper henne dit.

”Ska jag hålla din mobil så länge?” frågar han och låter som vilken pappa som helst.

Ingen skulle ana något.

Julia skakar på huvudet, tar sig in på toan och låser dörren. Hela kroppen skakar och hon hinner bara lyfta på locket till toaletten innan hon kräks. Det stinker galla och urin och en hög med använt papper ligger på golvet. Alldeles för många tankar trängs i huvudet och hon har svårt att fokusera. Hon kissar och tittar på mobilen. Ett nytt meddelande från mamma.

Älskling, du glömmer väl inte tiden hos psykologen?

Julia suckar och svarar *nej*.

Det dröjer bara någon sekund tills ett rött hjärta från Josefin dyker upp. Sedan ser hon de tre prickarna på mobilen som betyder att hon skriver något mer.

Den är så viktig.

Det knyter sig i magen.

Sluta tjata.

Josefin skickar en gråtsmiley tillbaka och Julia får ett tryck över bröstet. Hon har ljugit. Mamma tror att hon är i skolan, men istället befinner hon sig någonstans på en bensinmack med en främling.

Hon reser sig upp på ostadiga ben och spolar.

Det känns inte bra att ljuga.

Borde hon säga som det är? Hon känner ju själv att hon inte mår bra. Hennes tankar avbryts av en hård knackning på dörren.

”Är du klar snart?”

Julia låser upp och kliver ut. Kassan är tom för tillfället och utan ett ord följer hon med Mikael till bilen. Allting är så overkligt. Vad håller hon på med?

”Är det bättre nu?” frågar han och ser på henne med sina blå ögon.

”Jag tror det.”

”Varsågod”, säger han och räcker fram en flaska med vatten. ”Det är nog bra om du dricker.”

Hon får i sig halva flaskan. Det sista Julia ser innan hon slocknar är hur mobilen faller ur hennes hand.

66

KLOCKAN ÄR TIO över tre och Josefin trampar nervöst runt på skolans parkering. En av dörrarna till den stora tegelbyggnaden öppnas och en elev kliver ut med sin svarta Michael Kors-väska över axeln, bruna Uggs, och en kort svart dunjacka. På håll ser det ut som Julia, men det är någon annan. Sedan kommer nästa tjej, med identisk outfit.

Josefin sparkar bort en sten mot skogsdungen.

Här har hon kämpat som en galning för att få en psykologtid, och vad är tacken? Snart missar Julia tillfället om hon inte dyker upp. Hur ska Josefin kunna hjälpa sitt barn om hon inte samarbetar?

Hon blir lika arg som förtvivlad.

Ytterligare några ungdomar närmar sig, men ingen Julia. Josefin kan inte bara stå där, utan bestämmer sig till slut för att gå in, även om det är strikt förbjudet för henne att visa sig på skolan. Enligt Julia i alla fall. Elever väller ut genom dörrarna och hon försöker lokalisera klasskompisar eller lärare till Julia, men ser ingen hon känner igen. Det är en stor skola, med många parallellklasser i de olika årskurserna. Typiskt nog har hon inget schema tillgängligt och vet inte i vilket klassrum hon ska leta.

En kvinna nickar mot henne. ”Kan jag hjälpa till?”

Josefin berättar att hon är Julias mamma och kvinnan presenterar sig som biträdande rektor. Då faller polletten ner, Josefin har sett henne i aulan på föräldramöten.

”Hur är det med Julia?” frågar kvinnan. ”Jag är förstås medveten om vad som har hänt. Den tragiska olyckan har inte undgått någon och vi har haft stödsamtal med alla elever.”

”Det är inte särskilt lätt för henne nu, men vi ska iväg på ett möte till en läkare och vi är sena”, säger Josefin.

Hon klarar inte av att säga psykolog. Det låter alldeles för dramatiskt.

”Så hon är tillbaka i skolan igen, vad skönt att höra”, säger den biträdande rektorn. ”Vi undrade hur länge hon skulle bli borta.”

”Jag vet inte vilket klassrum hon är i.”

”Det ordnar jag”, säger kvinnan och söker fram schemat på mobilen.

Sedan visar hon Josefin uppför två trappor och in i en lång korridor med skåp längs väggarna. Den biträdande rektorn stannar utanför ett klassrum och knackar på.

Josefin försöker räkna ut hur mycket för fort hon måste köra för att hinna i tid till Östermalm. Det finns förstås inget nummer direkt till psykologen, så hon kan inte meddela att de är sena. Julias klassföreståndare tittar ut och hälsar förvånat.

”Hej, vad bra att du är här”, säger han. ”Hur mår Julia?”

Efter en stunds förvirring kommer Josefin till sans.

”Vad menar du?” frågar hon.

Nu ser han lika besvärad ut som hon känner sig. ”Jag trodde att du kom för att hämta Julias läxor?”

”Nej, jag skulle hämta *henne*”, förklarar Josefin. ”Vi ska till läkaren.”

”Julia? Hon är inte här.”

Josefin andas ut. Hennes dotter är inte helt oansvarig, trots allt. Hon har alltså lämnat skolan i god tid.

De måste ha gått om varandra på något sätt. Sedan ser hon lärarens oroliga min.

”Jag har inte träffat henne sen olyckan.”

Det svajar till under Josefins fötter och hon försöker fokusera blicken. När hon väl får ordning på synen, kikar hon genom dörrglipan in i klassrummet. Längst borta vid fönstret ser hon någon som genast vänder bort ansiktet.

Liv.

67

”VILKEN KNÄPPSKALLE”, SÄGER Krille så fort Emma kommer ut från förhörsrummet. ”Hans brorsa får nog överväga ett namnbyte, för snart är han inte en *fri man.*”

Emma garvar, även om hon redan har fått en överdos av alla former av skratt. Var Bendeck chockad, påverkad eller stressad?

Westberg tar Emma och Krille åt sidan. ”Magnus Svantessons fru Viktoria har ringt igen. Hon är hysterisk. Jag vill att ni åker hem till henne med några bilder på offrets kläder, ja, sådant som går att visa. Svaret på fingeravtryck och dna kommer att dröja i flera dagar, och vi har inte den tiden.”

”Vi måste hitta Lolek”, säger Emma.

”Jakten på honom sker parallellt, vi kan inte stå här och stampa medan en mördare går fri. Vi får skit i media, alla arbetar under press. Det är viktigt att veta vem offret är, för att kunna kartlägga gärningsmannen.”

Det kan hon köpa.

Westberg räcker över några av teknikernas bilder och ger adressen till familjen i Djursholm. ”Lycka till.”

”Tack”, säger Emma och går till bilen med Krille.

Det bästa med att åka till Stockholm är att få träffa barnen igen, tänker hon. Hon slår sig ner bakom ratten, så Krille kan vila sin skadade arm.

”Nu kommer vi dyka upp mitt i fredagsmyset”, säger han och grimaserar när han spänner fast säkerhetsbältet.

”Fredagsmys tror jag knappast, eftersom Magnus är försvunnen”, säger hon och backar ut bilen. ”Hur är det med dig, egentligen?”

”Om det stannar mellan oss, så mår jag väl sådär.”

”Men du tänker inte vara sjukskriven?”

Krille tittar ut genom bilrutan och mumlar något.

”Vad sa du?” frågar hon.

”Jo, jag sa att jag har roligt på jobbet nu”, svarar han och vänder sig mot henne. ”Med dig. Jag känner mig levande för första gången på länge.”

Emma fäster blicken på vägen för att inte köra i diket, sedan anar hon att det kan finnas spår av ironi i hans kommentar. Det är klart att han inte menar allvar när han dels har blivit skjuten, dels har tvingats kvar i ett liktält.

”Det känns inget vidare att åka hem till offrets oroliga fru innan vi vet mer, men jag förstår ändå Westbergs beslut”, säger hon för att byta ämne. ”Han vill ha ett snabbt svar för att undvika fler mord. Med största sannolikhet är det ju Magnus, eller hur?”

En välbetald företagsledare, en framgångsrik man. Ett offer som inte skiljer sig så mycket från Petter Lindh. Och med samma slags märke efter ett rep runt halsen.

”Ja, han befann sig till och med i Borlänge när han försvann”, säger Krille.

”Men för mig är det ett dilemma”, fortsätter hon. ”Jag skulle inte ha valt att göra så här, även om vi inte tänker visa några bilder på hans ansikte.”

”Vänta du bara, i framtiden kanske identifiering av lik sker via ett sms.”

”Eller Tinder för döda”, säger hon. ”Dinder.”

Hon ler och tittar ut på den mörka vägen. Det är skönt att det inte är mycket trafik, så hon kan köra med helljus.

”Vet tant vad Tinder är?” säger Krille och puttar till henne retsamt på armen. ”Jag googlar på Dinder nu, det finns visst redan.”

Emma skakar på huvudet. ”Skämtar du?”

”Nej, fast det är inte ett register över döda, utan en dejtingsajt för *divorced people*. Något för dig kanske?”

”Akta så jag inte kör av vägen med flit”, säger hon.

”Förlåt, jag kunde inte låta bli.”

”Du, det är jag som ska be om ursäkt”, säger hon. ”Jag är ledsen för att jag tvingade dig att stanna kvar i tältet idag. Det var dumt, men jag tänkte att det skulle vara bra för dig att inte komma undan.”

”Tack”, svarar han. ”Ja, eller vad man nu ska säga. Frukosten var ändå inte värd att behålla.”

”Du måste få hjälp med det där. När märkte du att det var ett problem?”

”När jag var på en mordplats första gången.”

”Med Nyllet?”

”Det stämmer, men jag kan inte skylla på honom, även om hans närvaro såklart kan ha förvärrat traumat.”

Emma låter bli att kommentera skämtet om Nyllet. Hon tycker synd om Krille, för om han inte blir av med sin fobi finns bara ett alternativ: att sluta som mordutredare.

”Jag var helt oförberedd på panikångesten”, berättar han vidare. ”Nu börjar jag svettas och må dåligt redan när vi är på väg till en förmodad brottsplats. Samtidigt älskar jag att arbeta som utredare. Särskilt nu, med dig.”

Emma försöker andas normalt. Hon hör hur däcken rullar över asfalten. Det är bara de två i bilen. Hon undviker att möta Krilles breda leende alldeles intill. Hans hand är centimeter ifrån hennes. Emma säger åt sig själv att skärpa sig. Stämningen som råder här och nu är en illusion. En parentes som inte är förenlig med hennes liv som tvåbarnsmamma. Hon vill skrika åt Krille att sluta vara så förbannat attraktiv.

”Jag tycker om att jobba med dig också”, säger hon till slut. ”Men du borde berätta för Lindberg, och se till att få hjälp innan problemet eskalerar.”

Krille knäpper sina händer i knät. ”Jag ska, jag lovar. Men jag drar mig för det, ifall han skickar ut mig med huvudet före.”

”Att vara tyst löser ingenting”, säger hon och kommer att tänka på sin syster.

Emma kan inte släppa att Josefin teg om Julias olycka i fyra dagar. Hon ger Krille en kort bakgrund om deras syskonrivalitet.

”Att hon inte ville berätta om olyckan kan bero på att hon känner sig misslyckad som mamma”, säger Krille, utan att ha en aning om att han träffar mitt i prick. ”Mina föräldrar tar fortfarande på sig ansvar för allt jag gör, men det kanske beror på att jag är ensambarn.”

”Kanske”, säger Emma fundersamt, men tänker på sig själv som mamma. Hur stolt hon är när Ines gör något fint mot en annan människa, precis lika besviken som hon blir när det är tvärtom. Det är klart att en förälder känner sig ansvarig, men Josefin kan ju knappast rå för att Julia blev påkörd av spårvagnen. Eller har hon inte sagt allt? Är det därför hon är tvär?

”Vi är framme”, säger Krille och pekar på ett rött hus med vita knutar.

Emma nickar. ”Då får vi hoppas att Viktoria är hemma.”

De kliver ur och sträcker på sig innan de knackar på. En flicka som bara är några år äldre än Ines öppnar ytterdörren.

”Pappa?” säger barnet hoppfullt och ansiktet skrynklar ihop sig av besvikelse när hon ser att det inte är Magnus.

68

JOSEFIN TAR UPP mobilen från köksbänken och stirrar på skärmen. Ett enda litet sms från Julia, med budskapet att hon inte ska oroa sig. Inget förlåt för att hon brände tiden hos psykologen som Josefin kämpade för att få.

Jag är med en vän, jag behövde komma hemifrån.

Josefin ringer upp, men naturligtvis svarar inte Julia.

”Vad ska vi göra?” frågar hon Andreas som står bredvid och fyller på kylskåpet med mjölk, yoghurt, ägg och smör, som han har handlat.

”Ska jag försöka istället?” undrar han.

Hon förstår inte vitsen med det, men nickar åt honom. Hellre det än ingenting. Han går och sätter sig vid matbordet och ringer upp Julia. Hon svarar inte nu heller, men bara sekunder efteråt plingar mobilen till med ett sms. Någonting går sönder i Josefin.

Hatar hon mig så mycket?

Hon fattar inte vad hon gör för fel. Josefin slår sig ner bredvid Andreas.

”Hon mår bra”, säger han. ”Du behöver inte vara orolig, jag sa ju det.”

Nervöst börjar han fingra på mobilen.

”Säg det bara, utan förskòningar”, ber Josefin och tar stöd i bordsskivan. ”Vad skriver hon?”

Han lägger sin hand på hennes lår. ”Att hon känner sig trängd här hemma och behövde få perspektiv.”

Josefin reagerar på ordvalet, det låter inte riktigt som Julia. När det går upp för henne vad Julia insinuerar, nickar hon sakta och tittar på Andreas.

”Trängd av mig alltså?” frågar hon och sväljer.

Andreas ser beklämd ut. ”Alltså, hon ... ja, okej då, det är väl så hon menar. Du måste lita på henne, hon klarar inte av att du pressar henne.”

Josefin har lust att vråla rakt ut. Hon försöker ju för fan bara hjälpa till! Och vad är tacken? Att hennes trettonåriga dotter rymmer hemifrån.

”Vem är hon med?” undrar hon. ”Jag vill veta det.”

”Hon skrev inte det.”

”Fråga.”

Med en suck gör Andreas som han blivit tillsagd, och svaret kommer direkt.

”Nelly, en kompis från skolan.”

Josefin vrider på sig. Hon hade ingen aning om att det fanns någon som hette Nelly på skolan. Julia har inte nämnt henne förut, det är hon säker på. Men vad vet hon egentligen om sin dotter?

Tydligen ingenting.

69

EMMA OCH KRILLE står och väntar i familjen Svantessons hall, eftersom Viktoria gick iväg med sin dotter. Det är skor, jackor, stövlar och hjälmar huller om buller. Ett vanligt familjekaos som förmodligen aldrig kommer att bli detsamma igen. Inte om det är Magnus som ligger på rättsmedicinska just nu. Viktoria kommer tillbaka och skakar uppgivet på huvudet.

”Vera har varit orolig sen Magnus försvann”, förklarar hon. ”Barn förstår mycket mer än man tror. Vi kan sätta oss i köket.”

Emma och Krille slår sig ner mittemot Viktoria. Hon erbjuder inget att dricka, vilket är förståeligt. Tankarna är såklart någon helt annanstans.

”Jag förstod direkt att det var Magnus när jag läste om kroppen”, säger Viktoria.

Emma möter hennes blick och försöker hålla den stadig.

”Har jag rätt?” viskar Viktoria med darrande läppar.

”Uppriktigt sagt så vet vi inte vem han är”, förklarar Emma. ”Och det är därför vi är här, för att se om du kan hjälpa oss.”

Viktoria gömmer ansiktet i händerna. ”Jag har vetat hela tiden att han är död. Vad ska jag göra, ensam med tre barn?”

Frågan hänger i luften, det finns inget enkelt svar.

”Skulle du kunna tänka dig att titta på bilder av offrets kläder?” frågar Emma. ”Och se om du känner igen något.”

Emma tolkar tystnaden som ett ja.

Krille visar upp olika bilder på kläder, skor och ett skärp.

En skugga drar över Viktorias ansikte. ”Vad smutsigt allt är ... Jag vet inte.”

Sedan sluter hon sig. De behöver få henne på andra tankar om de ska lyckas med sin uppgift. Hon sneglar på Krille, men han verkar inte veta vad han ska säga.

”Berätta gärna mer om Magnus”, ber Emma. ”Hur är han som person?”

”Omtyckt. Alla gillar honom med en gång”, förklarar Viktoria. ”Han är öppen och varm. Rolig.”

Hon fortsätter att måla upp en bild av en fantastiskt bra familjefar. Så pass underbar att Emma reagerar. Försöker Viktoria övertyga sig själv om vilken enastående man hon har?

”Det är inte likt honom att försvinna”, säger Viktoria.

”Gillar han skogen?” frågar Krille.

”Skogen?” frågar hon förvånat. ”Nej, han hatar skogen.”

”Den döde mannen påträffades i en skog”, förklarar han.

”Ja, jag läste det, men tänkte ändå att det kunde vara Magnus. Fast han kan inte ha gått in där frivilligt.”

”Har du någon nytagen bild på honom?” undrar Emma.

Viktoria tar fram mobilen och visar ett porträtt. Magnus håller ett barn i handen och ler mot kameran. Det är svårt att avgöra om det är samma person som låg i graven.

”Finns det något annat kännetecken än hans vigselring?” frågar Emma, utan att berätta att den döde mannen inte hade någon ring på sig.

”Ett ärr över det högra ögonbrynet”, säger Viktoria försiktigt. ”Han cyklade omkull som barn och fick sy flera stygn.”

Emma zoomar in bilden på offrets ansikte som hon har på sin mobil. Båda ögonbrynen är hela.

70

VAD GÖR VIKTORIA just nu? Magnus kan se henne framför sig, hur hon sitter med barnen i den överdimensionerade chesterfieldsoffan. Vera har just spillt ut sin Loka Crush och Simon och Lisen slåss om chipsskålen. Båda tycker att den andra fick mest. De har ätit tacos med vegetarisk färs och avokado och nu tittar de på något på tv:n, men där slutar hans fantasi. Magnus vet inte vilka underhållningsprogram som visas nuförtiden, eftersom det var månader sedan han umgicks med familjen. Han kan tänka sig att Vickan är fast besluten att gå vidare, för barnens skull, även om hon är utom sig av oro. Hon ignorerar sin egen sjukdom och hans försvinnande, och fokuserar på de greppbara ljusglimtarna i tillvaron.

Som Vera, Simon och Lisen.

Hur mår ni, mina älsklingar?

Magnus pendlar mellan sömn och medvetande, men måste ha sovit en lång stund den här gången. Hur länge har han ingen aning om. Varje gång han somnar undrar han om det är för sista gången.

Har mannen med stövlarna dött?

Är det därför han aldrig kommer och släpper ut honom?

Magnus fryser inte längre trots kylan. Den fuktiga jorden har format sig efter kroppen och han ligger som en puppa i sin kokong. Skillnaden är att han håller på att försvinna, inte födas.

Det är jobbigt att tänka på hur fel han har haft kring sin dödslängtan. Att döden skulle innebära en lättnad, även för Vickan, som älskar honom och har stått upp för honom hela tiden, trots att han har svikit henne och barnen gång på gång. Och hur kunde han inbilla sig att det skulle vara bäst för barnen om han försvann? Det är klart att han lämnar ett öppet sår efter sig som de kommer att bära med sig för resten av livet. Han förstår inte hur tankarna kunde spinna iväg i sådana ofattbart mörka riktningar. Och nu när han har insett hur befängt det är, får han inte längre avgöra sitt öde själv.

Han måste hålla sig vid liv.

Måste, för familjens skull. Ändå faller han i sömn igen, utan att kunna hejda den.

Kanske för sista gången.

71

EMMA TITTAR PÅ klockan på instrumentbrädan, halv tio. Ines och Elli sover förmodligen, men Emma måste se dem ikväll, saknaden håller på att slita henne i stycken. Hon släpper av Krille inne i stan och kör mot Nyllets adress på Söder. Sedan tänker hon åka till Ines i Saltsjöbaden. Återigen drabbas hon av tvivel. Kan hon verkligen leva det här livet, eller borde hon byta jobb?

Det tar emot att ringa upp Westberg och berätta att den döde mannen inte är Magnus Svantesson.

”Nu blir jag väldigt förvånad”, säger Westberg på sin breda dialekt. ”Det finns ingen annan bland de anmälda försvunna som passar in på signalementet.”

”I värsta fall är det någon som ingen saknar än”, säger Emma och svänger vänster i en korsning. ”De anhöriga kanske inte vet om att han är försvunnen. Det skulle inte vara första gången någon sticker iväg utan att meddela sina närmaste.”

”Visst har du med dig röntgenplåtarna från offrets tänder?” frågar Westberg.

”Ja, och jag har lyckats övertala rättsodontologen i Solna att ses redan imorgon bitti, trots att det är lördag”, säger Emma. ”Då kommer vi med största sannolikhet att få svar på vem det är.”

Att identifiera en människa med hjälp av tandkort är effektivt, men bygger på att det finns jämförelsematerial.

”Ylva ligger också på obduktionsbordet nu”, säger Westberg. ”Vi får hoppas att det var värt besväret att gräva upp henne. Jag har redan fått försvara beslutet i media. Hennes anhöriga är inte glada.”

”Jag förstår det, men polisarbete går före”, säger Emma och kommer att tänka på väskan med Ylvas saker, som ingen hade hämtat upp på pensionatet. Den står kvar på polishuset i Borlänge.

”De borde väl uppskatta om sanningen kommer fram, kan man tycka. Om det visar sig att någon har bragt henne om livet. Skulle inte du ha velat veta?”

”Jo, men det river förstås upp sår hos de närmaste”, säger Emma. ”Inget om det nya offrets dödsorsak än?”

”Nej, men imorgon ska vi få ett preliminärt besked.”

”Och förhören med Bendeck då?” frågar hon. ”Något nytt där?”

”Jag skulle precis komma till det, vi har gjort framsteg på den fronten. Det brukar bli så när stockholmarna lämnar oss ifred och vi kan arbeta ostört”, säger han syrligt.

”Jättekul”, svarar hon.

”Husrannsakan gav så intressanta spår att bröderna kommer att häktas skäligen misstänkta för människorov och mord. Äntligen något för journalisterna att fokusera på istället för att klaga på vårt arbete. Någon hade varit i stugan nyligen, vi utgår från att Lolek stryker omkring där.”

Emma minns de två skålarna på matbordet i stugan, och alla skumma prylar överallt i ladan. Karbinhaken i taket och presenningen. ”Vad är det ni har hittat?”

Emma är framme på Torkel Knutssonsgatan.

”Bland annat ett rep som skulle kunna stämma överens med märkena på offrens halsar, och en blodig spade, där teknikerna har säkrat dna på flera ställen.”

”Vad hade Bendeck att säga om det då?”

”Ingenting, han vill inte kännas vid något av dödsfallen”, säger Westberg. ”Han kunde inte förklara hur blodet hade hamnat där, men poängterade att han inte hade koll på sin bror dygnet runt.”

”Så han vill skylla ifrån sig på sin försvunne bror?”

”Något sådant, ja.”

”Vi måste hitta honom.”

Jag tvingas byta fosterfamilj efter det misslyckade rymningsförsöket. De vill placera mig så långt bort som möjligt från mina syskon, så jag inte kan orsaka mer besvär.

Jag får inte ens ha kontakt med dem.

Soctanterna skyller på att mina syskon behöver landa i sin nya tillvaro. Och jag ställer inte till med en scen, det tjänar ingenting till. Tyst och lugnt går jag mot bilen som ska ta mig till mitt nya hem. Mina känslor får stanna inom mig, men jag håller på att kvävas.

Resan till Dalarna tar tid och många tankar hinner passera innan vi stannar vid ett stort hus mitt i ingenstans.

Det är med tunga och tveksamma steg jag närmar mig vad som ska bli mitt nya hem. En man och en kvinna med stela leenden tar emot mig. Ett perfekt äldre par, som har lyckats ta sig förbi alla hinder för att bli godkända som fosterfamilj. Jag skakar artigt hand och bär in väskan med de få ägodelar jag har kvar. Soctanterna växlar några ord med paret, men jag lyssnar inte. Jag är trött och hungrig efter den långa resan.

Framför allt saknar jag mina syskon varenda sekund.

Tanterna önskar mig lycka till, och stänger sedan dörren och går därifrån.

Jag blir ensam kvar med två främlingar.

De granskar mig i detalj, sedan får jag ta ett varmt bad. De skrubbar mig ren och knipsar mina naglar, luskammar mitt hår och klipper det jättekort. Det är hemskt att behöva visa mig naken inför två vuxna människor jag inte känner. Jag gör motstånd och hamnar redan första kvällen i hörnet av matsalen, där jag måste stå med ryggen emot dem när de äter middag.

"Du ska stanna där och skämmas tills du lär dig vett."

Det gör jag inte, skäms alltså. Däremot bygger jag på min redan tjocka mur mot omvärlden. Det finns en ljusglimt, att det är jag och inte mina syskon som hamnat hos det här kärlekslösa paret.

Dag för dag, vecka för vecka, år för år suddas minnena av syskonen ut. Som ett svartvitt fotografi som sakta bleknar i konturerna.

Till slut är det blankt.

Ändå kan jag inte ge upp hoppet om en återförening. Det är tanken på syskonen som får mig att leva vidare. Men jag är fast här tills mina fosterföräldrar dör.

Döden fascinerar mig mer än vad den skrämmer mig. Den innebär förändring, ibland till det bättre. Den kan vara en gåva. Början på något istället för ett slut.

Tids nog är det mina fosterföräldrars tur.

Och den dagen visar sig komma oväntat.

LÖRDAG 19 OKTOBER

72

Emma har bestämt träff med rättsodontologen klockan åtta, och hon parkerar i god tid utanför byggnaden i Solna. Kvinnan som ska hjälpa henne är en gammal vän till Emmas pappa. Det var därför hon gick med på att gå till jobbet en lördag. Krille fick i alla fall sovmorgon. Det är onödigt att åka båda två. Emma känner ett lugn inom sig efter natten i Saltsjöbaden. Samtidigt var det inte optimalt för Ines att de bara hann ses en kort stund på morgonen. Hon grät när Emma till slut var tvungen att lämna huset.

Mamma, varför kan du inte stanna?

Hon kliver ut i den friska luften och försöker skjuta sitt dåliga samvete åt sidan. Ines har det bra hos mormor och morfar.

Äntligen ska de förhoppningsvis få klarhet i vem den döde mannen är, om röntgenbilderna matchar något av de tandkort som finns på de personer som är anmälda försvunna.

Klockan fem i åtta går hon in genom entrén.

Rättsodontologen är redan på plats och de hämtar varsin kopp kaffe innan hon visar Emma till sitt arbetsrum.

”Så den före detta länspolismästaren är barnvakt. Hur hanterar han det då?” frågar hon och ser förväntansfull ut inför Emmas svar.

”Han går på knäna”, säger Emma och skrattar. ”Skämt åsido, det fungerar förvånansvärt bra, tro det eller ej. Evert har funnit sig i sin nya roll.”

”Men var har du lilla Elli? Det var väl bara ett halvår sen hon föddes?” säger kvinnan som aldrig verkar vilja sluta småprata. ”Hade du så bråttom tillbaka till liken? Jag tog ledigt i ett och ett halvt år med mitt andra barn. Det är det bästa jag gjort.”

Emma måste anstränga sig för att det inte ska skina igenom hur stött hon blir. Hon avskyr att behöva försvara att hon brinner för sitt jobb. En man förväntas aldrig göra det. Emma trivs inte med bebistiden, men växer som mamma ju äldre barnen blir. Fast det berättar hon inte.

”Ska vi titta på röntgenbilderna?” frågar hon istället.

Äntligen kommer kvinnan till skott och börjar jobba. Emma kan inte göra mycket mer än att stå vid sidan av och dricka sitt kaffe. Hon väntar otåligt på ett resultat.

”Det här blir nog inte det svar du vill ha”, säger rättsodontologen bekymrat och rättar till sina glasögon över näsan. ”Jag hittar ingen matchning.”

Emma tackar för besväret och lämnar byggnaden. Så fort hon kommer ut ringer hon Westberg. Han blir förstås inte särskilt munter över nyheten att mannen inte gick att identifiera på det här sättet heller.

”Vi har inte fått in fler samtal från oroliga anhöriga efter att nyheten om den upphittade kroppen publicerades”, säger han. ”Konstigt.”

”Han kanske inte är från Sverige?”

”Vi får gå ut med en efterlysning via Interpol”, säger Westberg. ”Kommer du hit idag?”

”Idag?” frågar Emma. ”Har ni gripit Lolek?”

”Nej, men med tanke på att Magnus Svantesson fortfarande saknas, vill jag genomföra en sökinsats i området”, säger han. ”Allt för att vara säker på att det inte finns några fler gömda kroppar. Vi börjar med hundförare och tar det därifrån. Om vi har tur ramlar vi på Lolek också, han kan gömma sig där någonstans. Hans pass låg kvar i stugan.”

Emma känner hur helgen med barnen glider henne ur händerna, men en sådan sökinsats vill hon inte missa.

”Om vi hittar Magnus Svantesson vid liv, har vi plötsligt någon att förhöra”, fortsätter Westberg. ”Men jag vet, det är en chansning.”

Emma säger det inte högt, men hon blir imponerad av hur spaningsledaren gång på gång lyckas finna nya stigar i den snåriga utredningen.

”Vilken tid drar ni igång?” frågar hon.

”Klockan ett”, säger han. ”Om ni åker snart hinner ni.”

Emma tittar på det tomma passagerarsätet. Hon får plocka upp Krille på vägen och ringa Nyllet och säga att hon inte kan komma.

”Vi ses där.”

73

ELLI SOVER FRIDFULLT i spjälsängen och Nyllet reser sig upp och startar kaffebryggaren. Inga nya meddelanden från Madeleine. Tänk om han verkligen är fri från henne nu.

Det är inget han vågar räkna med.

Han borde ha sagt något till Emma när hon var här igår.

Två tomma tekoppar står kvar på diskbänken, det enda beviset på hennes besök. Herregud, vad han älskar den kvinnan. Det är svårt att acceptera att de inte kan leva tillsammans. Han har alltid haft en dröm om kärnfamiljen, inte sett sig som någon som ska börja om på nytt. Skrapa ihop resterna från sitt och andras kraschade förhållanden och bilda en annan familjekonstellation. Men båda behöver vara överens, och det är inget han kan påverka, hur sorgligt det än är att föräldrarna till ett spädbarn inte lever tillsammans. Men hon är på väg hit igen, konstaterar han upprymt.

Att vara med henne är det bästa som finns.

Det är lustigt att Emma ringer samtidigt som han tänker på henne. Nyllet känner sig påkommen.

”Hej”, säger han muntert och fyller på sin kaffekopp i köket. ”Hur är det?”

”Det är bra, men jag måste tyvärr bege mig till Dalarna.”

”Nu?” frågar han, utan att kunna dölja sin besvikelse.

”Jag är ledsen, men det händer saker i utredningen som gör att jag måste dit”, förklarar hon.

”Vadå?” undrar han.

”Vi har anledning att tro att det kan finnas fler kroppar i området, och jag vill vara med på sökinsatsen.”

Nyllet suckar. ”Vad synd.”

”Jag har ändå en bra känsla att vi snart är i mål”, säger hon. ”Vi har säkrat en del spår, allt pekar på att hantverkarna från Polen är inblandade.”

Nyllet försöker låta entusiastisk, men misslyckas när Emma säger att hon måste avsluta för att hon ska hämta upp Krille.

”Lycka till då.”

Så var det med den dagen med Emma. Med tunga steg går han och sätter sig i soffan i vardagsrummet. Han scrollar igenom nyhetsflödet och ser senaste nytt om morden i Dalarna. Den döde mannen har fortfarande inte identifierats. Hur jävla svårt ska det vara? Polisen får stark kritik för beslutet att gräva upp en begravd kropp som hittades död i samma område i maj. Emma sa aldrig något om det, hon kanske inte ville dra alla detaljer för honom, men han skulle behöva något intressant att bita i.

Nyllet önskar att det var han som arbetade med fallet. Krille är inte den skarpaste kniven i lådan. Dessutom är han harig. Och aningen för kort för Emmas smak. Nyllet sträcker på sig, han är minst en decimeter längre än konkurrenten. Han klarar inte av att tänka på att Krille ska sitta och smila upp sig bredvid Emma när de far mot Dalarna. Att de två ska snacka om livet, precis på samma sätt som det började för honom och Emma.

Vad säger Emma om honom?

Nyllet råkar smälla kaffekoppen i soffbordet, så den får en spricka. Han borde äta, men oron över att Emma fläker ut deras kraschade förhållande för Krille förstör aptiten. Emmas jargong är ganska tuff ibland. Hård, men hjärtlig.

Nyllet vill vara hennes närmaste, men hon blir alltmer fåordig och hemlighetsfull.

Det är ju de två. När ska hon begripa det?

Han läser vidare på nätet. En tidning har gjort en kartläggning över de tidigare dödsfallen under rubriken *Döden i Dalarna.* En tanke börjar ta form, men när Elli plötsligt skriker tappar han tråden. Han skyndar till sovrummet.

”God morgon, älskling”, säger han och lyfter upp henne.

Knapparna på den randiga pyjamasen har gått upp och hon behöver en ny blöja. Nyllet tar henne till skötbordet, sedan till köket och värmer mjölkersättning. När Elli är nöjd vid matbordet, försöker han hitta tillbaka till skogen i Dalarna. Av det han vet, får han en känsla av att det handlar om en gärningsman med god lokalkännedom. Någon som kan skogen och vet när han får vara ifred där. Annars borde det finnas fler ögonvittnen.

Om det inte är den person som redan sitter inlåst, kommer mördaren att slå till snart igen. Det är bara en tidsfråga nu när han är igång, även om Nyllet undrar varför det blev ett uppehåll mellan maj och oktober.

Han kanske inte befann sig i Sverige då.

74

RÄTTSODONTOLOGEN HADE NOG en poäng, Emma borde inte ha envisats med att börja arbeta så tidigt efter förlossningen. Men det är lätt att vara efterklok. Normalt sett är deras arbetsplats i Stockholm med omnejd. Det kan handla om några få undantag, beroende på vart utredningen för dem. Så det är typiskt att hon skulle ramla över ett fall som tog henne ända till Dalarna.

Det är en stor prövning.

Hjärtat värker av längtan efter barnen. Hon vill kramas och pussas. Men hon ska klara det här. Ju mer övertid det blir, desto längre ledighet sedan. Hon tar ett djupt andetag och bromsar in utanför Krilles adress.

Djurgården, minsann. Det hade hon inte väntat sig.

Hon måste dubbelkolla att hon är rätt. Kan Krille bo i en stor villa på en sjötomt? Sedan ser hon fyra brevlådor, och förstår att det måste vara ett lagenhetshus. Hon öppnar järngrinden och följer en grusad gång. Runt knuten finns en dörr med Krilles namn på. Antagligen sover han, eftersom han inte svarade i telefon. Hon knackar. Efter en stund rasslar det till i låset och hans förvånade ansikte dyker upp i dörrspringan. Han har bara tajta svarta kalsonger på sig och ett bandage runt armen, där blodet har runnit igenom och bildat en mörk fläck. Kroppen är muskulös och solbränd, och hon försöker att inte stirra.

”Oj då, saknar du mig redan?” undrar han.

"Hur är det med armen?" frågar hon generat.

"Kom du hela vägen hit för att fråga det?" Han ler snett.

"Nej, klä på dig, vi ska till Dalarna."

Hon uppdaterar honom om läget och han säger åt henne att vänta inomhus medan han kastar på sig något. Emma hamnar direkt i ett ljust vardagsrum med utsikt över vattnet. Efter en stund kommer Krille med en kopp kaffe åt henne.

"Varsågod, jag är strax klar."

Hon häpnar över hans lägenhet, en nyrenoverad våning med inredning som går i en färgskala mellan vitt och svart. Nyllets lya är raka motsatsen. Han har dessutom inte en enda tavla. Väggarna i Krilles våning är prydda med förstoringar på naturbilder med magiskt motljus. De påminner om John Bauers sagobilder från skogen.

"Är det du som har plåtat?" frågar Emma och får ett svar från badrummet att han var fotograf i ett tidigare liv.

Sedan kommer Krille in i rummet och gör givakt framför henne. "Redo."

Det är svårt att inte dra på mungiporna.

"Hur har du lyckats ramla över det här stället?" frågar hon förvånat.

"Ja, det kunde du inte tro va?" säger han och knäpper jeansen. "Jag lurade av en kvinna en jäkla massa pengar. Du visste väl att jag är en sol-och-vårare?"

Emma orkar inte med hans tramsiga skämt, och skakar uppgivet på huvudet. "Kom nu."

Krille går med lätta steg mot bilen, medan hon själv måste släpa sig fram. Hon gäspar och sträcker på sig.

"Sovit dåligt?" frågar han.

"Till skillnad från vissa andra var jag uppe tidigt i morse och arbetade", svarar hon bitskt. "Det blev inte så många timmars sömn, vill du köra?"

”Visst”, säger Krille och tar bilnyckeln. ”Jag uppskattar dig, Emma. Det är kul att jobba med dig, men jag trodde att vi hade lärt känna varandra bättre än så.”

”Vad menar du?” frågar hon och hoppar in i bilen.

Krille möter hennes blick när han har satt sig tillrätta. ”Jag ser att det är något som tynger dig, och kan räkna ut med lillfingret att det måste vara ett helvete att inte få vara med barnen. De är ju så små ...”

Vad alla tjatar.

Emma sväljer tre gånger i rad för att inte börja böla.

Han tar tag i hennes hand. Det sprakar om hans bruna ögon och hon får svårare att andas.

”Ring upp Lindberg och säg som det är”, uppmanar han. ”Du vill inte det här.”

Hon skakar bestämt på huvudet. ”Du vågar ju inte ens se ett lik. Hur ska du klara dig utan mig? Kör nu innan jag ångrar mig.”

”Säkert?”

”Ja”, viskar hon men slits itu inombords.

Krille släpper hennes hand och backar ut bilen.

Då ringer Westberg. ”Resultaten från obduktionerna har kommit. Det var inte riktigt som vi trodde.”

75

NÄR JOSEFIN VAKNAR till för sjätte gången har hon fortfarande inga nya sms från Julia. Det blir genast svårare att andas och hon undrar om hon ska väcka Andreas som ligger bredvid. Hon skickar iväg ett meddelande till Julia och sitter sedan kvar i sängen och stirrar hjälplöst på mobilen. Ingenting händer. Sedan testar hon att ringa upp också.

”Numret kan inte nås för tillfället.”

Det knyter sig i bröstet.

”Andreas”, säger hon och puffar honom på armen. ”Julias mobil är avstängd.”

”Hon sover väl”, mumlar han sömnigt.

Sedan vänder han sig om och rättar till täcket som har hasat ner. Han är provocerande lugn, men det kanske beror på att han knappt är vaken. Hon tar tag i honom.

”Aj”, protesterar han och tittar på henne. ”Jag lyssnar.”

”Måste jag påminna dig om att Julia just lämnat sjukhuset efter ett självmordsförsök, där hon dessutom slog sig rejält i huvudet, och sedan flydde till en vän vi inte ens visste fanns?” säger hon och blänger på honom. ”Jag har legat sömnlös halva natten och gruvat mig. Inser du inte också att något är fel?”

Andreas sätter sig upp och viker undan täcket. ”Vad vill du göra?”

”Ringa den där Nelly”, säger hon. ”Julia kommer bli vansinnig, men eftersom hon inte svarar …”

”Du har min välsignelse”, säger han motvilligt.

Han tycker förstås att Josefin överdriver, men hon kan inte bli kvitt obehagskänslan. Julia har aldrig gjort något liknande förut. Ju mer hon tänker på det, desto märkligare är meddelandena från Julia. Först lovade hon att komma till psykologen, sedan struntade hon i det. Och dessutom uttryckte hon sig annorlunda.

”Tänk om någon annan har skrivit sms:en?” säger hon och Andreas skakar på huvudet. ”Kanske den där Nelly?”

”Nu får du ge dig”, svarar han och lämnar sovrummet.

En ilska blossar upp, men istället för att bråka går hon in i Julias rum för att leta efter skolkatalogen. Sängen står obäddad och använda trosor är slängda på golvet. Sminkbordet är överbelamrat av sminkborstar, hårsnoddar och nagellack. På nattduksbordet ligger medicinförpackningar och godispapper bredvid ett sönderrivet visitkort.

Josefin darrar på handen när hon lyfter upp de två delarna och läser.

Stödlinje för ungdomar med självmordstankar.

Julia försökte alltså ta hjälp. Josefin kommer av sig och sätter sig på sängen. Skuldkänslorna slår till med en gång.

Varför vände hon sig inte till mig?

Sedan skakar hon av sig sin självömkan och reser sig upp, starkare än förut. Hon kan inte sitta kvar och tycka synd om sig själv. Ska hon städa rummet? Nej, Julia lär inte uppskatta att hon har varit här och rotat.

Det är bäst att låta bli.

Josefin går till skrivbordet, fast besluten att hitta en ledtråd. Hon lyfter en bok och ett pennskrin åt sidan och ser att skolkatalogen ligger inkilad mellan några färgglada mappar. Rester från en vässad blyertspenna singlar ner mot golvet. Josefin suckar och tar med sig katalogen ner till soffan i vardagsrummet och börjar leta efter en Nelly. Det är ingen enkel uppgift, för flera namn i katalogen är överstrukna med svart penna, och vissa ansikten är målade med glasögon och mustasch.

Liv är den enda som fått djävulshorn.

Josefin ryser när hon ser det och undrar hur mycket ilska hennes äldsta dotter bär på. Det är inte okej att kladda på andra människor, och det måste hon ta med Julia så fort det blir tillfälle. Josefin bläddrar vidare. Det finns ingen i hela sjuan som heter Nelly, däremot en i åttan.

Tack och lov har Nelly ett ovanligt efternamn, så det är lätt att hitta familjens telefonnummer. En yrvaken man svarar, det måste vara pappan. Josefin ber om ursäkt för att hon stör på helgen, sedan presenterar hon sitt ärende och det blir alldeles tyst i luren.

”Vad sa du att du hette?” frågar han och låter mer på sin vakt nu.

”Josefin Sköld, och min dotter heter Julia. Våra barn går i samma skola.”

Varför är han så tyst? Är det något fel på honom?

”Ett ögonblick”, säger han lika opersonligt som om hon ringt Försäkringskassan. Han viskar till någon, men Josefin kan inte uppfatta vad de säger till varandra. Sekunderna går och oron växer. Något är fel. Antingen är väl Julia där, eller inte. Hur svårt ska det vara?

”Jag är ledsen”, säger han efter ett tag. ”Jag var tvungen att prata med min fru, men ingen av oss har hört talas om någon Julia. Ska jag väcka Nelly och fråga henne?”

Josefin blir iskall. ”Så Nelly har ingen vän hos sig?”

Den långa tystnaden i andra änden säger allt.

”Kan det finnas fler på skolan som heter Nelly?” frågar hon för säkerhets skull.

Hundra tankar hinner svepa genom Josefins medvetande innan pappan återkommer.

”Jag har pratat med Nelly nu”, säger han.

”Vad sa hon då?”

”Nej, hon är den enda.”

76

JULIA VÄCKS AV ett knarrande ljud någonstans och sätter sig upp i sängen. Inget i rummet känns bekant. Tavlorna med landskapsmotiv, den gamla skänken och den stora fåtöljen med grönt sammetstyg är inget hon har sett förut.

Var är hon?

Hon är ensam och mår illa.

Det sista Julia minns är att hon var på en bensinmack.

Mobilen. Var är den? Hon letar vid sängen och på nattduksbordet, men den ligger ingenstans. Kan den vara kvar i bilen? Först nu märker hon att hon bara har linne och trosor på sig. Hon ser sig om efter resten av kläderna och hittar tröjan och byxorna hopvikta på skänken.

Efter att hon har klätt på sig sätter hon sig på sängen och försöker tänka efter.

Vad var det som hände?

Mikael.

En dörr öppnas någonstans i huset och hon lyssnar, men det är tyst. Med förskräckelse faller blicken på sängens kritvita lakan. En liten blodfläck. Inte mens nu också, hon har inte med sig några skydd. Fast mens är det minsta problemet, dessutom brukar det inte blöda ordentligt förrän efter ett par dagar. Fläcken har hamnat nära ena kanten, och hon drar i lakanet för att dölja den under madrassen.

Mikael måste ha burit in henne här, för hon har inget minne av något hus. Julia måste svälja för att inte kräkas.

Är det han som har tagit mobilen ifrån henne?

Dörren till rummet står på glänt. Hon smyger ut i hallen på övervåningen. Pulsen ökar. De gamla möblerna med senapsgult sammetstyg påminner om fåtöljerna på Park konditori i Äppelviken före renoveringen. Möblerna passar in i det här huset, och hon gissar att vägglössen trivs i stoppningen. Tanken på äckliga kryp får det att klia på kroppen. Obehaget växer när hon undrar vad som ska hända henne.

Julia drabbas av hemlängtan, men inser att hon knappast kommer att kunna ta sig härifrån på egen hand.

Utan pengar och mobil.

”Hallå?” ropar hon. Det knyter sig i magen, men efter en stund hör hon Mikaels röst från våningen nedanför.

”Julia?” svarar han.

Hon går försiktigt nerför trappan. Han skiner upp när han ser henne.

”Hej, hoppas att du har sovit gott”, säger han som om ingenting märkligt har hänt. ”Är du hungrig?”

Med lätta steg visar han in henne i köket och tar fram en skål med yoghurt och en smörgås. Sedan slår han sig ner mittemot henne.

”Var är jag någonstans?” frågar hon.

”På en plats där du kan få hjälp.”

Synfältet krymper. Julia vill härifrån.

”Är du redo för din första prövning?” frågar han efter en stund och knäpper händerna över bordet.

Hon försöker tvinga i sig några skedar yoghurt, men det går inte att svälja. ”Vad är det jag ska göra?”

”Du ska få bekanta dig med en kista”, säger han och hon kommer av sig.

”En kista?” frågar hon och han nickar till svar.

Nej, hon vill inte titta på någon kista, hon vill ha sin

mobil och ringa hem. Inte bara ringa, utan åka hem till Bromma. Till familjen. Till tryggheten.

”Mina föräldrar undrar nog var jag är”, säger hon och försöker mota undan panikkänslorna. ”Men jag hittar inte min mobil. Har du sett den?”

”Har du ångrat dig, Julia?” frågar Mikael och en skarp bekymmersrynka framträder i hans panna. ”Vill du inte gå till botten med din dödslängtan? Det finns inget enkelt sätt att göra det på. Jag har tagit dig hit för att hjälpa dig, och då vore det på sin plats att visa lite tacksamhet.”

Julia sväljer och knäna börjar darra under bordet.

”Jag ... jag ...”, stammar hon.

”Kistan är otroligt fin med handsnidade detaljer. Jag har jobbat på den i flera år”, säger han. ”Vi går och kollar. Den bits inte.”

77

”DU HADE RÄTT”, säger Westberg till Emma på telefon. ”Det var en ganska avgörande sak som rättsläkaren missade vid den förra obduktionen av Ylva.”

Krille svänger ut på E18 mot Enköping. Solen skiner, men molnen hopar sig norrut. Trafiken är lugn en lördag i oktober, så de borde hinna fram i tid till sökinsatsen.

”Hon dog inte nödvändigtvis av bruten nacke, hon kan ha drunknat.”

Emma klarar inte att hålla sig. ”Hur i helvete kunde de missa det?”

”Jag vet inte”, säger Westberg. ”Men med tanke på hur hon hittades, på en klippa med bruten nacke, gick det väl för hastigt i bedömningen. Rättsläkaren avslutade ärendet efter att ha fastställt en möjlig dödsorsak, den brutna nacken, utan att gå till botten med andra tänkbara alternativ. Han kommer såklart att få en varning.”

”Tack, då vet jag”, säger Emma och undrar stilla hur Dahlström kommer att ta det faktum att Ylva med största sannolikhet också blev mördad.

”Vänta lite, det var inte allt”, säger Westberg. ”Det kanske inte har någon betydelse, men Ylva led av långt framskriden bröstcancer. Hon hade inte lång tid kvar.”

Plötsligt blir de ödesmättade psalmerna i Ylvas necessär begripliga.

Jag går mot döden var jag går
och anar aldrig stunden
när den till slut en gång mig når.
Den har mig redan bunden.

"Och obduktionen av den okände mannen?"

"Rättsläkaren bedömer att han levde i en dryg vecka efter att han hamnat i graven. Han dog av yttre våld mot huvudet."

Efter samtalet har Emma blandade känslor. Hon diskuterar den nya informationen med Krille. Bilen har blivit ett mötesrum under den här tiden tillsammans, en väldigt bra plats för reflektion.

"Konstigt att Ylvas anhöriga inte har nämnt att hon var sjuk", säger Krille.

"De kanske inte visste", säger hon.

"Fast varför undanhålla en sådan sak?"

"För att inte vara till besvär", föreslår Emma.

"Usch, vad deppigt. Om en vän till mig gick bort i en sjukdom och inte hade berättat om den, skulle jag faktiskt bli sårad", säger Krille. "Och förbannad också."

"Jag med. Men det kan vara en liten tröst för de anhöriga att få reda på att hon ändå skulle dö", säger Emma. "Ylva kanske inte mådde bra psykiskt?"

"Nej, vem fan gör det?" säger Krille och fnyser.

"Oj då, är det så illa?" Emma blir förvånad över den plötsliga vändningen.

"Jag? Nej, med mig är det bra, däremot min syster. Äsch, du orkar inte lyssna."

Nyfikenheten har väckts. "Jag trodde du var ensambarn?"

"Ja, jo, det är enklast att säga det, min halvsyster bodde mest hos sin pappa och vi träffades inte så ofta."

Sedan berättar Krille om sin systers tablettmissbruk.

”Hur mår hon idag?”

”Vi har ingen kontakt”, säger han och hastighetsmätaren ökar i takt med att han berättar. ”Människor som inte har haft missbrukare i sin närhet, förstår inte vad som händer. Man blir sjuk själv till slut. Personen sträcker ut sina bläckfiskarmar och grabbar tag i allt den kommer åt och försöker dra ner andra på djupet. Inte förrän alla ligger och kräler på botten och vrider sig i plågor är det över. Man blir spottad på, hatad och utskälld. Det är tacken.”

Inte helt olikt hennes egen syskonrelation, tänker Emma syrligt, även om det inte riktigt är lika illa. Det handlar snarare om viljan att missförstå istället för att förstå. Fast när det väl gäller, finns de där för varandra.

”Jag dömer dig inte”, säger hon och efter en stund sjunker hastigheten till det normala igen.

Emma sneglar på Krille. Ju bättre de lär känna varandra, desto mer djup och mognad framträder. Det är lätt att luras av någons utseende. Hon, om någon, vet. Det händer hela tiden att hon måste försvara sig för att hon inte har ett klassiskt polisutseende. Krille kanske får uppleva samma fördomar, både bland kolleger och ute på fältet. Han brukar skämta om det mesta, men är nog en ganska komplex människa, vilket gör honom mer intressant. Bandet mellan dem stärks för varje nytt förtroende.

”Tack för att du berättade.”

Två timmar senare är de framme vid Dammsjön.

Krille parkerar på en skogsväg som tar dem nästan hela vägen fram till sjön. De är först på plats. Emma blickar upp mot pensionatet på kullen.

Den svarta pickupen står på parkeringen, men det är släckt i huset. På andra sidan sjön ser hon två ryggtavlor försvinna ur hennes synfält, annars är det lugnt och stilla.

78

HUDEN KNOTTRAR SIG när Julia följer med Mikael på skogsvägen. De går flera hundra meter innan han stannar framför en liten röd bod. Hon försöker andas lugnt och tänka ut en flyktplan. Det är helt sjukt att hon är här. Tänk om hon fick en knäpp i huvudet av spårvagnsolyckan? Att det är därför hon inte har varit sig själv. Hon borde sticka så fort som möjligt. Inte gå in någonstans med en man som har lurat henne.

För att *bekanta sig* med en kista.

Nelly i chatten var omtänksam och förstående, inte hotfull. Tänk om Mikael inte är samma person? Julia sväljer. Han kanske hackade sidan och valde ut just henne som sitt offer. Ska hon bara springa iväg?

Julia ser sig om i skogen. Det borde finnas gott om gömställen, men det är kallt och riskabelt om hon går vilse.

Hon måste ha sin mobil först.

Tänk om han använde den när hon sov? Det är ju bara att sätta hennes finger på låsknappen för att låsa upp den.

En tår rullar nerför kinden och hon önskar att mamma och pappa ska komma gående och rädda henne ur den här knipan. Hon tyckte att hon hörde en bil på avstånd nyss, men det var nog bara önsketänkande.

Ingen kommer, det är helt tomt.

Sjön ligger spegelblank bakom trädens breda grenar.

Boden är omöjlig att se från stigen.

Mikael lyfter av haspen och hon känner en stark motvilja att kliva över tröskeln, men hon har inget val.

”Damerna först”, säger han högtidligt.

Han väntar bakom henne och så fort hon har kommit in följer han efter och stänger igen dörren. Omedelbart blir det mörkt. Det luktar konstigt. Död fisk? Hon är nära att börja gråta.

”Jag klarar inte det här”, säger hon. ”Jag vill hem.”

Mikael pekar mot en stege. ”Först ska du få se kistan.”

”Jag vill inte.”

”Kom igen nu”, säger han och trycker handen i ryggen på henne. ”Det är ingen fara.”

Hon gör som han säger och börjar gå uppför den rangliga stegen. Knäna darrar och hon klarar knappt av att klättra. Men på något sätt kommer hon upp. En ljusstråle från ett fönster lyser rakt på en öppen kista och Julia får svindel.

Är det här på riktigt?

”Vad tycks?” frågar Mikael förväntansfullt och stryker med fingertopparna över kistan. ”Visst är den fin?”

”Ja”, viskar hon för att inte göra honom på dåligt humör.

”Varsågod”, säger han. ”Lägg dig och känn efter.”

Paniken stiger, pulsen dånar vid tinningarna. Inte en chans att hon tänker göra det, där går gränsen. I så fall måste hon skrika. Han kan inte tvinga henne. Men innan hon hinner öppna munnen för att ropa på hjälp, har han knuffat henne över kanten.

”Så där ja”, säger han. ”Så farligt är det väl inte?”

Hon slår sig i hakan och armbågen. Sedan tappar hon andan och får inte fram ett ljud. Allt snurrar och hon tänker skräckslaget att hon kommer att dö.

Då hörs en röst från våningen under. ”Hallå, är du där?”

Räddningen.

Julia börjar gråta av lättnad.

”Ja”, svarar Mikael.

”Kom genast ner. Polisen är här.”

Precis när Julia ska resa sig upp faller locket igen.

Hon vrålar till och pressar händerna uppåt, men locket är omöjligt att rubba.

79

BARNEN ÄR UPPE på sina rum och förstår att det inte är läge att störa. Josefin och Andreas ringer runt till alla tjejer i sjuan och frågar efter Julia. När inga namn på listan återstår, inser de att något allvarligt måste ha hänt.

Precis som hon anade.

”Jag ringer Emma nu”, säger Josefin, men som vanligt svarar inte hennes syster, och hon får motstå impulsen att hiva telefonen i väggen.

Utanför fönstret går en granne med barnvagn, som om det vore vilken lördag som helst. Men innanför dessa väggar står tiden stilla. Josefin hör sina hjärtslag när hon ser sig om i hemmet. Det har hänt för mycket här, så pass mycket att hon undrar om det vilar en förbannelse över huset.

Ingen vet var Julia är och det finns ingen återvändo.

De måste anmäla henne försvunnen.

Hon får ringa Nyllet istället för att fråga om råd. Honom kan man lita på, tänker hon när han svarar efter första signalen.

Fina Nyllet. Josefin kommer aldrig förlåta Emma för att hon lämnade honom.

Hon skippar hälsningsfraserna. ”Julia är borta.”

Utan att censurera någonting, inte ens spårvagnsolyckan, berättar hon allt.

”Vad är det du säger, Josefin?” Nyllet låter förkrossad i andra änden.

"Vad ska vi ta oss till?" frågar hon och möter Andreas blick. Fårorna i hans panna har blivit djupare och håret gråare över en natt. Hon vill inte veta hur hon själv ser ut.

Nyllet lovar att hjälpa dem att få prata med rätt person hos polisen, någon som kommer att ta dem på allvar och ingripa med en gång. Hon tackar honom och precis när de ska lägga på, ber han henne att vänta ett ögonblick.

"Jag kom att tänka på en sak. Sa du att Julia inte har varit i skolan sen olyckan i måndags?"

"Ja."

"Helvete!" utbrister han. "Det var hon."

Josefin förstår ingenting. "Vad pratar du om?"

"Jag tyckte jag såg Julia när jag var ute och gick med barnvagnen. När kan det ha varit, igår? Jag måste tänka."

Hon skälver till och väntar på fortsättningen.

"Det var någon som liknade Julia på ett konditori på Kungsgatan, Vetekatten. Jag passerade snabbt, men ..."

"Men vadå?" frågar Josefin med andan i halsen. "Nyllet?"

"I så fall satt hon där med någon."

Det kryper i henne. "Vem då?"

"En man i min ålder."

80

KROPPEN ÄR MER envis än Magnus någonsin kunnat ana. Han lever, men kan knappt tro det själv. Det är små stunder av medvetenhet, resten är ett töcken. Ett behagligt tillstånd där han svävar långtifrån den jordgrop som han klev ner i, alldeles frivilligt. Det ultimata sättet att få chansen att reflektera och se döden i vitögat. Från början trodde han att det bara var att klättra upp ur graven. Magnus är helt enkelt en dålig människokännare. Han blev lurad, igen.

Först Enya, sedan mannen i stövlarna.

De vakna ögonblicken är plågsamma. Luktsinnet är dessvärre intakt, graven har förvandlats till ett stinkande dass. Även om orken inte räcker till för att röra på sig och de flesta av hans kroppsdelar är bortdomnade, får han något slags hopp när han hör hundskall i fjärran.

Hundar har bra nosar. Med lite tur kan de hitta hit. Stanken kanske blir hans räddning? Fast frågan är om de ändå skulle missa honom. Endast delar av kroppen sticker fram, eftersom han inte klarar av att försvara sig mot jorden som faller ner från kanterna. Hans vita sneakers syns fortfarande, men inte tillräckligt. Magnus hör röster nu, men vet inte om det bara är i hans eget huvud. Han samlar sina sista krafter för att kunna koncentrera sig. Rösterna närmar sig och han vet att det har hänt förut, men att de har passerat förbi då. Han har inga förväntningar den här gången heller, men hoppet släcks inte förrän han tar sitt sista andetag. Musklerna spänns när löven prasslar ovanför huvudet och grinden som täcker gropen lyfts åt sidan.

”Hallå?” hör han någon viska.

Dagen är kommen, han är hittad.

Glädjen och lättnaden är obeskrivlig. Magnus får inte fram ett ljud, men lyckas åstadkomma en rörelse med ena handens fingrar. Ansiktet ovanför honom är oskarpt, men han känner igen det. Är det inte samma person som förde honom hit?

En vrede drabbar honom när han tänker på hur oerhört nära det var att han strök med. Magnus vill påpeka det, men orden fastnar i strupen. Han skulle så gärna vilja fråga varför mannen stängde in honom.

Tids nog kommer han få svar.

Nu känner Magnus bara enorm tacksamhet över att han har fått livet tillbaka. En möjlighet att reparera allt, och den tänker han ta tillvara på. Det är en glädje han aldrig tidigare har känt, inte ens när barnen föddes. Det här är något större som inte går att ta på. En gudomlig uppenbarelse.

Mannen med stövlarna klättrar ner och står rakt över honom och stirrar. Varför hjälper han honom inte upp? Magnus försöker få loss ena armen ur jorden för att sträcka sig mot honom, men han sitter fast. Läpparna formar sig till ett ljudlöst *hjälp*.

Då ser han något i mannens hand.

En stor sten.

Mannen höjer den mot honom och allting stannar upp.

Sedan kommer slaget.

81

NÄR POLISERNA SOM ska arbeta med sökinsatsen är samlade nere vid sjön ser Emma en röd bil bromsa in utanför pensionatet. En kvinna och en man kliver ur.

”Är det inte Elisabeth som kommer där med sin bror?” frågar Krille.

Emma kisar. ”Jo, jag tror det.”

Hon vinkar och får omedelbar respons. Sedan går Emma och Krille upp mot kullen och möter dem.

”Vilken uppståndelse”, säger Elisabeth. ”Vad är det som händer?”

”Polisen kommer att söka igenom området runt sjön idag”, förklarar Emma när ena hunden börjar skälla. ”Det vore bra om ni kunde hålla er undan tills det är klart.”

”Vad är det ni letar efter?” frågar Elisabeth oroligt.

Emma nickar mot huset. ”Kan vi gå in och prata?”

Kylan bitar i kinderna när de går upp till entrén.

De väljer att tala enskilt med Elisabeth och Jörgen, för att få ut det mesta av samtalen. Krille och Elisabeth går till salongen. Emma slår sig ner i köket med Jörgen och njuter av värmen från elementet.

”Har du noterat något annorlunda, kanske en främmande person som har rört sig i området på sistone?” frågar hon. ”Som du vet har ju fler hittats döda.”

”Jag har sett en man stryka omkring här, vid två tillfällen.”

”Håkan Bylund?”

Jörgen skrattar torrt. ”Ja, honom har jag förstås också sprungit på, men det är inte honom jag tänker på. Den här mannen är inte lika kraftig och lång.”

”Kan det vara en av hantverkarna som hyr den röda stugan längs vägen?”

”Det är mycket möjligt, men sitter inte de häktade?”

”Jo, en av dem, men den andra är fortfarande på fri fot. Kan det vara honom du har sett?”

”Kanske.”

Emma vill prata mer med Jörgen, men då står Krille i dörröppningen och säger att det är dags. Hon tar fram mobilen och ser att Josefin har försökt nå henne. Och nu ringer Nyllet också.

”Tack för hjälpen”, säger hon till Jörgen. ”Jag måste ta det här samtalet.”

Hon svarar och hinner inte säga mer än hej förrän Nyllet börjar prata.

”Det har hänt en sak”, säger han med en röst som gör henne iskall. Har Elli trillat ner från skötbordet? Har han tappat barnvagnen i en rulltrappa? Har hon satt i halsen?

”Din systerdotter Julia är försvunnen.”

Emma begriper ingenting. ”Vad är det du säger?”

Nyllet berättar kort om Julias självmordsförsök. Emma blir förfärad. Varför ville Josefin inte säga det till henne? Hon lämnar pensionatet för att kunna prata ostört, men inser att det inte var någon bra idé med tanke på oljudet från helikoptern som hovrar över området. Hon går in i hallen igen.

”Hur länge har hon varit borta?” frågar Emma.

”En natt.”

Han berättar om de märkliga omständigheterna med mannen som han observerade på Vetekatten, och att det inte går att få tag i Julia nu.

”Vad har polisen vidtagit för åtgärder? Gått ut med en efterlysning? Pejlat mobilen?” frågar hon.

”Det är alldeles färskt. Josefin ringde mig för en stund sedan när hon inte fick tag i dig. Hon har inte ens träffat polisen än. Jag ska förstås hjälpa henne så gott jag kan för att påskynda processen, för det här låter inte alls bra.”

Emma tackar honom och lägger på. Hon har allas blickar på sig inne i huset, men vänder sig mot Krille.

”Kom, vi måste prata.”

82

NYLLET SPÄNNER FAST Elli i bilbarnstolen bredvid sig och åker mot Bromma. Stressen gör att han har svårt att hålla hastighetsbegränsningen, och när trafikljuset i Alvik slår om till rött är han nära att köra in i baken på bilen framför. En polispatrull är också på väg till Smedslätten, men han vill vara där och se att allt går rätt till. Försvunna tonårsbarn handlar ofta om missförstånd eller att barnen vill jävlas med sina föräldrar i ett slags frihetsrevolt. Det är sällan frågan om människorov. Han försöker ha i åtanke att han ska förmedla att det med största sannolikhet inte är någon fara.

Ändå finns det en risk att Julia har råkat ut för ett brott.

Särskilt med tanke på vad Nyllet såg.

Oron hade inte funnits där på samma sätt om det inte vore för mannen i keps. Ingen i Julias familj vet vem han kan vara. Det gör saken värre att Julia är skötsam. Hon har aldrig rymt hemifrån förut, och befinner sig inte i en dysfunktionell miljö. Men hon har försökt ta livet av sig, och han är rädd att hon ska göra det igen.

Att det är därför hon är borta.

I så fall är det bråttom.

Han parkerar utanför familjens villa, bredvid polisbilen som redan är där. Varje gång han kommer dit blir han påmind om att hans förhållande med Emma gick i kras. Nyllet bär Elli som en sköld i famnen, för att rusta sig mot känslostormarna.

Josefin öppnar i grå mjukiskläder. Hennes tomma blick fylls med liv när hon ser Elli.

”Hej, lilla du”, säger hon och ger dem en hastig kram. ”Polisen kom precis.”

Nyllet går raka vägen in i vardagsrummet och hälsar. Josefin pratar om att göra en efterlysning i media, och han måste protestera redan innan han har hunnit sätta sig.

”Är det inte förhastat?” frågar han och märker att han glömt ta av sig skorna. ”Om det handlar om ett rop på hjälp, kanske det är dumt att en bild på henne sprids över hela Sverige?”

”Fast jag kommer inte kunna leva med vetskapen att vi väntade för länge”, svarar Josefin och vrider sig i soffan. ”Tänk om något händer henne just nu, under tiden som vi sitter och dividerar fram och tillbaka. Vi måste leta efter henne, förstår ni inte det?”

Andreas lägger en hand på hennes axel. ”Älskling, vi måste lyssna på de som har erfarenhet.”

”Det är vår dotter, vi bestämmer.”

Den kvinnliga polisen, som Nyllet inte har träffat förut, nickar förstående. ”Vi kan inte hindra er från att göra en efterlysning i media. Men först måste vi gå igenom alla punkter i protokollet för anmälda försvunna som hjälper oss i vårt arbete att hitta Julia. Okej?”

Rak och tydlig.

Det skapar ett lugn i det rådande kaoset.

Nyllet gillar hennes framtoning. Han slår sig ner på kanten av soffan och petar av sig skorna. Det är nog bäst att han inte lägger sig i mer. Han sneglar på mobilen, Madeleine har fortfarande inte hört av sig. Inte ett enda sms, tack och lov. Sedan skäms han. Det är inte läge att tänka på sitt just nu.

”Vi trodde inte att Julia hade träffat någon utanför familjen efter sjukhusvistelsen”, säger Andreas. ”Tills vi fick reda på att hon har haft ett möte med en okänd man i stan.”

Blickarna riktas mot Nyllet, och han gör sitt bästa för att förklara situationen, att han bara registrerade i periferin att Julia kan ha suttit på Vetekatten. Det gör inte saken bättre att det är ett stort konditori med mycket personal.

Nyllet önskar att han kunde ge dem något mer, eller ännu hellre att han hade varit på sin vakt i ögonblicket och agerat omedelbart.

”Vad händer nu?” frågar Josefin.

”Vi kommer att prata med personalen som arbetade på Vetekatten vid den aktuella tidpunkten, och vi skulle behöva få tag i Julias närmaste vänner. Vilka är det?”

Andreas tittar osäkert på Josefin. ”Ja du, det var väl Liv förut i alla fall?”

”Ja, fast inte längre.”

83

HELIKOPTERN SMATTRAR ovanför huvudet. Emma och Krille lämnar sjön och rör sig inåt skogen. En gren river henne i ansiktet. Hon stannar upp och tar sig för kinden.

Skogen känns hotfull.

Helst av allt skulle hon vilja åka till Bromma istället, och hjälpa till att hitta Julia, inte befinna sig i Dalarna.

Men då hörs ett hundskall.

Den ena kriminalsökhunden, som är tränad att spåra lukt av blod, sperma och lik, har markerat.

Krille och hon skyndar mot hundföraren som står en bit bort. Emma blir andfådd av att ta sig fram i den kuperade terrängen. Marken är full av stockar, kvistar och stenar. Det är lätt att trampa snett.

Westbergs allvarliga min avslöjar att det inte är något obetydligt skräp på marken som hunden har nosat fram.

”Vi har ett nytt offer”, säger Westberg.

Han visar dem fram till ännu en djup grop i den snåriga skogen, och hon tittar ner. En man ligger där. Emma ryser av den hemska synen och måste hålla för näsan på grund av den vedervärdiga lukten. Ännu en levande begravd?

En bit därifrån har en grind dumpats, och en polis håller på att dokumentera den med kameran. Emma slår i något hårt i marken, en kätting. Runt öppningen till graven sitter det kilar. Har mannen varit inlåst?

Westberg knackar henne på axeln. ”Tänk om han lever?”

Hon förstår vad som måste göras. Någon behöver ta sig an det ärofyllda uppdraget att klättra ner. Det har hänt att polisen har tillkallat politibil till en fyndplats, och sedan har det förmodade liket hostat till och rest sig upp, hur otroligt det än låter. Det är inte något hon själv har upplevt, men Nyllet har dragit en sådan historia för henne. Hon tittar ner på mannen i djupet, och kan inte se några likfläckar eller maskar. Alltså finns det fortfarande hopp. Om han är vid liv kan lösningen på fallet vara inom räckhåll.

”Du är smidigast av oss ...”, fortsätter Westberg och Emma nickar.

En ny tanke slår henne, något hon borde ha kommit på tidigare. Marken under hennes fötter är stum och hon trampar till ordentligt.

”Morden är inga infall”, säger hon. ”Gravarna måste ha grävts innan det blev så här kallt. Går det ens att få ner en spade i marken nu?”

”Knappast”, svarar Krille.

Emma tittar ner i avgrunden.

Neråt blir inga problem, men hur sjutton ska hon ta sig upp? Det får bli nästa huvudvärk. Det värsta är att hon inte kan hålla för näsan längre, hon behöver båda händerna. Hon sätter sig över kanten, vänder om så att hon hamnar med magen mot jordväggen och hasar sig sakta ner, försiktigt för att förstöra så lite som möjligt. Det är svårt att få fäste med tåspetsarna i den hala jorden. Ju längre ner hon kommer, desto mindre dagsljus, men hon har ficklampan med sig.

”Hur går det?” ropar Krille ovanifrån, och hon nämner inte ett ord om att hon håller på att drabbas av en galopperande panik. Ologiskt, för hon har hjälpen nära, men panik är sällan logisk.

Hon är polis och ska klara allt. Så mycket som hon har fått se i sitt yrke är det här inte det värsta, även om det är klaustrofobiskt och vidrigt på grund av stanken. Hon övertygar sig själv att det kunde ha varit värre. Det är mer graven i sig som gör att det kryper innanför huden. Samtidigt som hon tänker den tanken tappar hon greppet om jordväggen och rasar neråt, och landar rakt över mannens smalben. Smällen måste ha gjort ont, men han reagerar inte.

Emma undrar hur länge han har legat här. Hon stirrar på hans vita sneakers. Det finns ingen plats över åt henne i gropen, utan den är gjord för en enda person. Emma måste vara försiktig med var hon placerar fötterna.

Hur hamnade du här?

”Hallå?” säger hon. ”Hör du mig?”

Inget svar.

Hon lyser med ficklampan över mannens smutsiga och likbleka ansikte och lägger märke till blod vid sidan av huvudet. Men det är inte där blicken fastnar.

Det är på ärret över ena ögonbrynet.

84

JULIA HAR INGEN aning om hur lång tid som har gått. Hon kastas mellan hopp och förtvivlan, och undrar varför Mikael stängde in henne. Locket måste ha gått i baklås, för hon lyckas inte få upp det själv hur hon än försöker. Alla ljud stängs ute och hon ligger och lyssnar på sina egna hjärtslag och sin kvävda gråt. Sina desperata rop efter mamma. Samtidigt fruktar hon vad som ska hända när han återvänder.

När locket äntligen öppnas har Julia hunnit ge upp. Men det är inte Mikael, utan en kvinna som står där.

”Lilla vän, vad i hela friden gör *du* här?” utbrister kvinnan. ”Du måste ha varit livrädd?”

Julia börjar gråta av anspänningen och vill inte erkänna att hon har kissat på sig. Kvinnan hjälper henne upp och hon skakar i hela kroppen.

”Var är dina föräldrar?”

”Hemma”, svarar Julia och skäms över att hon luktar illa.

”Var är hemma någonstans?”

”I Bromma. Stockholm alltså.”

Kvinnans blick svartnar. ”Hur gammal är du?”

Ska Julia ljuga? Nej, hon säger som det är. ”Jag ska fylla fjorton.”

”Han är inte klok”, viskar kvinnan med raseri i rösten.

Han? Det måste vara Mikael hon menar.

Kvinnan verkar inte arg på Julia i alla fall.

”Jag vill åka hem”, säger hon med en röst som skär sig.

”Vi måste hitta någonstans att gömma dig först, så han inte hittar dig. Han är inte riktigt frisk.”

”Kan jag få tillbaka min mobil?” frågar Julia. ”Mina föräldrar måste vara oroliga.”

Kvinnan ser ut att tänka. ”Han har nog tagit den.”

”Kan jag få låna din, bara för att ringa ett snabbt samtal?”

”Jag har inte mobilen på mig.”

Julia är på väg att bryta samman. Mamma och pappa är säkert rasande på henne för att hon inte svarar. Så fort hon får tag i en telefon måste hon höra av sig. Men hur ska hon kunna förklara vad som har hänt? Allt är så sjukt. De kommer att bli arga på henne.

”Är han farlig?” frågar hon kvinnan. ”På riktigt?”

Kvinnan tar ett djupt andetag, men svarar inte.

”Vi måste skynda oss härifrån”, säger hon istället.

Julia nickar, hon vill inget hellre än att lämna den här hemska boden. Hon följer efter kvinnan ut.

De smyger iväg på en stig i den mörka skogen och hon hör ljud från andra sidan sjön. Genom trädens grenar anar hon sken från lampor. Människor och en hund.

”Kom”, säger kvinnan. ”Vi måste gömma oss.”

Hjärtat bankar i bröstet. Ska hon verkligen våga lita på henne? Julia väger fram och tillbaka. Om det är folk på andra sidan, kanske de kan hjälpa henne. Någon borde ha en telefon att låna ut.

”Jag måste ringa hem”, säger Julia.

Kvinnan nickar. ”Du ska få göra det, så fort jag hämtat min mobil.”

Insikten att Mikael kan vara en av personerna på andra sidan sjön, gör att Julia bestämmer sig.

Hellre kvinnan än Mikael.

Men ju djupare in i skogen de går, desto större växer sig osäkerheten. Tänk om kvinnan har tagit med henne dit av en enda anledning.

För att döda henne.

85

MAGNUS SVANTESSON REAGERAR inte när Emma petar på honom, inte ens när hon tar i ordentligt. Hans kropp är stelfrusen och hoppet om att han är vid liv sjunker.

Emmas tankar vandrar iväg till Viktoria och barnen.

”Hur går det?” ropar Westberg från ovan och hon lyfter blicken mot himlen.

”Det är bara att tillkalla tekniker om du inte redan har gjort det”, säger hon. ”Jag är rätt säker på att han är död, men jag ska känna efter puls.”

Emma drar av sig handsken och böjer sig fram. Hon sätter fingertopparna mot den kalla huden, utan att märka av någon vibration.

”Han har också märken runt halsen”, meddelar hon.

Blicken faller på något bredvid Magnus huvud. En sten.

När Emma riktar ficklampan ditåt, upptäcker hon att stenen är missfärgad. Hon rör försiktigt vid den. Färskt blod. Hon rapporterar uppåt vad hon har hittat. Sedan tittar hon på hans händer.

Det är så mörkt här nere, vilket gör det hela ännu mer kusligt. Hans fingrar är inte blodiga, alltså kan han knappast ha orsakat skadan på egen hand. Med tanke på Magnus dåliga skick har han säkert legat i graven ett tag, precis som det förra offret. Men när fick han i så fall skadan i huvudet? Var det rentav den som dödade honom?

Det går helt enkelt inte ihop.

De vet fortfarande inte vem den andre mannen är. Emma är obehagligt nära Magnus ansikte när hon studerar det misstänkta mordvapnet en sista gång. Stenen är lagom stor för en rejäl manshand. Naturligtvis kommer den att skickas till NFC på analys, och förhoppningsvis finns det dna från ytterligare en person, förutom offret.

Gärningsmannen kan ha gjort ett misstag.

”Behöver du hjälp att komma upp?” ropar Krille.

”Vänta lite”, svarar hon. ”Alldeles strax.”

Emma fryser till i sina rörelser. Kände hon ett luftdrag?

En liten, nästan obefintlig pust av något slag. Hon granskar Magnus, som ligger helt stilla.

Hon letar efter hans puls igen för säkerhets skull, men känner den inte. Innan Emma reser sig upp måste hon göra en allra sista check. Hon tar fram sin mobil och håller den alldeles intill Magnus mun för att vara hundra procent säker på att han är död.

Ser hon rätt?

Är det inte kondens på skärmen?

”Jag tror att han lever”, ropar hon och hör ett jubel ovanför huvudet.

Jag vaknar mitt i natten av att det stinker. En tjock vägg av svart rök tar sig in under dörrspringan till mitt rum och jag hör hur det knäpper och knakar konstigt i väggarna.

Brandlarmet tjuter.

Jag far upp ur sängen och håller för näsan.

Det enda jag har i huvudet är att jag måste ut.

Klättra nerför husfasader har jag gjort förut, även om det var många år sedan. Jag sliter upp fönstret och hänger ut ett lakan. Avståndet till marken är inte högt, men jag har inte glömt landningen i rosenbusken.

Hela huset står i lågor. Eftersom det ligger ensligt lär ingen granne komma till undsättning, så det gäller att ta sig ut på egen hand. Det måste bli fönstret. Jag hasar mig ner till gräsmattan och ligger kvar och kippar efter luft.

Vrider mig av smärtan i hals och lungor.

Jag vet inte om jag är illa däran, men jag har åtminstone inga brännskador. Fast svedan i lungorna är värre än allt jag tidigare upplevt. Jag ser mig omkring på tomten. Var är de andra? Först nu inser jag att de kanske är kvar i det brinnande infernot. Jag ställer mig upp och marken under mina fötter gungar till. En minnesbild från kvällen plågar mig. Jag ser det tända stearinljuset i träljusstaken i vardagsrummet, som jag lovade att släcka.

Glömde jag det?

Det blir alldeles tomt i huvudet.

Jag stirrar mot mina fosterföräldrars sovrumsfönster.

Det är stängt.

Plötsligt exploderar glaset och jag hoppar till av chocken.

De kanske redan har tagit sig ut, på andra sidan. Jag vågar inte tänka på bestraffningen jag kommer att få om de förstår att det är jag som har orsakat branden. Det spelar ingen roll att det var av misstag, de kommer aldrig att förlåta mig. Hela huset lär brinna ner till grunden.

Jag tar mig runt knuten och kommer till framsidan.

Ingen där.

Då hör jag ett stön av något slag.

Någon som jämrar sig.

Elden rusar fram i matsalen och äter upp medaljongtapeten. Det pyr och fräser. Sedan faller blicken på mitt hörn. Skamvrån. Det ligger någon där, någon i rutig pyjamas. Han lyfter blicken och jag hukar mig för att inte synas. Men han måste ha upptäckt mig, för han lyfter ena handen mot fönsterrutan där jag står. Sedan formar han sina läppar till ett "hjälp".

Det är som en suddig film.

Elden når fram till hans byxben och han skriker av smärta när den klättrar upp mot midjan och slukar pyjamasen.

Ändå står jag bara där.

Det dröjer en evighet innan räddningstjänsten kommer. Hela huset är utbränt. Jag gråter, någon tröstar.

Sjukvårdarna leder bort mig till ambulansen medan tårarna fortsätter att trilla nerför mina sotiga kinder.

Ingen kan ana den mörka sanningen.

Att jag gråter av glädje.

SÖNDAG 20 OKTOBER

86

EMMA TAR MED sig väskan och lämnar hotellrummet. Ännu en natt utan barn, med arbete inpå småtimmarna. Kriminalsökhundarna hittade inte bara Magnus Svantesson, utan även en del prylar, som en vante, en mössa, en mobiltelefon med sprucken skärm, en svampkniv och godispapper.

Allt har säkrats och skickats på analys.

Emma trycker på hissknappen och väntar. Det var en otrolig känsla när hon stod nere i den stinkande graven och förstod att Magnus fortfarande levde. Efter det gick allt snabbt. Han lyftes upp och fördes i ambulanshelikopter till Akademiska i Uppsala. Så fort det går ska de förhöra honom och kanske äntligen få några ledtrådar om vad som hänt.

Hissen kommer och Emma kliver in. Håret kittlar i ansiktet och hon sätter upp det i en tofs i nacken, samtidigt som hon funderar på utredningen. Den har växt och blivit svår att överblicka. Bendeck vägrar ta på sig ansvaret för några mord, och hans bror är fortfarande spårlöst försvunnen.

Nu står allt hopp till Magnus.

När den tröga hissen äntligen når bottenvåningen, ser hon att Krille redan väntar vid receptionen. Han kommer och möter henne.

”God morgon”, säger han och böjer sig mot henne. Deras ansikten är så nära att hon kan känna hans andedräkt som luktar mint. Han ger henne en kram.

”Är du klar att åka?” frågar hon och han nickar.

Sedan går de ut mot parkeringen.

Krille och Emma ska bege sig till Magnus fru Viktoria. Hon kom aldrig till sjukhuset efter beskedet i natt och hon svarar inte i telefon. Dessutom finns en annan oro som bara växer. Emma har inte fått något positivt besked om Julia.

”Hur mår du?” frågar Krille och låser upp bilen.

”Så bra som det går, med tanke på Julia”, säger hon och slänger in väskan i bagageutrymmet.

”Skönt att vi ska till Stockholm. Du kan ju inte vara här när din systerdotter är borta.”

Emma vet inte riktigt vad hon ska säga. ”Jag kan ändå inte arbeta med Julias försvinnande.”

”Nej, du ska vara hos din syster som stöd.”

Emma argumenterar inte emot. Han har förstås rätt.

”Du sover i bilen och jag kör”, säger han bestämt och går mot förarsätet. ”Uppfattat?”

Somna, hur ska hon kunna det?

Det är omöjligt när hela världen snurrar. Men efter en stund på vägen måste hon ha slumrat till, för när hon öppnar ögonen igen närmar de sig familjen Svantessons adress i Djursholm.

Krille ler när han ser att Emma har vaknat. ”Bra, nu har du samlat kraft för att orka med dagen, din skarpa utredningshjärna behövs i Bromma.”

Emma känner sig inte alls utvilad, snarare mörbultad och utmattad. Tung i huvudet. Men hon klagar inte. Krille måste vara trött som har fått köra hela vägen, även om han är yngre och orkar mer.

”Jag måste svänga av och tanka”, säger han och nickar mot nästa avfart.

Hon lutar sig tillbaka i sätet och gör ingen ansats att hjälpa till när han bromsar in, hon är för slut för att komma på vad hon skulle kunna bidra med. Några minuter senare kommer Krille gående med kaffe och nygräddade kanelbullar. Doften väcker alla sinnen till liv. Det är något speciellt med just kanelbullar, hon kastas tillbaka till barndomen. Ser sig själv och Josefin i köket, hur de smygäter degen och fyllningen. Det blir bara en liten sträng kvar till själva plåten. Hon minns de smutsiga förklädena. Pikarna. Fnittret. Flätorna i håret. Och den efterföljande magvärken av alla ogräddade bullar.

”Vad tänker du på?” frågar Krille och ser på henne med sin intensiva blick samtidigt som han kör. Det finns något hos honom, en längtan, men hon vet inte efter vad.

”Josefin och Julia, det är mycket att smälta på en gång.”

Han nickar. ”Jag förstår det.”

Krille parkerar vid familjen Svantessons hus. Viktoria är likblek när hon öppnar åt dem i sin ljusa morgonrock.

Hon ser sjuk ut, tänker Emma.

Viktoria räcker över ett vitt kuvert till Emma.

”Vad är det för något?” frågar hon.

”Magnus avskedsbrev.”

87

JOSEFIN STÅR VID fönstret och tittar ut mot gatan. I vilken sekund som helst kan en radiobil stanna utanför. Hon kommer att se direkt på polisernas miner om det är ett dödsbud de ska lämna. Hon lägger fingrarna på den kalla rutan och känner sig inlåst i ett helvete som hon inte har valt. Kan inte livet bara bli som vanligt igen?

Snälla Julia, kom hem.

Josefin måste ha luft. Hon skyndar sig mot hallen och kastar sig ut på trappan. Den friska och kyliga luften överrumplar henne. Adrenalinet gör henne alert. Sedan faller blicken på brevlådan.

Det spelar ingen roll att hon bara har tofflor och nattlinne på sig. Grannarna får tycka vad de vill. Hon hämtar morgontidningen.

”Där är du ju”, säger hon för sig själv och stryker Julia över kinden när hon ser porträttbilden intill rubriken:

13-årig flicka försvunnen

Idag kommer hon vara på alla löpsedlar. Det har Josefin sett till, även om Nyllet försökte avråda henne från att gå så snabbt fram.

Men för Josefin finns ingen tid att vänta.

Det finns bara en Julia.

Ångesten skär som ett rakblad i henne. Josefin vet inte längre hur man andas lagom mycket i normal takt. I tidningen ser Julia allvarlig ut, med tendens till ett leende. Josefin valde bilden med omsorg, en som hon vet att Julia är nöjd med. Rösterna i huvudet har terroriserat Josefin hela natten, och förmedlat att de har knappt om tid, att katastrofen är nära. Det enda konkreta de har är Nyllets vaga signalement på en man i fyrtioårsåldern med keps. Det kan vara vem som helst. Josefin går tillbaka in i huset och möter Andreas i trappan.

”Jag lägger mig och blundar i några minuter”, säger han.

Pappa Evert står i köket och äter en smörgås. Som vanligt är han lugnet själv, även om det märks på hans spända kroppshållning att han också är orolig. Marianne fick stanna kvar i Saltsjöbaden med Ines, och Nyllet sitter i vardagsrummet med Elli.

Nu väntar de bara på Emma.

Men vad kan hon göra? Ingen vet ju var de ska börja leta. Polisens samtal med Liv gav ingenting, hon hade inte reagerat på något särskilt kring Julia före olyckan, allt var som vanligt i skolan. Och hon kunde inte heller uppge någon annan vän som hon tror att Julia har hängt med. Det var väl det enda Liv bidrog med, att bekräfta deras farhågor om att Julia var ensam och utanför. När de frågade Liv om hon hade försökt återuppta vänskapen med Julia, svarade hon ja, men att Julia inte var intresserad. Förhören med personalen på Vetekatten förstärkte Nyllets observationer, att det var en medelålders man med keps, och de såg honom lämna konditoriet med armen om Julia.

Där slutar spåren.

Josefin blundar och trycker sedan ner kaffefiltret i bryggaren och slår på knappen, men glömmer själva kaffet. En man i fyrtioårsåldern kunde Liv inte heller minnas att Julia har träffat. Alla lärare var på skolan vid tidpunkten och Julia har inte haft någon tränare som passar in på beskrivningen.

Josefin öppnar Julias Instagram och tittar på det senaste inlägget, tre veckor gammalt. Det är ett klipp från en gammal konståkningstävling med kommentaren *saknar*. Sju likes var det tydligen värt, fast Liv har inte gillat inlägget. Hon ser att Julia följer Liv, men inte tvärtom.

Vad betyder det?

Josefins tankar avbryts av att mobilen ringer.

Varje gång den ger ett ljud ifrån sig rycker hon till och hinner få ett litet uns av hopp om att det ska vara Julia, tills hon ser att det är någon annan.

”Det är från polisen”, säger hon till Evert som följer med in i vardagsrummet. Alla är samlade förutom Andreas, som försöker vila.

Josefin slår igång högtalaren. ”Hej, har ni hittat henne?”

”Nej, men vi har försökt pejla Julias mobiltelefon, vilket tyvärr inte går. Den är fortfarande avstängd. Men vi kan se var den befann sig geografiskt senast den var påslagen.”

”Jaha, var då?” frågar hon och byter ställning. Hur hon än står är det obekvämt.

”En mast i närheten av Säter”, säger han.

”Säter, var ligger det?” Det är helt blankt i huvudet.

”I Dalarna”, säger polisen. ”Har hon släkt eller vänner där?”

Josefin tittar på Evert som skakar på huvudet. ”Nej? Jag förstår ingenting.”

”Det behöver inte betyda något, mobilen kan vara stulen”, förklarar polisen. ”Men vi arbetar efter teorin att hon är någonstans i närheten. Vi har inget annat spår att gå på.”

Josefin stirrar på Evert och Nyllet. ”Dalarna, är det inte där Emma är?”

När ingen säger emot henne, viker sig benen.

”Vad fan är det som händer?” skriker hon.

88

EMMA OCH KRILLE sitter i Viktorias kök igen, och den här gången bjuder hon på kaffe. Barnen äter frukost framför tv:n utan att ropa på mamma. De spröjsade fönstren är stora och inredningen påminner om ett konstgalleri. Vackra, moderna målningar på kritvita väggar. Designmöbler och kökslister i guld. Färska örter på ett sidobord, med ett stort fruktfat. En fylld vinkyl. Emma såg inget av det här sist, dels för att det var mörkt, dels för att hon var för fokuserad på annat. Trots att hemmet är vackert på ytan, andas det inte harmoni och glädje, utan snarare mörker. Men det är inte konstigt med tanke på den senaste tidens ovisshet.

”Det var en lättnad när jag förstod att Magnus levde”, säger Emma, men Viktoria ser inte ut att lyssna.

”Vad har du gjort?” viskar Viktoria och stirrar på det vita kuvertet. ”Hur kunde du?”

Emma och Krille tittar fundersamt på varandra. De har inte läst brevet än.

”Stämmer det som stod i tidningen, att han hittades i en grav?” frågar Viktoria. ”Nergrävd flera meter i marken? Det är så sjukt. Är det sant?”

”Ja”, säger Emma. ”Han ligger på intensiven med en allvarlig skallskada, men är alltså vid liv. Varför kom du inte till sjukhuset?”

Viktoria skakar på huvudet. ”Jag kunde inte ... jag vet inte hur jag ska ta beskedet om att han lever.”

”Berätta om brevet”, ber Krille.

”Det kom i fredags, men hamnade i högen med oöppnad post. Jag hade lite annat att tänka på än räkningar, för det är ju nästan bara det man får nuförtiden. Barnen brukar tömma brevlådan, och jag hade inte en tanke på att titta igenom vad som kommit.”

”Men nu har du läst”, konstaterar Emma.

”Ja, men jag önskar att jag aldrig hade gjort det, för det vände uppochner på allting.”

Emma vecklar ut ett vanligt A4-papper och ser den handskrivna texten.

”Är det här Magnus handstil?”

”Ja.”

Sedan börjar Emma och Krille läsa vad som står, men Viktoria avbryter dem.

”Han tänkte lämna allt”, säger hon. ”Mig, barnen, ja precis allt. Han hade rest bort för att aldrig mer komma tillbaka. Magnus tänkte ta livet av sig.”

Men istället var det någon annan som försökte ha ihjäl honom.

En tanke landar hos Emma som hon försöker få grepp om, men hon lyckas inte sortera trådarna. Det är något med Ylvas psalmer, Petters psykiska problem och männen i gravarna som inte går ihop. Plus Julia.

Hon försökte också begå självmord.

Och nu är hon borta.

89

NÄR EMMA BEHÖVS som mest, är hon omöjlig att få tag i. En klassiker. Nyllet går rastlöst omkring hemma hos Josefin och Andreas och försöker att inte ta ut sin ilska på någon annan. Han tänker ringa tills Emma svarar.

Till slut blir han bönhörd.

”Hej”, säger Emma. ”Förlåt att jag inte har varit tillgänglig. Vi har precis pratat med kvinnan vars man hittades i Dalarna igår. Han är fortfarande vid liv.”

Nyllet avbryter henne. ”Hur snabbt kan du vara i Bromma?”

Han struntar fullständigt i deras utredning just nu, vilket Emma borde förstå.

”Om en kvart ifall vi gasar”, säger hon. ”Vad är status?”

”Julias mobiltelefon var senast påslagen nära Säter. Vi fick beskedet för en halvtimme sen. Josefin är i upplösningstillstånd. Hon kom på att det är där du har varit.”

Det blir alldeles tyst i luren.

”Hallå?” säger han. ”Är du kvar?”

”Ja”, viskar Emma. ”Jag vet inte vad jag ska säga.”

Alla döda kroppar. Han klarar inte av att fullfölja tanken.

”Kom så fort du kan”, säger han. ”Du behövs här.”

”Vi sökte igenom stora delar av området runt Dammsjön igår, och vi hittade inga fler offer”, säger hon. ”Däremot upptäcktes en mobiltelefon i skogen. Så fort vi har lagt på ska jag ringa spaningsledaren och kolla om de har fått svar på vem den tillhör.”

En kvart senare ser han hur en bil stannar på den smala gatan framför Josefins och Andreas hus.

Emma kliver ur. Med fel man.

Eller man och man, det är för fan en pojkspoling som nyss blivit blöjfri. Nyllet kan inte förklara varför, men han har jävligt svårt för Krille. Det har han alltid haft. Hans oskyldiga uppsyn gör Nyllet tokig, för han kommer undan med saker hela tiden. Låter andra göra jobbet. Slapphänt och okunnig, är hans objektiva bedömning.

Elli har somnat i Nyllets famn, och det är en liten tröst i det stora hela att han har en kärlek som överträffar allt. Försiktigt lägger han ner henne i barnvagnen. Skönt att åtminstone hon klarar av att sova.

Emma kommer in genom dörren.

Hon går raka vägen till vagnen och lyfter upp sin dotter. Nyllet har inte mage att påpeka att hon just somnade. Det är klart att Emma vill krama om henne. Efter en stund hälsar hon på honom också.

Krille står kvar vid dörren och nickar som hälsning.

”Westberg ringde precis och berättade att de har fått svar på vems den upphittade mobiltelefonen är”, säger Emma.

Josefin och Andreas kommer till hallen. ”Vadå?”

”Hej”, säger hon och berättar om mobilen i skogen.

”Säg det bara”, ber Josefin.

”Abonnemanget står skrivet här.”

90

ETT RUS AV illamående drabbar Emma så fort hon ser sin systers förvridna ansikte. Hon försöker samla sig, omfamna kaoset. Men det är inte så lätt när Julias mobil har hittats vid Dammsjön. Sönderslagen.

”Kom”, säger hon och kramar Josefin där de står i hallen.

Det finns inga alternativ. De måste tillbaka till Dalarna på en gång.

”Vi ser till att få dit hundförare igen som kan söka igenom hela området”, säger Emma och vänder sig mot Krille.

”Vänta.” Andreas går mot trappan. ”Jag hämtar något.”

Efter några minuter kommer han tillbaka med ett nattlinne, som han räcker över till Emma.

”Det är Julias, så hunden vet vad den ska leta efter.”

Emma tittar på honom. ”Du har nog sett för många filmer, det fungerar inte så i verkligheten. Hundarna är experter på att söka efter olika saker, som lukter eller prylar. Men inte efter just Julias doft, förstår du?”

Andreas nickar, men ser inte övertygad ut. ”Är du säker?”

”Lita på mig”, svarar hon och sneglar mot Krille.

Nyllet harklar sig. Det syns att han lider av situationen och Emma kan räkna ut att det inte bara handlar om Julias försvinnande, utan även om att hon strax ska åka härifrån med en annan man. En kollega visserligen, men Nyllet har nog känt av stämningen mellan dem.

”Ska vi komma iväg?” frågar Krille otåligt.

Han står fortfarande kvar vid dörren och alla vänder sig mot honom.

Josefin grimaserar. ”Jag då? Jag måste följa med.”

Nyllet försöker lugna henne. ”Det är bättre att polisen sköter det här, tro mig. De kommer göra allt de kan.”

Hennes ögon smalnar, men hon säger inget mer.

”Tänk om Julia kommer hem, då vill du väl vara här?” säger Emma.

”Jag går sönder av att inte göra något.”

Och jag går sönder av att åka ifrån barnen igen, tänker Emma, men skäms. Det är klart att hon inte har rätt att tycka synd om sig själv, inte nu när Julia är borta.

”Har du letat igenom Julias rum?” frågar Emma. ”Hon kanske har skrivit dagbok eller anteckningar. Kan hon ha lämnat något efter sig? Titta gärna igenom sökhistoriken i datorn också.”

Andreas nickar. ”Hon har ingen egen dator, utan använder min. Jag har redan kollat, det fanns inget konstigt där.”

Nyllet ger Emma en tafatt kram och önskar henne lycka till. Emma pussar Elli och drar in den ljuva bebislukten genom näsan. Det är svårt att slita sig. Hon vill inte åka ifrån henne igen, men har inget val. Sedan följer hon med Krille till bilen.

”Jag lovar att köra olagligt snabbt”, säger han.

Än en gång är de på väg mot Dalarna. De hann knappt lämna området förrän det var dags att komma tillbaka.

Men nu är det med en helt annan känsla i kroppen.

Ren och skär panik.

Westberg ringer och bekräftar att de har kopplat in hundförare i arbetet. ”Vi sätter igång så fort som möjligt.”

Emma berättar om Magnus avskedsbrev. ”Det är ingen rolig läsning, eftersom Magnus skrev att han inte orkade med familjen mer. Han kände sig maktlös både hemma och på jobbet. Skyllde sin situation på Viktoria, att han inte kände sig älskad av henne. Det var därför hon knappt blev glad över nyheten att han lever. Men hon är ändå på väg till Uppsala nu."

"Jag förstår inte", säger Westberg. "Om han hade skrivit ett avskedsbrev för att han tänkte ta sitt liv, hur kunde det då sluta med ett mordförsök?"

"Jag vet inte, du får läsa brevet", säger hon. "Jag fotade av det och mejlade till dig. Det är konstigt formulerat, han har inte försökt dölja sin frustration. Om han nu inte blev tvingad att skriva det."

"Vänta lite", säger Westberg och Emma hör att han pratar med någon annan innan han kommer tillbaka. "Efterlysningen i media har gett genomslag. Vi har precis fått in ett intressant tips från en bensinmack från i fredags. Personalen tror att de har sett Julia med en man som var betydligt äldre än hon, omkring fyrtio år. De ska skicka över filmer från övervakningskameran."

91

NÄR JULIA VAKNAR upp på ett jordgolv bland verktyg och bråte, undrar hon var hon är. Sedan landar verkligheten som ett slag i huvudet. Det behövs inte många sekunder för att minnas gårdagen. Den långa vägen genom skogen, som till slut tog dem till en röd stuga med en lada.

Julia ser sig om. Är hon ensam?

Det är ofattbart att hon somnade här inne, men hon var totalt utmattad efter chocken över att ha blivit instängd i kistan och den efterföljande promenaden genom skogen.

Kvinnan vill henne inget ont, Julia förstår det nu.

Hon vill rädda henne från Mikael.

Julia reser sig upp och blicken faller på ett rep med en ögla som hänger från taket. Hon ryser och får bråttom ut. På vägen snubblar hon över en verktygslåda och tar emot sig med händerna i marken. Hon blir alldeles smutsig och svär för sig själv. Det är bara några meter till dörren, till den friska luften och friheten. Då ser hon hur den öppnas.

Kvinnan sticker in huvudet. ”Jag har hämtat bilen. Vi måste skynda oss härifrån.”

När Julia kommer ut från ladan stelnar kvinnan till.

”Helvete, det är för sent”, säger hon.

En större bil kommer i full fart på vägen och svänger av mot den röda stugan.

”Jag sköter det här”, säger kvinnan med spänd röst. ”Hoppa in i baksätet.”

Julia ska just öppna bildörren, då Mikael bromsar in och slänger sig ur bilen.

Han ser rasande ut. ”Är det här du gömmer henne?”

Julia fryser till i hela kroppen. Han är som en annan person, så fruktansvärt arg. Ansiktet är förvridet och ögonen brinner av raseri. Julia försöker trycka ner handtaget, men fingrarna är för stela. Kvinnan hjälper till, sedan smäller hon igen dörren och ställer sig som en sköld mellan bilen och Mikael. Genom rutan hör Julia deras vilda diskussion.

”Det här är något helt annat, och det borde du ha förstått. Hon är ett barn”, säger kvinnan.

Mikael ser inte alls ut att lyssna. Vreden i hans blick växer.

”Jag försöker hjälpa henne”, skriker han.

Kvinnan skakar på huvudet. ”Vi kommer att ha polisen här när som helst, för att inte tala om riksmedia. Hennes ansikte pryder redan varenda löpsedel i landet. Förstår du vad du har gjort? Se till att lösa det.”

Julia undrar vad hon menar med det där sista.

”Hon är suicidal”, fräser han.

Nej, nej, nej.

Han har fel, Julia vill skrika högt.

Hon har aldrig velat dö, det var bara tankegångar som spårade ur efter olyckan. Medan de fortsätter att bråka överväger hon att lämna bilen genom den andra dörren. Med lite tur kanske de inte märker något. Hon tittar efter flyktvägar, bakom den röda stugan ligger en stor åker, sedan kommer skogen längre bort. Runt omkring finns inga andra hus i sikte, endast grusvägar och skog. Kvinnan och Mikael står alldeles för nära, det skulle aldrig gå. Han skulle vara ikapp på nolltid. Samtidigt kan hon inte bara sitta här och hoppas på det bästa.

Vad hade Emma gjort?

Hon skulle ha tänkt ut något. Julia flyttar över till andra sidan av baksätet och känner på handtaget. Barnspärr. Utanför bilen går Mikael till attack mot kvinnan. Han knuffar henne och hon flyger in i huven med en duns och landar sedan på marken.

Bilnycklarna faller ur hennes hand.

Han kastar sig efter nyckelknippan och får tag i den först. Sedan låser han upp dörren till förarplatsen, sätter sig och startar motorn. Julia blir stel av skräck när han trycker gasen i botten. Kvinnan ropar något, och reser sig upp för att springa efter bilen. Men hon har inte en chans att komma ifatt, de är redan ute på grusvägen. Hjärtat bankar så hårt att Julia tror att det ska sprängas i bitar.

”Se nu vad du har ställt till med”, säger Mikael skarpt och blänger på henne i backspegeln. ”Är det tacken för allt jag har gjort för dig?”

92

JOSEFIN ÖPPNAR DÖRREN till Julias rum och tar ett kliv in. Blicken faller på skrivbordet, där hon redan har varit och rotat. Under ett anteckningsblock sticker ett fotografi fram. Josefin går dit och lyfter upp bilden. Julia skrattar mot fotografen, men personen som står bredvid henne är bortklippt. En del av armen syns runt Julias axlar, och Josefin känner igen den röda klockan. Livs. Josefin kommer att tänka på intervjun som hon läste med Liv i en kvällstidning igår. Hon berättade inlevelsefullt hur förtvivlad hon var över att hennes bästa vän är försvunnen.

Bästa vän.

Följer man inte sin bästis på Instagram?

Liv förvränger verkligheten, men det kanske är hennes sätt att säga förlåt. Ingen vill väl skiljas som ovänner. Hon tycker ändå synd om Liv, som har haft det tufft med sina föräldrars skilsmässa och nu det här med Julia.

Josefin vet inte var hon ska börja leta, inte heller efter vad. Det tar emot att snoka i sin försvunna dotters rum. Det är trots allt Julias privata sfär. Mobilen plingar till och Josefin ser efter vem det är. Det strömmar in sms från vänner och bekanta som har upptäckt bilden på Julia på nyhetssajter eller läst Missing Peoples inlägg på Facebook. Klasskamrater och andra vänner har delat inlägget på sina sociala medier, med texten *Hjälp oss att hitta Julia*.

Det är många som bryr sig.

Hela Bromma har stannat upp och håller andan.

I Julias skrivbordslådor ligger sakerna osorterade. Det är allt från pennor, suddgummin, batterier och mynt, till en ask med tamponger. Josefin blir paff. Hon hade ingen aning om att Julia har börjat använda tamponger.

När telefonen ringer studsar hon till och undrar om det är nu hon ska få det efterlängtade samtalet, där hennes trettonåriga dotter säger: ”Mamma, allt är bra.”

Men det är en telefonförsäljare som undrar om Josefin har koll på sitt elavtal.

”Vet du om ni har fast eller rörligt?” frågar den unge killen i andra änden.

Josefin blir så ställd att hon inte kommer på vad hon ska svara, utan bryter samtalet. Under tiden som han uppehöll linjen kanske Julia försökte höra av sig. Tänk om hon befinner sig i nöd och behöver hjälp, och en säljare från Fortum förstörde allt.

Josefin släpper den hypotetiska tanken och går fram till nattduksbordet och drar ut den enda lådan. Hon hittar kartor med smärtstillande tabletter, halstabletter, nagellack och en trasig mobilladdare. Ett anteckningsblock. Pulsen ökar när hon öppnar det och läser. Olika läxor. En lista på kläder som Julia vill köpa. Men inte ett ord om hur hon mår.

Vackra, fina Julia.

Vad är det du inte har berättat?

Hon öppnar garderoben och en tröja ramlar ut på golvet. Kläderna som knölats in på hyllorna är en salig blandning av använt och nytvättat.

Hon lyfter på några plagg för att se om det kan ligga något där under.

Nej. Josefin vet inte vad hon ska ta sig till.

Nu hänger allt på Emma.

De borde vara halvvägs till Dalarna, men Josefin förstår inte hur de ska kunna hitta henne. Särskilt inte när spårhundar sökte igenom området så sent som igår. Om Julia inte vill bli funnen, kommer de inte lyckas. Eller om den där mannen inte vill att hon ska upptäckas.

Då är det kört.

Alla sjöar och tjärnar.

Ligger hon på botten där någonstans?

Josefin kan inte hindra tårarna. Hon måste få en chans att reparera allt, och hjälpa Julia att komma tillbaka till sitt riktiga jag. Lilla gumman, tänker hon. Så liten och skör.

Var är du?

Hon önskar att telepati fungerade, men det enda hon känner är en förlamande rädsla.

Josefin böjer sig ner och plockar upp tröjan som ramlade ut från garderoben, men fryser till i sina rörelser. Det ligger något under sängen. Ett hopknölat papper.

Hon sträcker sig efter det och vecklar ut lappen.

Kom svartklädd till hållplatsen vid Smedslätten prick klockan åtta ikväll. Det finns ett sätt att komma tillbaka. Är du tillräckligt modig?

93

JOSEFIN KOMMER NER med en skrynklig lapp i handen som hon hittat i Julias rum, samtidigt som Emma ringer. Nyllet smiter upp på övervåningen för att kunna prata ostört.

”Nyllet, jag berättar det här för dig, så får du avgöra hur mycket information du vill dela med dig av”, säger Emma i telefon. ”Det är förstås en vild teori, och det kanske gör mer skada än nytta att underrätta de andra, okej?”

Emma pratar om en självmordsplats i Dalarna.

Det låter så befängt att han inte vet vad han ska tro. Han inser att han står i det stora sovrummet, där han och Emma delade säng för inte alltför länge sedan. Det blir en jobbig påminnelse om den tid som har varit.

”Efter mötet med Viktoria Svantesson är min teori att människor åker till platsen för att avsluta sina liv. Och att de får hjälp att göra det.”

”Det låter så skruvat att jag inte vet vad jag ska säga”, medger Nyllet och tittar ut genom fönstret. Det blåser så att träden svajar. ”Hur långt har ni kvar?”

”Ungefär en halvtimme, men polisen i Dalarna borde snart få filmerna från bensinmackens övervakningskamera. Minns du något mer om mannen med kepsen?”

Nyllet gör sitt bästa, men han var fokuserad på annat då. Att komma bort från Madeleine. ”Jag är rätt säker på att kepsen var beige och att det stod någon företagslogga på den, om det kan vara till någon nytta.”

”Vilket företag?”

”Det gick för fort, jag kan inte se den framför mig.”

Emma är så uppe i varv att Nyllet behöver en stund för att sortera informationen. Något saknas, men han vet inte vad. Varför skulle någon göra sig besväret att åka ner till Stockholm och hämta en ung självmordskandidat? Är det en sjuk grej på nätet? En utmaning eller en makaber lek? I så fall borde det vara känt hos polisen, men han har inte hört om det. Står mannen och tittar på och njuter, eller vad är hans roll? Nyllet får kväljningar bara av tanken.

”Hör av dig om det kommer fram något nytt”, säger han och de avslutar samtalet.

Sedan lämnar han sovrummet och alla minnen därifrån och ringer upp Lindberg.

”Jag får inte ihop det”, säger han till sin chef. ”Hur fick den okände mannen tag i Julia?”

”Det går att läsa om olyckan överallt på nätet, så det kan inte ha varit svårt.”

Det har han förstås rätt i. ”Fast det står väl inte hennes namn någonstans?”

”Sådant är lätt att ta reda på.”

”Eller också var det hon som hittade honom?” föreslår Nyllet. ”De kanske fick kontakt via något forum på nätet. Kan du inte kolla med de som jobbar med försvinnandet?”

”Självklart. Men vad är grejen? Varför gör han detta?” frågar Lindberg. ”Sjukare saker har ju hänt, ingenting förvånar mig längre, men ändå.”

”Pengar? Makt? Psyksjuk?” föreslår Nyllet.

Efter samtalet går Nyllet ner till vardagsrummet med tunga steg och bestämmer sig för att berätta som det är. Förr eller senare kommer de ändå att få reda på allt, och det känns inte schyst att utelämna information.

Även om den är svårsmält.

Men de är fullt upptagna av att analysera lappen som Josefin hittade i Julias rum.

”Tidpunkten stämmer överens med spårvagnsolyckan”, säger Josefin. ”Jag mötte Julia när hon cyklade iväg. Vad är det egentligen som har hänt?”

”Vem kan ha skrivit lappen?” frågar Nyllet.

”Jag har ingen aning, men hon hade en konflikt med sin före detta bästa vän, Liv. Hon kanske vet något.”

”Ring henne”, säger Nyllet.

94

KRILLE ÄR PÅ väg att krocka med en lastbil som plötsligt tvärnitar strax efter Hedemora, och Emmas puls är på max när de sladdar in utanför pensionat Solglimten. Det ser lika fridfullt och vackert ut som vanligt, med den stora skillnaden att parkeringen är full med radiobilar.

Elisabeth står på stentrappan och blickar ut över trädgården som vetter mot skogen och sjön nedanför. Krille och Emma går mot huset. När de kommer närmare lägger hon märke till en smutsfläck på Elisabeths blus.

”Är allt som det ska?” frågar Emma.

”Nej, jag undrar vad som händer”, svarar hon och drar en djup suck. ”Jag trodde att ni hade sökt klart i området.”

”Det trodde vi med. Tills Julia försvann.” Krille visar en bild på Julia. ”Har du sett henne?”

Elisabeth betraktar porträttbilden med sorgsen min.

”Nej”, säger hon. ”Det är förskräckligt att hon är borta.”

Emma tänker inte dölja något om sin relation till Julia, utan hoppas att det kan få Elisabeth att anstränga sig lite extra. ”Det är min systerdotter och hon har befunnit sig här, i området.”

”Jag beklagar”, säger Elisabeth och lägger en hand på Emmas axel. ”Det måste vara förfärligt. Hur mår du?”

”Det viktigaste nu är att vi hittar henne”, svarar Emma. ”Vi letar alltså efter Julia, och hundar har bra nosar. Men du är säker på att du inte har …?”

Frågan avbryts av ett gällt hundskall och några rop från skogen. Emma skyndar ditåt, medan Krille stannar kvar med Elisabeth.

Hon måste få veta vad de har hittat.

När Emma har rundat sjön anar hon en liten röd bod, dold inne bland träden. Så här långt gick de inte igår. Då höll de sig på andra sidan. Hon börjar springa. Något med synen av boden och den svarta sjön ger henne svindel. Det ser ut som en plats där ett lik hittas i en film.

Ett perfekt gömställe för ett offer.

När Emma rusar in hamnar hon rakt i ett fisknät. Den starka lukten av inälvor slår emot henne, och hon fäktar med armarna för att bli fri.

”Var är ni?” ropar Emma när hon lyckas ta sig förbi nätet. Westbergs huvud sticker fram från ett loft ovanför.

”Hon är inte här, men Flipper markerade.”

”Flipper?”

”Ja, hunden”, förklarar han. ”Kom, du måste nog se det här själv.”

Emma tar över stegen när en kollega har klivit ner. Hon klättrar upp och blicken faller på något avlångt, lagom stort för en människa.

En kista.

95

EFTER TIO MINUTERS bilfärd svänger Mikael in på en grusväg och stannar vid en skogsglänta. Han slår av motorn och suckar djupt. Vad tänker han göra? Julia vågar inte fråga. Tystnaden får henne att skaka av rädsla. Redan efter några minuter smyger sig kylan in i bilen och Julia känner försiktigt på dörrhandtaget igen.

Det är kört.

Ska hon försöka attackera honom? Hon har ett övertag som sitter bakom honom, men hon skulle behöva något hårt att slå med. I bagageutrymmet ser hon en spade och en rulle med svarta sopsäckar. Hjärtat stannar för ett ögonblick och varenda muskel i kroppen stelnar.

”Vi måste vänta tills det blir mörkt ute”, säger Mikael plötsligt och hon rycker till av hans röst.

”Vad ska hända då?” frågar hon.

Han vägrar berätta.

Men det behövs inte, för hon förstår att han inte tänker släppa henne fri. I så fall skulle han redan ha gjort det. Mikael säger ingenting mer, och Julia kikar ner på golvet för att se om hon har turen att hitta något användbart, vad som helst. Men det ligger inget bortglömt verktyg där. Spaden kommer hon inte kunna nå utan att han märker det.

Tiden bara går utan att något händer. Det börjar skymma och efter en timme har mörkret lagt sig över skogen. Skräcken kommer och går, men hon känner ingen hunger.

Hon har fullt upp med att hålla sig. Byxorna är stela av det gamla kisset. Fast vad spelar det för roll om hon ändå ska dö? Hon sätter benen i kors.

Efter en evighet startar Mikael bilen och kör ut på vägen.

Är det dags nu?

Julia har inte glömt spaden.

Det är becksvart ute och hon försöker svälja rädslan. Vad har han för plan? De åker en stund innan han svänger in på en bensinmack. Hon ser löpsedlarna med bilden på sig själv.

Har du sett 13-åriga Julia?

Herregud, vad har hon gjort? Ångesten biter tag i henne. Hon måste ställa allt tillrätta, det går inte att tiga längre.

”Snälla, kan du inte släppa av mig?” ber hon. ”Jag vill hem.”

Mikael vänder sig om och tittar på henne. ”Jag ska tanka, och du sitter kvar. Försök ingenting, för dörrarna är ändå låsta. Och jag kommer aldrig vara mer än en meter ifrån.”

”Om du låter mig gå, lovar jag att inte säga något.”

Hon darrar där hon sitter i baksätet och ber till Gud att han ska tänka om. Men hennes kommentar möts av ett rått skratt.

”Dra den om rödluvan också.”

Julia börjar gråta. ”Snälla.”

Mikael skakar bestämt på huvudet. ”Glöm inte vad som förde dig hit. Innerst inne vill du dö, oavsett vad du tror nu.”

”Jag vill leva”, piper hon fram.

”Nej, det vill du inte”, säger han. ”Du har inget att leva för, det har du själv sagt.”

”Jag ångrar mig.”

”Det är för sent.”

96

STANKEN AV URIN som fortfarande inte har torkat vittnar om att någon har legat i kistan nyligen. Medan tekniker säkrar spår, går Emma mot den parkerade bilen och möter upp Krille. Då kommer Westberg med ny information om övervakningskameran från bensinmacken i fredags.

”Det är Julia på filmen”, säger han. ”Men tyvärr syns inte förövarens ansikte på grund av kepsen. Däremot har han fångats på bild på väg mot bilen. Det är en svart pickup.”

Emma måste tänka. Vem har en sådan bil? Hon är säker på att hon har sett en nyligen. Hon sveper med blicken längs med sjön, upp mot kullen.

”Pensionatet”, utbrister hon. ”De har en svart pickup.”

Det blir tyst en kort stund innan Westberg mumlar något ohörbart. Det låter som en svordom.

”Elisabeths bror”, säger han. ”Att jag inte har tänkt på honom. Det stämmer med åldern.”

Kan Jörgen vara inblandad? Han har pekat ut andra misstänkta när de har frågat honom om folk som rört sig i området. Har han hållit sig i bakgrunden medvetet?

Pensionat Solglimten. Vad är det för ställe egentligen?

En ändhållplats för deprimerade människor?

På pensionatets parkering står den svarta pickupen parkerad, men den röda bilen saknas. Emma och Krille skyndar sig mot entrén och Elisabeth öppnar efter första knackningen.

”Är du ensam här?” frågar Emma.

”För tillfället, ja.”

Krille nickar. ”Vi söker Jörgen. Vet du var han är?”

”Han åkte på ett ärende”, svarar hon.

Emma försöker dämpa den stigande paniken.

”Vet du vad han skulle göra?” frågar hon.

Elisabeth skruvar på sig. ”Nej, det slår mig nu att han aldrig nämnde det. Men kom in, så slipper ni stå ute i kylan. Det blir bara kallare för varje dag.”

Krille går in i hallen, och Emma kommer efter men har svårt att behålla lugnet.

”Jörgen har alltså den röda bilen?” konstaterar hon. ”En Volkswagen?”

Elisabeths ögon blir stora, men hon nickar motvilligt.

”Åkte han tillsammans med någon eller var han ensam?” frågar Emma.

”Han var ensam, men jag förstår inte varför du frågar?”

”Hur gammal är din bror?” avbryter Krille. ”Och har han en beige keps?”

”Fyrtiosju”, säger Elisabeth. ”Vad sa du mer?”

”Äger han en beige keps?”

”Det gör han nog, han har flera olika”, säger hon och tar stöd med handen i väggen. ”Är det här ett förhör?”

Ingen av dem svarar på frågan.

”Den lilla boden på andra sidan sjön, känner du till den?” frågar Emma och kan fortfarande känna lukten av fiskrens.

”Ja?”

”Är det ni som äger den?”

”Nej.”

”Men du har varit där?”

”Den har stått tom i många år nu”, säger hon.

”Du svarade inte på min fråga”, säger Emma. ”Har du varit där nyligen?”

Elisabeth skakar på huvudet, men kroppsspråket är stelt och hon verkar vara på sin vakt.

”Känner du till kistan i boden?” undrar Krille.

”Kistan? Nu vet jag inte vad du pratar om.”

Emma och Krille stirrar på henne, men Elisabeth viker inte undan med blicken.

”Det finns en kista som någon har legat i.”

”Jag förstår ingenting”, säger hon.

”Kan det vara din bror som har lagt beslag på stugan?”

Den yngre brodern Jörgen. Som har försvunnit i sin systers bil, som kan vara den man som observerades på en bensinmack med Julia i fredags.

”Jag vet inte, jag har inte koll på vad han gör hela tiden.”

”Och du har ingen aning om var han är?” frågar Krille. ”Han skulle göra ett ärende, sa du. Det är inte så att han åkte iväg med Julia?”

Elisabeth skakar uppgivet på huvudet. ”Jag önskar att jag visste mer.”

”Kan du ringa honom?”

Hon tar fram mobilen, men får inget svar.

”Varför svarar han inte när du ringer?” frågar Emma.

”Jag är ledsen, men jag vet inte.”

Emma kan inte avgöra om hon ljuger eller inte. Kan det vara så att hon faktiskt inte känner till något? Emma överväger den möjligheten. Att det är Jörgen, ensam, som har gömt Julia någonstans.

”En trettonårings liv står på spel, ut med språket”, säger Emma i ett sista desperat försök att få Elisabeth att prata.

Men det ger ingen effekt.

”Det är straffbart att skydda en brottsling, så tänk efter noga”, fyller Krille i. ”Mycket tyder på att din bror kan vara inblandad i Julias försvinnande.”

Elisabeth rör inte en min.

”Vad är det för verksamhet ni bedriver här egentligen?” frågar Emma.

Elisabeth ser oförstående ut. ”Ett pensionat.”

”Varför kommer då människor hit för att dö?”

Elisabeth vacklar till, och Emma tar ett beslut. ”Du får följa med oss till polisstationen.”

Ett miljöombyte kanske krävs för att hon ska öppna sig. Det är uppenbart att hon döljer något.

Efter branden ägnade jag flera år åt att leta efter mina syskon. Till slut gav jag upp. De ville inte bli hittade.

Så när den reslige mannen kommer gående mot trappan till huset, förstår jag först inte vem han är.

"Det är jag", säger han. "Jag är här nu."

Senast vi sågs var han en liten tanig pojke med en brun nalle i handen.

"Är det verkligen du?" utbrister jag.

Det är en av de lyckligaste stunderna i mitt liv. Efter decennier av längtan är vi tillsammans igen.

"Du kom till slut", säger jag och ger honom en kram och river mig på hans skäggstubb. "Men varför är du ensam?"

Han låtsas inte om min fråga. "Vilket stort hus, bor du här helt själv?"

Jag nickar. "Kom in."

Han har bara en resväska med sig, men i samma ögonblick som han kliver över tröskeln vet jag att han kommer att stanna för alltid. Jag bjuder på te i salongen och det går långa stunder då vi sitter tysta och betraktar varandra. Han ler blygt. Så fort jag nämner vår lillebror börjar han prata om något annat. Brasan knastrar och knäpper i bakgrunden, och jag njuter av ljudet. Elden är på min sida. Tack vare den kunde jag bygga upp mitt eget hus på kullen med rum för båda mina syskon.

Det var enkelt att fejka ett testamente till min fördel.

Plötsligt ägde jag allt, vilket jag också var värd efter alla år som jag hade stått ut med det gamla paret.

Han harklar sig plötsligt. "Han hoppade från en bro."

Trycket över bröstet får mig att tappa andan. Känslorna går inte att greppa, utan far omkring som närgångna spyflugor. Sorg, ilska, förtvivlan och skuld.

Kunde jag ha förhindrat det?

Nej, jag gjorde allt för att hitta dem.

Jag har fått tillbaka ett syskon och samtidigt förlorat ett.

Nu återstår bara två personer i min familj.

Min bror och jag.

Vi måste hitta ett sätt att bryta människors destruktiva mönster. Svenska folket lider, och jag ser det som min uppgift att sträcka ut en hand till dem som går att rädda.

Stoppa självmorden.

Men då krävs något radikalt.

MÅNDAG 21 OKTOBER

97

EN LITEN LINTOTT på en trehjuling. Ena sekunden skrattar han, nästa ligger han på asfalten och gråter för att han har kört omkull. Blodet rinner i ansiktet. Minnet är tydligt för Magnus. Mamma som skyndar sig fram för att ge en kram. Doktorn med sprutan. Stygnen över ögonbrynet. Sedan dras han bort från ögonblicket och tiden fladdrar iväg. Vickan i brudklänning. Hon säger ja. Bröllopsresan till Bora Bora. Vickans växande mage. Vera, Simon och Lisen. Deras födslar. Sedan Vickan som säger ja igen.

Det förstår han inte riktigt.

Han hör hennes röst, men ändå inte. Ser, utan att se.

Är du där?

Bilderna försvinner.

Han är ensam kvar med en ny sorts ro i kroppen. En böljande våg av värme som ger tröst för stunden. Men han är liten och ynklig. Ibland kommer en stickande påminnelse om att något håller på att hända, något som inte går att ta tillbaka. Det är livet som rinner ur hans händer. Han vill inte. Det är så mycket han ångrar.

Som avskedsbrevet.

Han måste få chansen att förklara det för Vickan.

Berätta att hon är fantastisk. Att det är hon som har gjort det mest betydelsefulla jobbet, inte han. Det är hon som har tagit hand om barnen medan han varit ett svin.

Han måste få tacka henne.

Är du vid min sida?

Han tror att Vickan håller i hans hand. Men han minns inte att den var så tunn och bräcklig.

Hur mår du?

Han hör hennes röst i fjärran, men det kanske bara är i drömmen. Han ligger inte i en smutsig och fuktig grav längre, full av krälande maskar. Underlaget är mjukt och torrt. Skogen är tyst. Det susar och brusar, men inga buskar prasslar och inga fåglar kraxar. Ljuset är annorlunda.

Han känner en närvaro så stark att tårarna rinner.

Vickan? Snälla, säg något.

Rösten som talar till honom är mjuk och förstående.

Sorgsen och kärleksfull.

Hon är hos honom.

Magnus önskar innerligt att han hade förmågan att säga hur ledsen han är. För allt. Att hon valde fel man. Att hon och barnen förtjänar bättre. Han vill säga förlåt, men kan inte röra på läpparna. Inte ens en blinkning lyckas han åstadkomma.

Kroppen samarbetar inte.

Förlåt mig.

Han vill förklara varför han åkte till Dalarna. För att han inte såg någon annan utväg. Han drabbades av en depression, men vägrade acceptera det. Nu har han äntligen förstått att hans familj är det enda som verkligen betyder något. Han vill leva ett helt liv tillsammans med dem han älskar allra mest.

Han vill bli en bättre make och pappa.

Men tankarna grumlas, och han faller tillbaka ner i det kompakta mörkret.

Smärtan försvinner och det blir bländande ljust.

Det är över.

98

KLOCKAN ÄR FEM på morgonen och Emma vaknar med ett ryck. Hon måste ha slumrat till i fåtöljen. Kollegerna passerar köket i polishuset med allvarliga ansiktsuttryck. En sömnlös natt i Borlänge överlever hon, men kroppen är på helspänn. Krille har däckat i fåtöljen bredvid och sover med öppen mun. Hon låter honom vara och går fram till kaffemaskinen. När hon trycker på knappen pyser det till och sedan kommer några ynka droppar.

De arbetar efter teorin att Jörgen har fört bort Julia ensam. Elisabeth hävdar bestämt att hon är oskyldig. Två poliser väntade vid pensionatet, men Jörgen kom aldrig tillbaka dit. De har efterlyst honom och bilen i hela Sverige. Än så länge har det inte gett något resultat. Jörgen har inte hört av sig till sin syster och mobilen är avstängd. Men så fort han slår på den eller använder sitt kreditkort är det kört för honom. Emma kan ändå inte släppa tanken på att Elisabeth vet något. Det kan väl inte ha undgått henne att Jörgen åkte till Stockholm?

Och att han kom hem med sällskap.

De har inte funnit några andra fastigheter än pensionatet som tillhör Elisabeth eller Jörgen, där Julia kan hållas frihetsberövad. Emma startar sin bärbara dator. Hon söker på pensionat Solglimten och hittar några omdömen och även ett reportage om Elisabeth. Emma klickar vidare i träfflistan och läser ett faksimil från en gammal lokaltidning.

Branden släckte två liv, och fosterbarnet fick ta över gården efter att utredningen om brandorsaken var färdig. Det fanns ingen misstanke om brott och gården var testamenterad till flickan.

Fosterbarn. En trasig barndom.

Westberg knackar henne på axeln och hon hoppar till av överraskning.

”Jag märkte inte att du kom”, säger hon.

Han ser dödstrött ut. ”Förlåt. Jag fick ett samtal från Akademiska alldeles nyss. Magnus har tyvärr avlidit.”

Luften går ur Emma. Hon hade en förhoppning om att kunna förhöra honom så fort han återfick medvetandet. Han var den enda länken till ny information. Emmas tankar går till Viktoria och barnen. Till det hemska avskedsbrevet.

Usch, vad deppigt.

De kommer att växa upp med att deras pappa valde att lämna dem. Vad var det nu han skrev i sitt brev? Att han inte såg någon mening med livet längre, att han var färdig. Hur kan man uttrycka sig så till sin fru? Det är sorgligt att man kan bli så deprimerad att inte ens barnen är ett tillräckligt skäl till att välja livet. Barn tar en förälders självmord personligt, det vet hon, hur fel det än är. Psykisk sjukdom är för komplicerat att förstå sig på, även för vuxna anhöriga.

Hur ska då ett barn kunna begripa det obegripliga?

Det finns ingen anledning att väcka Krille bara för att berätta om bakslaget.

”Jag fick precis besked från NFC angående spaden som påträffades hos hantverkarna”, säger Westberg. ”Blodet kommer från det oidentifierade offret. Vi tror att han kan vara engelsmannen John Michael Smith som anmäldes saknad för två veckor sen. Han har en psykisk sjukdomsbild.”

"Fingeravtrycken på spadens handtag då?"

Westberg skakar på huvudet. "Ingen matchning. Däremot fick vi svaret på vattenproverna från Petters lungor. Han drunknade i Dammsjön. Och skoavtrycken som inte var Bylunds är av märket Viking."

"Då måste vi kolla om Jörgen har några sådana", säger Emma. "Hur går det förresten med Lolek?"

"Han är förstås efterlyst internationellt, men vi har inget nytt", säger Westberg. "Han måste ha gått under jorden."

"Otroligt att han bara kan försvinna, någon borde ju ha sett honom."

"Nu hoppas vi att en husrannsakan på pensionatet ska ge något", säger han. "Vi har en kriminalsökhund på plats. Jörgen är ändå ett hetare spår än Lolek."

Emma håller med. Det finns inget som tyder på att Lolek skulle ha tillgång till en svart pickup. När Westberg går iväg vaknar Krille till. Hon berättar att Magnus har dött och att det inte finns något spår efter Julia.

"Åh fan", säger Krille.

Sedan tar han hennes händer. "Kom, ge mig en kram."

Emma sätter sig på kanten av fåtöljen och försvinner in i hans muskulösa armar.

"Julia finns där ute och vi ska hitta henne", viskar han i hennes öra. "Vid liv. Inget annat är ett alternativ. Uppfattat?"

Emmas ögon fylls av tårar och hon låter sig tröstas.

Nattens orostimmar kommer tillbaka, hon har inte slappnat av en sekund. Krille lutar sin kind mot hennes, och hans skäggstubb river till. Sedan stryker han henne över kinden och Emma förstår vad som är på väg att hända, men gör inget motstånd.

Istället sluter hon ögonen och deras läppar möts. Hon tappar tid och rum, men störs av en ansträngd harkling i bakgrunden. När Emma öppnar ögonen ser hon Dahlström stå i dörröppningen till köket.

”Kommer jag olägligt”, säger han med föraktfull röst och drar sig i skägget.

99

JOSEFIN ÖPPNAR YTTERDÖRREN för att gå ut med soporna, men håller på att snubbla över något på trappan. Hon stannar upp och tittar storögt på alla buketter, handskrivna brev och gosedjur som ligger där. Ändå är det påsarna med Julias favoritgodis, Djungelvrål, som får tårarna att börja rinna okontrollerat. Josefin släpper soppåsen och går ner på knä för att titta på korten. Hon blir så rörd att hon knappt klarar av att läsa.

Vi längtar efter dig

Förlåt

Kom tillbaka!

Önskar att du kom hem

Det är röda hjärtan och ledsna emojis från personer som Josefin inte ens vet vilka de är. Ingen har vågat knacka på, utan alla har lagt sakerna respektfullt utanför dörren. Sedan har högen byggts på, utan att hon har haft en aning om det. Hälsningarna är betydligt trevligare än den som låg hopknölad under Julias säng. När Josefin ringde Liv, lät hon förtvivlad och lovade att hon skulle ta reda på vem som låg bakom den hemska lappen.

Men Josefin har inte hört något mer från Liv.

Hon plockar upp ett rosa kuvert när en bil bromsar in utanför. Det kanske är en journalist som vill fråga henne hur det känns att hennes dotter inte är hittad än. Media är bra, som hjälper till att sprida bilden av Julia, och publicerar polisens vädjan om att få in tips. Men det betyder inte att hon vill prata ut i någon tidning. En ung tjej i Julias ålder kliver ur bilen, tillsammans med en äldre man.

Tjejens ansikte är rödfläckigt under glasögonen. ”Hej.”

”Hej”, säger Josefin, torkar tårarna med handflatan och reser sig upp.

Mannen presenterar sig som Tessans pappa.

”Jag går i Julias parallellklass”, förklarar hon.

Josefin försöker komma på om hon har hört talas om någon Tessan, men minns inte. Pappan ser tagen ut, och harklar sig besvärat.

”Tessan har en viktig sak att berätta.”

Josefin släpper in dem. ”Ursäkta röran.”

Soppåsen blir kvar på trappan. Hon får ta den senare, om inte skatorna har hunnit gå lös på den då. Det syns på Tessans nervösa uppsyn att det är något som tynger henne. De slår sig ner i vardagsrummet och Andreas och Nyllet ansluter. När Tessan inte klarar av att berätta själv, hjälper hennes pappa till.

”Tessan såg när Julia blev påkörd av spårvagnen.”

Den unga tjejens händer darrar när hon försöker rätta till en hårlock som trillat ner över den tunna glasögonbågen.

Kom svartklädd till hållplatsen vid Smedslätten prick klockan åtta ikväll. Det finns ett sätt att komma tillbaka. Är du tillräckligt modig?

Den skrynkliga lappen ligger på soffbordet och Josefin tar upp den. ”Känner du igen den här?”

Tessan vågar knappt titta på den, men nickar kort.

Josefin kan inte hejda sig. ”Så det var *du* som fick Julia att lägga sig på rälsen? Förstår du vad du har gjort?! Hon kunde ha dött! Allting handlar om det här, det är därför hon är borta nu. Allt är ditt fel.”

”Älskling.” Andreas ber henne att sänka rösten.

”Hur fan kan du vara lugn?” skriker hon åt honom.

Tessans tårar strilar nerför kinderna. ”Det var inte min idé, jag försökte stoppa henne.”

”Vem?” frågar Josefin barskt. ”Vem försökte du stoppa?”

Ilskan kokar inom henne, och de senaste dagarnas händelser snurrar förbi. Julia med cykelhjälmen, Andreas bleka ansikte efter samtalet från akuten, Julia i sjukhussängen med bandaget runt huvudet, mötet med läkaren, besöket i skolan, Julias tomma säng hemma ... Vad är det för ond människa som har orsakat det här?

”Liv”, viskar Tessan förtvivlat. ”Jag försökte verkligen säga åt henne att sluta, men lyckades inte.”

Hjärtat stannar för en sekund. Josefin kan inte tro att det är sant. Liv, av alla människor. Fy fan.

”Men det gick inte så bra, eller hur?” säger Josefin.

Hon måste hejda sig för att inte flyga över soffbordet och slita Tessan i stycken. Banka vett i henne. Varför har hon inte kommit hit tidigare?

”Har du berättat det här för polisen?” frågar Nyllet och Tessan skakar på huvudet.

”Tessan är djupt olycklig och har inte vågat säga det till någon, av rädsla för vad Liv skulle göra”, förklarar pappan bedrövat. ”Hon visste ju hur det gick för Julia. Men sanningen kröp fram när Julia visade sig vara försvunnen och Liv berättade att du hade varit i kontakt med henne, Josefin. Då kunde Tessan inte vara tyst längre.”

Det är så dags, tänker Josefin, men kniper igen. Hon stirrar på ungen, som dessutom har mage att skylla ifrån sig. Hon kunde faktiskt ha stoppat Liv.

”Vad drev er att göra en sådan fruktansvärd sak?” frågar Josefin så behärskat hon förmår.

”Liv har själv tvingats ligga över spåret en gång medan niorna såg på och skrattade åt henne”, säger Tessan och hackar tänder. ”Jag visste inte vad som skulle hända förrän vi kom dit, jag lovar. Julia låg kvar fast jag ropade att hon skulle strunta i det. Hon var som förstenad. Jag blev livrädd.”

Josefin tittar på henne med avsky. ”Och då valde du att springa därifrån?”

Tessan skakar på huvudet. ”Nej, då kom spårvagnen.”

”Vi tar inte lätt på den här saken”, säger pappan. Han håller beskyddande om sin dotter. ”Tessan har fått utegångsförbud hela hösten.”

Utegångsförbud?

Är det straffet för att nästan ha släckt en människas liv och lurat alla att tro att Julia ville begå självmord?

Josefin knölar ihop den ödesdigra lappen, sedan reser hon sig upp. Hon skyndar till altandörren och sliter upp den. Så fort hon kommer utomhus släpper hon ut skriket som hon har hållit inom sig ända sedan Julia försvann.

Ångestvrålet.

100

EMMA BEGRIPER INTE vad som flög i henne, men kyssen var sagolik ända tills Dahlström avbröt dem. Nyllet skulle bryta ihop om han visste, och hon drabbas av dåligt samvete.

”Är du okej?” frågar Krille och stryker henne försiktigt över kinden.

Kan du sluta vara så snygg?

”Jag är inte mig själv just nu”, svarar hon och anar en besvikelse i ögonvrån.

Kaffemaskinen bubblar till i bakgrunden. Dahlström lämnar dem inte ifred, utan tar god tid på sig i köket. Surgubben som inte kan ta kritik, och som nu fick en hållhake på henne.

Om någon hade sagt till Emma för några dagar sedan att hon skulle stå på polisstationen i Borlänge och kyssa en sexton år yngre kollega, samtidigt som Julia är spårlöst försvunnen, hade hon fnyst åt det befängda påståendet. Nu är det dessvärre sant och hon ger sig själv utmärkelsen *Världens sämsta mamma*, som dessutom inte kan hålla fingrarna i styr.

Men det finns viktigare saker att tänka på.

Julia behöver henne.

Westberg kliver in i köket med allvarlig min. ”Hunden har hittat blodspår på ett lakan i ett gästrum, men det behöver inte betyda någonting.”

”Men det kan också …”, börjar Emma, men kommer av sig när hon ser att Josefin ringer.

”Vi har gått igenom stora huset, inklusive källare och vind”, fortsätter Westberg. ”Det finns ingen där. Vi hittade inte heller några stövlar av märket Viking.”

”Jag måste svara, det är min syster”, säger Emma och reser sig ur fåtöljen.

Josefin blandar gråt med osammanhängande prat. Har hon börjat dricka igen? Det skulle vara begripligt med tanke på omständigheterna.

”Vad är det som har hänt?” frågar Emma när hon får en syl i vädret.

Det kommer några snabba, ilskna meningar om Julias före detta bästis, Liv, och en Tessan. Magstark information om Julias olycka. Emma försöker sortera orden och förstå vad de innebär.

”Lugn, Josefin.”

”Hur fan ska jag kunna vara det?” fräser hon. ”Julia ville aldrig ta livet av sig. Hon är inte suicidal. Ingen lyssnade på henne. Inte psykologen. Inte hennes egen mamma.”

”Hur skulle du kunna veta?” tröstar Emma.

Josefin andas tungt i andra änden. ”Alla trodde att hon hade hamnat i förnekelse. Till slut kanske hon ville ta livet av sig på riktigt. Hur ska hon kunna förlåta oss? Alla vuxna runtomkring svek henne.”

Emma lovar att hon ska göra allt för att hitta Julia.

Hon avbryts av att Krille lägger en hand på hennes axel.

”Inte nu”, viskar hon till honom.

”Jo”, säger han otåligt. ”Jörgen handlade för fem minuter sen på sitt kort sju kilometer härifrån.”

”Jag måste avsluta”, säger Emma till Josefin. ”Vi kanske har honom nu.”

101

JULIA VAKNAR AV att bilen kränger. Mikael sträcker fram en fralla och en smoothie, och hon tar emot frukosten även om hon egentligen inte vill ha någonting från mannen som har lurat henne. Men hungern river i magen och hon måste få i sig något för att kunna tänka klart. Däremot vågar hon inte dricka en droppe. Hon är så kissnödig att blåsan håller på att spricka. När hon tar en tugga i ostfrallan undrar hon stilla om det här är hennes sista måltid.

Kommer han döda henne?

Nelly, som hon trodde var hennes vän.

Eller Mikael, som han troligtvis inte heter heller.

Han har inte gjort några fysiska närmanden, så han verkar inte vara ute efter något intimt i alla fall. Julia vet inte om hon ska vara tacksam.

Vad är det han vill? Hon förstår sig inte på honom.

Hur kan en hjälpsam man på en självmordslinje förvandlas till ett monster?

”Vi kan inte åka tillbaka till pensionatet, för polisen är där”, säger han. ”Alltså har jag ingenstans att ta vägen på grund av dig.”

Vill han att hon ska säga förlåt? Aldrig i livet.

”Vi kan väl komma överens om en historia?” föreslår hon. ”Eller så släpper du mig bara och kommer hem utan att ha en aning om vem jag är?”

Han skakar bestämt på huvudet.

”De vet redan. Polisen har skickat meddelanden och vädjat att jag ska överlämna mig frivilligt. Förstår du? De tycker att *jag* är en brottsling. Jag som bara vill hjälpa dig.”

Det börjar klarna för henne hur störd han måste vara. För vem lurar någon att tro att man är en artonårig tjej? Redan där borde hon ha lagt benen på ryggen. Julia vet inte vart hon ska göra av skammen över att hon inte förstod bättre. Men den kommer väl begravas med henne.

Pulsen ökar och hon försöker förtvivlat minnas vad morfar och Emma har berättat om olika straffpåföljder. Det Mikael har gjort sig skyldig till hittills är inte i närheten av straffet han skulle få om han döms för mord. *Mord*. Julia ryser där hon sitter i baksätet. Hon måste leta fram något argument som får honom på nya tankar.

”Det kan inte vara brottsligt om jag intygar att jag följde med dig frivilligt?” försöker hon men ser på minen i backspegeln att han inte köper det.

Han skrattar och rättar till sin fula kepa. ”Du har ingen aning om någonting.”

Nej, tänker hon. Jag kanske inte har det, men jag vill överleva. Hur ska jag få honom att förstå det? Han måste väl ha några känslor? Eller är han alldeles kall inombords?

”Snälla, jag är bara tretton. Jag har ett helt liv framför mig.”

Han fnyser. ”Så lät det inte för några dagar sen. Då träffade jag en ledsen tjej utan vänner. Hennes bästis hade svikit, ja, till och med försökt ta livet av henne.”

”Man kan ändra sig, Mikael.”

”Nej”, säger han bestämt och ökar farten. ”Det kan man inte. Och lägg av med att kalla mig för Mikael, jag heter Jörgen.”

Sedan är det slutpratat.

102

EMMA SITTER BAKOM ratten och trycker gasen i botten. Nu ska den jäveln inte komma undan. Mannen som tagit Julia och som med största sannolikhet ligger bakom den senaste tidens mord vid Dammsjön. Gps:en visar sex minuter till destinationen och Krille uppmanar henne att öka farten. Jörgen har förhoppningsvis inte lämnat affären, eller åtminstone inte hunnit så långt därifrån.

Saftblandaren varnar för deras framfart.

Ändå är virriga människor ute och blockerar vägarna. En radiobil har anslutit och Emma önskar att fler kolleger kunde komma för att skära av flyktvägarna. Men allt tar sådan tid. Krille håller koll på kartan och talar om för henne om det finns alternativa vägar. Själv har hon fullt upp med att inte köra ihjäl någon.

Tre minuter till destinationen.

”Helvete”, skriker Krille och fäktar med armarna och pekar. ”En röd Volkswagen! Han körde precis förbi. Jag såg kepsen. Vänd på första bästa ställe.”

Emma pressar ner bromsen och är en hårsmån från att orsaka en seriekrock, men lyckas göra en snäv U-sväng. Bilen kränger och Krille griper tag i dörrhandtaget för att hålla sig fast. I backspegeln ser hon att radiobilen hänger med bakom dem.

”Du kör värre än jag”, säger han. ”Den röda bilen tar av åt höger. Ser du?”

Krille kommunicerar samtidigt med Westberg och ber om förstärkning, men det finns inga andra inom vettigt avstånd. Inte den här gången heller. En enda radiobil är som ett skämt, tänker Emma. Otroligt att det inte finns fler att få tag i när det krisar. Allting hänger på henne nu, hon måste öka. Adrenalinet hjälper till, för hon har bara en sak i huvudet och det är att komma ikapp den röda bilen. Hon kör rakt igenom en rondell och underredet smäller i något hårt, men bilen fortsätter framåt med oförändrad hastighet.

Julia, snart är jag hos dig.

De närmar sig den röda Volkswagen och hon tänker inte ge Jörgen något annat alternativ än att stanna. Men hon vill inte heller orsaka en krock och riskera att Julia skadas. Nu är de bara hundra meter ifrån och tar in på honom sekund för sekund. Det kan inte undgå Jörgen att han är jagad, saftblandaren talar sitt tydliga språk.

”Kör ut i vänsterfilen och blockera”, säger Krille åt henne.

Emma får en flashback till den gången då Madeleine prejade henne av vägen. Livsfarligt. På en sekund kan man tappa kontrollen över bilen, särskilt i tvåhundra kilometer i timmen.

Emma följer ändå Krilles uppmaning, men hinner inte ens komma upp jämsides med Jörgen förrän han gör en kraftig manöver mot vägrenen.

”Vad fan sysslar idioten med?” skriker Krille.

Den röda bilen kör in i räcket och voltar ut på en åker. Emma tappar fattningen och vrålar rakt ut, men på något vis lyckas hon bromsa in och stanna. Sekunden senare landar den röda bilen på taket.

Och fattar eld.

103

JOSEFIN LÄMNAR VARDAGSRUMMET för att hon inte orkar med sällskap under den ångestladdade väntan på besked. Varför ringer ingen? Uppe i rummet lägger hon sig i sängen och tvingar igen ögonen, men det bara snurrar i skallen. De panikslagna scenerna radas upp inom henne. En stelfrusen och orörlig Julia under en gran i skogen. Julia, blodig och sönderkörd av ett tåg. Julia som ropar förtvivlat på hjälp.

Josefin reser sig upp, kallsvettig.

Om hon bara fick en andra chans.

Herregud, vad hon ska förvalta den.

Julia, kom hem.

Hon lutar sig tillbaka mot kuddarna och lovar en massa saker. Att bli mer engagerad i sitt äldsta barn som har höga förväntningar på sig att ordna det mesta själv. Som suckar åt henne och himlar med ögonen, eftersom hon tycker att Josefin daltar med de två yngsta. Julia har rätt, hon måste lära sig att släppa kontrollen och låta dem lösa saker på egen hand. Även om man växer upp under samma tak, föds man med olika förutsättningar. Det barn som klarar sig bäst får minst uppmärksamhet. Som Julia. Men det betyder inte att hon är mindre älskad.

Är det så hon har uppfattat det?

Ge mig Julia tillbaka, ber hon.

Skona familjen från en tragedi.

Snälla.

Josefin hör på Ekot att en bilolycka mellan en personbil och civilpolis har inträffat på riksväg 70 mot Borlänge.

”Det var en biljakt som slutade med att personbilen med en efterlyst man voltade ut på en åker, enligt vittnen”, säger nyhetsuppläsaren. ”Räddningstjänsten är på väg. Olyckan ska alltså ha inträffat för bara några minuter sen.”

Josefin rusar upp ur sängen och skyndar sig till vardagsrummet. Det är dödstyst, ingen säger något, och Nyllet skakar på huvudet.

”Emma svarar tyvärr inte i telefon”, säger han. ”Men det behöver inte innebära det värsta.”

Eller också är det precis vad det gör.

Josefin tappar styrseln i benen och sjunker mot parkettgolvet. Ge mig styrka, tänker hon.

104

EMMA KASTAR SIG ur bilen och springer mot fältet där den röda Volkswagen står i lågor. Hon vet hur brandfarlig spolarvätskan är, plastbehållaren måste ha gått sönder när bilen voltade. I bakgrunden vrålar Krille åt henne att inte gå nära, men det kan han glömma. Hon skulle aldrig kunna leva med att hon bara stod och såg på när Julia brann upp.

Mammainstinkterna slår på.

Josefin är inte här, så det är hennes förbannade ansvar att rädda Julia, till vilket pris som helst. Emma rusar fram och sliter tag i dörren till passagerarsätet. Elden har spridit sig till baksätet. När som helst kommer däcken och rutorna att explodera. Dörren har fastnat, men till slut lyckas hon lirka upp den en liten bit, tillräckligt för att slita undan krockkudden som har utlösts. Ytterligare en faktor som triggar branden, eftersom den innehåller krut.

"Julia!" skriker hon, men får inga livstecken alls.

Passagerarsätet är tomt, men Jörgen ligger i förarsätet. Han är helt stilla och blodet rinner från pannan. Hans kläder brinner, men han reagerar inte på att elden äter sig in i huden. Blicken faller på de eldhärjade svarta stövlarna, och hon känner igen Vikings logga på skaftet. Hon kan inte avgöra om Jörgen fortfarande är vid liv. Det bränner till vid vristen och när Emma tittar efter ser hon hur elden klättrar uppför byxbenet. Det går obegripligt fort.

"För i helvete", hör hon bakom sig, och två händer sliter

tag i axlarna och fäller henne bryskt mot marken. Krille kastar sin jacka över hennes ben för att släcka elden.

”Är du inte klok?” skriker han. ”Lärde du dig inte ett skit på polishögskolan?”

Emma är beredd att slåss. Hon är redan på fötter och på väg tillbaka till bilen, men Krille är starkare. Han får fatt i ena armen och tvingar bort henne.

”Bilen kan explodera”, säger han som om hon inte redan visste det.

Men det finns en trettonårig flicka där inne någonstans, som råkar vara hennes systerdotter. Och då spelar det ingen jävla roll vilka risker hon tar.

”Släpp mig! Det är ditt fel om Julia inte går att rädda”, fräser hon.

Hans blick är bestämd, och han lättar inte på sitt hårda grepp. Sedan kommer en sorg över hans ansikte. Eftersom de inte hör några rop inifrån, inser Emma också att det kanske är för sent. Att de liv som fanns att rädda förmodligen redan är förlorade.

I fjärran hörs sirener närma sig.

Räddningstjänsten är snabbt på plats, men det har gått alldeles för lång tid ändå. Ingen överlever instängd i ett brinnande inferno i så många minuter, i den livsfarliga röken. När brandmännen kommer springande för att släcka elden bryter hon ihop. Emma slår med knutna nävar i marken och tårarna börjar rinna. Krille håller hårt om henne och hon försöker frigöra sig, men sedan ger hon upp och bara gråter.

Och då vill hon inte att han ska släppa taget.

Minuterna går och de lyckas bekämpa elden, men bilvraket står och pyr. Ett svart skal.

Hon klarar inte av att titta på det. De får skära sönder bilen för att komma åt baksätet och bagageutrymmet.

Emma hör ljuden men blundar. Sedan kommer hon att tänka på samtalet som hon måste ringa.

Hur ska hon kunna berätta för Josefin?

En brandman ropar en sak som hon inte riktigt uppfattar. Något om att bilen är säkrad och sedan en siffra. Krille tar tag i Emmas ansikte för att få kontakt.

”Hörde du? De har bara hittat en person. *En*. Inte två.”

105

NYLLET LÄMNAR ANDREAS och Josefin ensamma i vardagsrummet och stannar upp vid familjefotot på väggen vid trappan. Julia ser skeptisk ut på bilden, en tonåring som skulle ha gjort vad som helst för att slippa en fånig porträttbild. Hon är fotogenisk och hennes svårtydda min gör hennes ålder svår att avgöra.

Det måste ha gått bra för Julia, men han vågar inte ta ut något i förskott.

Om Emma bara kunde ringa snart.

Han går och tittar till Elli som ligger i vagnen och sover.

Om något hände henne skulle han aldrig överleva. Att vara pappa har gett honom en ny dimension. Nu kan han sätta sig in i känslan av att förlora ett barn, det stora tomrummet som skulle uppstå, som aldrig går att fylla med någon annan. Nackdelen med polisyrket är att han ständigt blir påmind om alla faror. Om psyksjuka som går till attack mot främlingar på gatan på grund av röster i huvudet. Om dårar som sätter sig bakom ratten när de har druckit alkohol och kör ihjäl en hel familj. Om en galning som stjäl en lastbil och dundrar rakt fram över Drottninggatan i Stockholm med avsikten att döda så många som möjligt. Om en vuxen karl från Dalarna som kidnappar en trettonårig flicka. En man som förmodligen verkade vettig till en början, annars skulle Julia aldrig ha fikat med honom.

En man som lever dubbelliv.

En bilolycka. Nyllet vet inte om han orkar få reda på mer.

Han lyfter upp Elli och håller om henne. Det är hon som är liten, men just nu känner han sig som ett barn. Han behöver hennes tröst mer än hon behöver hans, och den tanken gör honom ödmjuk inför livet.

Mobilen ljuder och han lägger försiktigt tillbaka henne i vagnen. Elli sover fortfarande, inte ens den envisa ringsignalen väcker henne.

Det är Emma.

Han hör henne knappt, linjen hackar.

”Hej.” Mer hinner han inte säga förrän hon utbrister en harang som han inte uppfattar.

”Vad sa du? Det är dålig täckning.”

”Julia fanns inte i bilen, du måste berätta det för Josefin och Andreas med en gång”, säger hon. ”Julia var inte med i bilolyckan.”

Han tror knappt att han hörde rätt. Sedan känner han hur blodcirkulationen ökar. Lederna värms och hjärtat slår snabbare.

”Men var är hon i så fall?” har Nyllet sinnesnärvaro nog att fråga.

”Vi vet inte”, säger Emma bedrövat. ”Och det finns inte heller någon att fråga.”

”Vad menar du?”

”Mannen vi jagade är död.”

106

NÄR EMMA FICK beskedet att Julia inte var i bilen kände hon en obeskrivlig lättnad, som snabbt byttes mot en stigande panik. Jörgen är död. Hur ska de hitta Julia nu? Ambulansen har fört bort honom, och de står handfallna ute på fältet bredvid bilvraket.

”Var ska vi börja leta?” frågar hon Krille.

De har ingen aning om hur långt Jörgen körde efter att ha släppt av Julia. Hans mobil har bara varit påslagen vid ett tillfälle det senaste dygnet, så det går inte att spåra hans olika positioner. Inga vittnen har trätt fram och gett dem tips. Bilen har brunnit och eventuella spår har utplånats. Julia har uppenbarligen inte försatts på fri fot och lyckats kontakta någon, utan de måste arbeta utifrån tesen att hon hålls undangömd någonstans.

Död eller levande.

”Den enda som kan hjälpa oss är Elisabeth”, säger Krille. ”Vi måste pressa henne mer. Hon borde kunna ge förslag på gömställen.”

De åker raka vägen till polisstationen där Elisabeth hålls frihetsberövad. Emma bryr sig inte om att byta kläder, fast hon stinker brandrök. Däremot blir hon omplåstrad, mot sin vilja. Det är slöseri med tid när det finns ett liv att rädda. För hon har inställningen att Julia lever, annars skulle hon bryta ihop.

”Brännskadan på benet ser inte bra ut”, säger Krille. ”Lova att vi åker in och undersöker den sen.”

Hans omtanke gör henne bara uppretad. ”Sluta dalta.”

Nyheten om bilkraschen är överallt. En bild på en liknande intakt Volkswagen sprids på sociala medier ihop med Julias porträtt.

Polisen vädjar om tips.

Problemet med efterlysningar är att det kräver enorma resurser från polisens sida att sålla bland tipsen. Virrpannor och ensamma människor tar chansen att ringa bara för att det finns ett telefonnummer publicerat. De begriper inte hur mycket oreda de ställer till med.

”Elisabeth väntar i förhörsrummet”, säger Westberg. ”Ni får ge henne beskedet om Jörgen.”

Emma och Krille slår sig ner mittemot kvinnan som just har förlorat sin bror. Hon har inte begärt någon advokat.

”Vi måste tyvärr berätta att Jörgen är död”, säger Emma.

Elisabeth tappar styrseln i ansiktet och hennes ögonlock fladdrar till. Emma räcker fram en näsduk.

”Du kan inte skydda honom längre”, säger Krille. ”Så berätta vad du vet. Julia kanske fortfarande går att rädda.”

Elisabeth skakar på huvudet. ”Jag har ingen aning. Min bror hade saker för sig som ... jag vet inte.”

Krille ber henne förklara, men hon kan inte precisera vad hon menar med det. Något hindrar henne från att berätta. Är det av respekt för Jörgen?

Elisabeths överläpp darrar. ”Förlåt, jag är chockad.”

”Var har han gömt Julia?” avbryter Emma utan att ta hänsyn till hennes sorg. Den tiden finns inte. ”Han tog den röda bilen och försvann.”

”Jag har sagt det om och om igen, jag vet inte mer än så. Han kan ha tagit Julia vart som helst. Jag är ledsen, men det är svårt att tänka klart.”

”Du vet alltså att Julia var tillsammans med Jörgen?”

En svag nickning. ”Ja.”

Erkännandet är ett framsteg, förmodligen ett misstag av Elisabeth i chocken över Jörgens död. Men det är så dags att börja prata nu. Emma blir frustrerad. Hon hade på känn att Elisabeth visste mer än hon ville ge sken av. Det är svårt att inte skrika åt henne i desperation. Vad hindrar människan från att berätta sanningen?

Jörgen kan inte göra något längre.

”Julia är bara ett barn”, påminner Emma.

”Förlåt, jag borde ha sagt det med en gång. Vi grälade om henne. Jag förstod inte vad han gjorde med en trettonårig tjej”, säger Elisabeth och döljer ansiktet i händerna en stund innan hon fortsätter. ”Vi blev rejält osams om Julia. Till slut körde han iväg med henne. Sen dess har vi inte haft någon kontakt, så jag vet inte vart han kan ha fört henne.”

Emma tror henne inte. ”Inga som helst förslag? Jörgen är skyldig till en rad brott, så det finns ingen anledning att undanhålla sanningen längre.”

”Stugan?” viskar Elisabeth.

”Vilken stuga?”

”Den som de polska hantverkarna hyr.”

Elisabeth hinner inte avsluta meningen förrän Emma är på väg ut ur förhörsrummet. Hon får med sig Krille i farten, och de springer till bilen. När de är framme vid den röda stugan en kvart senare rusar hon mot ladan.

Emma har inte glömt kroken i taket.

Hon sliter upp haken till dörren, utan att tänka på vad hon riskerar att mötas av.

Men ladan är tom.

Stugan är låst, men Krille lyckas sparka in dörren på andra försöket. Emma drar sitt vapen för säkerhets skull.

”Julia?” ropar hon.

Hon kanske ligger bunden med munkavle, oförmögen att svara. Om hon fortfarande är vid liv, vill säga. Krille säkrar undervåningen medan Emma rusar mot trappan till övervåningen. Så fort hon kommer upp går hon rakt in i ett sovrum. Någon sitter längst in i hörnet med armarna mot taket. Ögonen är uppspärrade i skräck.

Den vackra kvinnan som kommer in i salongen utstrålar en energi som gör mig nyfiken. Jag blir förvånad när hon säger att hon ska dö i cancer. Där skiljer hon sig från tidigare klienter. De flesta som kommer hit är deprimerade. Nästan alla har stark medicinering och timmar i terapi bakom sig, men har ändå inte lyckats ta sig ur svackan.

Resan hit är ett sista, desperat försök att välja livet.

Men henne kommer jag inte kunna rädda.

"Slå dig ner", säger jag och bjuder på te.

Hon ställer sin väska på den orientaliska mattan och tar emot koppen innan hon sätter sig i fåtöljen.

"Berätta gärna om verksamheten", säger hon och rättar till sina vita linnebyxor.

"Vi hjälper människor att överleva", förklarar jag. "Det handlar om att utsätta suicidala personer för alla steg i deras dödslängtan. Inspirationen är hämtad från ett självmordsläger i Sydkorea. Tanken är att det ska bli ett uppvaknande när de kommer till insikt om vad döden innebär, på riktigt. Och ångra sig."

Kvinnan ser genuint intresserad ut, men jag tappar tråden. Jag vill inte framstå som någon sorts Jesus, som kan få människor att gå på vatten. Tänk om hon är journalist, eller någon från kommunen som har kommit för att sätta dit mig. Det finns för många hemligheter i det här huset som inte får komma fram.

”Men varför?” frågar hon. ”Hur orkar ni hålla på med det här?”

Jag har aldrig fått den frågan förut och blir ställd. Vi har bara haft kurserna i några år, och hittills har klienterna varit uppfyllda av sig själva. Från början var tillfredsställelsen stor, men euforin har klingat av. Det är klart att det tär att övertyga folk som har ena foten i graven att de ska leva. Människor som vadar i mörker. Som gnäller för minsta lilla och drunknar i självömkan. Sorgliga krakar som inte förstår hur privilegierade de är.

Och här sitter en kvinna som inte kan välja själv.

Allt är så snedvridet, vilket provocerar mig.

”Vi använder våra tragiska erfarenheter”, förklarar jag sansat. ”När mamma tog livet av sig var jag för ung för att komma med de rätta verktygen. Nu får jag chansen att kompensera för mitt misslyckande. Mötet med deprimerade har gett mig en större förståelse för mammas beslut. Jag hatar henne inte längre. Och faktum är att jag får energi av att hjälpa andra, det ger mer än det tar.”

Jag ljuger så jag nästan tror mig själv.

Kvinnan nickar och tar en klunk av sitt te. Hon verkar inte märka att jag skakar av vrede. Mammas svek är oförlåtligt. Jag kunde inte rädda henne, och samma sak gäller kvinnan mittemot.

”Jag förstår att du undrar vad jag gör här”, säger hon som om hon kunde läsa mina tankar. ”Jag vill gå igenom alla steg i processen.”

Jag kan inte neka henne, även om det är konstigt. Vi går till kistan och jag låter henne lägga sig i den och stänger locket. Sedan får hon även hänga i repet som alla andra. Det brukar vara effektfullt med en rejäl panikkänsla till följd av syrebristen. Många vaknar upp ur sitt töcken.

Men kvinnan är oberörd.

"Vi har kommit fram till slutet: avskedsbrevet och begravningen", säger jag. "Det är dags att välja psalmer och visualisera ceremonin."

Kvinnan stryker fingertopparna över märket på halsen där repet satt. Men hon klagar inte. Hon är den första som inte blivit rädd.

"Jag har inte tänkt ha någon begravning", svarar hon.

"Det kanske du får ändå", säger jag och räcker över en psalmbok. "Har du några favoriter?"

Hon skakar på huvudet men börjar bläddra.

Min bror kommer in i salongen och avbryter oss. Han är blek i ansiktet.

"Kan du komma ett ögonblick?" frågar han och jag lämnar kvinnan som är upptagen med att anteckna psalmer.

Han säger inte ett ord, utan visar istället upp en dödsannons i tidningen. Blicken fryser på klientens namn.

Det är som att få en örfil.

För bara några veckor sedan sa vi farväl här på gården. Vi skakade hand på en framtid. Vi var överens. Han skulle inte återvända till sin familj i en kista.

Lik förbannat står hans namn där.

Han lämnar efter sig fru och två barn.

Jag får inte ner luft i lungorna, den fastnar i halsen.

"Jag beklagar", säger min bror efter en lång tystnad.

Sedan lämnar han mig i köket.

Dödsannonsen får allt att rämna.

Har det vi sysslat med bara varit ett försök att ställa allt tillrätta efter mammas död? För vems skull försöker man övertyga en självmordskandidat att välja livet?

Vissa går inte att rädda, punkt.

Insikten är plågsam.

Allt jag har trott på och byggt upp visar sig vara ett luftslott. Klientens död är ett hån mot mig och min bror. Vad jag än gör kommer det att sluta på samma sätt.

Med ett svek.

De som kommer hit vill dö.

Och då ska de jävlarna få som de vill.

TISDAG 22 OKTOBER

107

DET ÄR SVÅRT att se något, väggarna släpper in mer kyla och fukt än dagsljus. Men ingen kan höra henne. Det beror förstås på att Julia inte kan skrika.

Sjuka människa.

Han är så störd att Julia mår illa när hon tänker på hur lätt hon gick i fällan. Hur många andra har gjort samma misstag? Julia inser att han måste ha styrt in henne på fel tankar redan när de chattade med varandra. Det stöd han gav henne var i själva verket bara början på det som han planerade. Hon var ett lätt offer.

Nelly, my ass.

Hon borde ha sprungit iväg redan vid Haymarket.

Men nu då?

Tänker han att Julia ska stå här skräckslagen innan hon tappar fotfästet? Han vill uppenbarligen att hon ska lida i alla fall. Kanske ångra något, men hon förstår inte vad. Att hon är otacksam mot livet för att hon ville slänga bort det?

Om ingen hittar henne, dör hon. Det räcker med att hon somnar. Julia försöker röra fingrarna bakom ryggen, komma åt silvertejpen som han har virat hårt och besinningslöst runt hennes handleder. Men hon vågar inte hålla på för mycket av rädsla för att tappa balansen.

Det är omöjligt att ta sig loss.

Han har inte lämnat något åt slumpen.

Julia tuggar frenetiskt på det äckliga tyget han tryckte

in i hennes mun innan han virade silvertejpen runt huvudet. Hon försöker pressa bort tyget med hjälp av tungan, men ansträngningen gör det svårare att andas genom näsan. Julia blir yr och är nära att falla. Om hon blir täppt i näsan kommer hon att kvävas till döds. Hon riktar tankarna mot annat för att sänka pulsen och jaga bort den skenande paniken.

Midsommarfirandet.

Jordgubbstårtan med den svenska flaggan på. Den goda buffématen med varmrökt lax och romsås. Alla fåniga lekar, som att balansera en potatis på en sked i munnen, leta efter en sockerbit i en skål med mjöl och hoppa säck. I år vägrade hon vara med, men innerst inne hade hon velat. Det såg kul ut, men när lekarna redan hade börjat var det för sent att ångra sig.

Vilken trettonåring håller på med sådant trams?

Ingen som hon känner.

Hon vågade inte riskera att hamna på Insta eller Snap.

Emma och mamma hade roligt ända tills de började tjafsa om vem som kom först över mållinjen när de hoppade säck. Julia såg att Emma vann, men tack och lov stod hon inte på sig, utan gav bort segern till Josefin. Mamma har alltid varit i underläge i relationen till sin tuffare, starkare och snabbare lillasyster. Om Sofia plötsligt blev bättre än Julia på något skulle det svida. Som äldst förväntas hon kunna mest och vara bäst. De vuxna hejar alltid på de yngre, så de skulle förstås bli överlyckliga.

Syskon är en plåga, men nu kanske Julia aldrig får träffa dem igen. Då saknar hon dem så mycket att det gör ont i varenda cell i kroppen.

Vet de att hon älskar dem?

Hon brukar mest tycka att de är dumma i huvudet, men inte när hon står här. Då är de viktigast i världen.

Tiden går så långsamt. Ögonlocken är på väg att åka igen och Julia skakar på huvudet för att hålla sig vaken. Fukten tränger ända in i ryggmärgen och hon skakar av kyla.

Hon kanske rentav kommer att frysa ihjäl?

Tårarna har tagit slut, men hon hulkar. Försöker se sin egen del i det här. Hon har sig själv att skylla. Samtidigt var det Liv som startade allting. Hon måste vara nöjd nu. Så glad över att slippa Julia, kanske för alltid. Om Julia dör kommer sanningen om vad som hände den där kvällen på spårvagnsrälsen begravas med henne. Liv och Tessan kan chilla, och deras hemlighet knyter dem samman för alltid. Det finns ingen annan på skolan som kommer att sakna Julia heller, kanske någon enstaka lärare.

Julia skulle inte ha slutat med konståkningen.

Det var där hon hade sina vänner, men ett års förlorad träning innebar att hon inte skulle få åka med sitt gäng längre, utan några mellanstadiebarn som hon själv hade varit tränare för tidigare. Palma förstörde så mycket. Konståkningen togs ifrån henne, precis som vännerna i skolan. Konflikten med Liv blossade upp och hon kunde inte göra något för att hindra henne från att sprida falska rykten. Julia försöker känna ilska mot sina föräldrar, men kan inte riktigt. Hon vet att de gjorde det som var bäst för hela familjen. När de är fem personer kan inte alla få som de vill. Det handlar mer om otur, och mest om Liv. Julia hoppas att hon får sitt straff.

Mamma.

Hon viskar det.

Mamma. Jag längtar efter dig.

Tröttheten håller på att ta över, men hon vet vad det skulle innebära. Snaran runt halsen påminner henne varje sekund. Så fort pallen hon står på gungar till känner hon den isande skräcken i ådrorna.

Det är så lite som behövs för att hon ska tappa fotfästet, förlora kontakten med pallen, och strypas till döds.

”Det här var din önskan, Julia. Innerst inne. Snart kommer du att få frid.”

Det var Jörgens sista ord innan han gick.

Och lämnade henne ensam för att dö.

108

SKÄGGMANNEN HAR FÅTT ta över ansvaret för Lolek, som Emma och Krille hittade i den röda stugan. Han är inte längre misstänkt för inblandning i Julias försvinnande. Till Emmas stora förvåning kommer Dahlström med input om Julia och Jörgen efter första förhöret under morgonen.

”Lolek såg dem vid stugan”, berättar han för Emma när de möts i en av polishusets korridorer. ”En man och en kvinna bråkade, och en flicka satt i den röda bilen. Lolek förstår inte svenska, men han säger att det inte är någon tvekan om att de var arga. De slogs till och med om bilnyckeln.”

Emma tänker tillbaka och minns Elisabeths fläck på blusen.

”Du ska ha stort tack”, säger hon och för första gången sedan de träffade varandra sjunker Dahlströms axlar.

”Äsch, det var inget”, svarar han och kliar sig i skägget. ”Jag återkommer om han säger något mer av värde.”

Minuterna senare är det dags för ett nytt förhör med Elisabeth. Hon verkar medtagen, och har ett annorlunda utseende utan smink. Betydligt äldre och tröttare.

”Finns det något mer du kan berätta för oss om Jörgen och Julia?” frågar Emma och Elisabeth möter hennes blick.

”Har ni hittat flickan?” frågar Elisabeth oroligt. ”Jag är rädd att hon är död.”

Emmas hjärta stannar. ”Vad menar du?”

”Jörgen … han var inte sig själv den senaste tiden. Tänk om han har gjort något dumt.”

”Vad hände egentligen mellan er?” frågar Emma. ”Vi har ett vittne som såg er bråka utanför hantverkarnas stuga.”

Elisabeth hajar till. ”Va?”

”Du kan fortfarande rädda Julia”, säger Emma. ”Men då måste du ge oss något, vad som helst. Vet du vart han kan ha fört henne?”

”Till pensionatet?”

”Nej, där finns ingen”, svarar Krille. ”Däremot hittades blodfläckar på ett lakan i ett gästrum.”

”Jag önskar att jag kunde hjälpa er, men jag vet ingenting om det. Jag är ledsen.”

Emma är inte säker på att Elisabeth har sagt allt, men hon tror inte att de kommer längre nu. Och hon tvivlar på att Elisabeth är inblandad. Med en snabb blick på Krille stämmer hon av att han inte har en annan uppfattning.

”Om du inte har mer att berätta, så avslutar vi härmed förhöret”, säger Emma.

Nu är det upp till åklagaren att avgöra Elisabeths öde.

”Vi får gå igenom tipsen”, säger Krille. ”Eller har du något bättre förslag?”

”Nej.” Emma kommer inte på någonting.

De slår sig ner i köket. Under kvällen och natten har kollegerna i Dalarna förhört vänner och bekanta till Elisabeth och Jörgen, utfört dörrknackningar och även gått igenom alla intressanta tips om bilen. Emma ögnar igenom resultatet med stigande oro. Bilen har noterats i området, men det hjälper dem inte. De behöver tydligare positioner för att veta var de ska leta efter Julia. Missing People står beredda att agera, men så länge de inte kan ringa in en plats är en skallgångskedja inte till någon större nytta. Emmas blick fastnar på ett välkänt namn i rapporten.

Håkan Bylund.

En enda rad, där det står att han har sett flickan. Det är noterat, men har inte följts upp än, eller också är det nedprioriterat eftersom ingen härifrån tar Bylund på allvar. Tänk om han vet något av betydelse? Emma tänker inte avfärda Bylund, även om han är ett original.

Krille och hon åker hem till honom, och Emma undrar om hon kanske borde ha tagit skottsäker väst, men den här gången öppnar han utan vapen. Bobo trycker sig ut framför honom och börjar jucka mot Krilles ben.

”Vad bra”, säger Bylund fåordigt. ”Stig på.”

Så fort Emma kommer in i hallen minns hon den instängda lukten.

”Jag såg honom med flickebarnet.”

”När då?”

”Sent igår kväll”, säger han.

Pulsen ökar. ”Var då någonstans?”

Håkan pekar ut mot skogen. ”Där borta, på väg mot sjön. Det var mörkt, men jag kände igen hans militärjacka.”

Bitarna faller på plats, och Emma anar ett möjligt händelseförlopp. Jörgen visste förstås att området runt sjön var genomsökt. Han förvillade polisen genom att åka omkring i sin bil, och när ingen längre bevakade platsen tog han en stor risk. Att åka tillbaka hem.

109

JOSEFIN STANNAR TILL vid köksfönstret. Solen håller på att gå upp och himlen är rosalila. Om allt hade varit som vanligt skulle hon ha tagit en stämningsbild och postat den på Instagram. Men nu skriker hon inombords.

Kaoset är svårt att greppa, stundtals blir hon handlingsförlamad. Hon klarar inte av att svara på en enkel fråga.

Som nu, när Sofia knackar henne på axeln och undrar om hon har sett hennes gympaskor.

”Nej, älskling, jag har ingen aning”, svarar hon svävande.

Sofia stryker henne över armen. ”Är du rädd, mamma?”

”Ja”, viskar hon och vänder sig om och ger Sofia en kram.

Det är första gången hon erkänner det för sitt barn, men på något vis gör ärligheten henne starkare.

”Jag med, jag tänker på henne hela tiden”, säger Sofia med darr på rösten.

Dalarna rustar för skallgång. Den ideella organisationen Missing People står beredd att rycka ut, och då kan Josefin inte stanna här i Smedslätten längre. Hon vill såklart vara där och hjälpa till att leta, och framför allt ta emot Julia ifall de hittar henne.

När de hittar henne, rättar hon sig.

”Jag och pappa måste åka till Dalarna, gumman”, säger hon och släpper taget om henne. ”Förstår du det?”

Sofia nickar. ”Jag lovar att ta hand om Anton tills ni kommer hem.”

”Tack, du behöver inte gå till skolan om du inte vill.”

”Jo, jag räknar hellre matte än sitter här och väntar.”

Evert och Marianne har kommit med Ines till Bromma för att sköta markservicen ifall de blir borta över natten. Och Nyllet är på Söder med Elli för att vila upp sig. Som vanligt är Josefin mån om att alla ska ha det bra innan hon tänker på sig själv. När Andreas och hon till slut kan lämna huset kommer hon på att hon glömde äta frukost.

Andreas får köra, annars är det osäkert om de över huvud taget skulle komma fram. De senaste dygnen med sömnbrist och mardrömmar har påverkat hennes reaktionsförmåga. Hon är inte i stånd att ta snabba, vettiga beslut i trafiken just nu, och ibland får hon synrubbningar. Andreas är säkrare bakom ratten. Molnen breder ut sig över vägen och normalt sett hade hon blivit orolig för trafikolyckor, men nu bryr hon sig inte. Bara de kommer fram snart.

”Jag älskar dig”, säger Andreas och lägger handen på hennes lår. ”Vad som än händer håller vi ihop.”

Hans kommentar retar henne, men hon förstår att det inte är en rättvis reaktion. Ingenting fungerar som det ska just nu, så hon försöker att inte gå igång på fel saker. Det är förstås fint av honom att ha sinnesnärvaro nog att säga något sådant, själv vill hon bara skrika. Hon ser inga andra alternativ än att Julia ska hittas oskadd. Emma ringer och frågar var de är, och hon tittar på gps:en.

”Två timmar kvar.”

”Hoppas att ni har tagit på er ordentliga kläder, det är kallt här”, säger Emma.

Josefin sneglar på sina tunna mjukisbyxor. Rätt klädsel var det sista hon tänkte på innan de lämnade Bromma, men hon bytte i alla fall tofflorna till skor. Däremot hann hon se till att barnen fick med sig alla gympakläder och läxor till skolan, som den mamma hon är ut i fingerspetsarna. Hon tittar på bilens digitala klocka. Nio. Barnen är i skolan nu.

Alla utom Julia.

”Vad tror du har hänt?” frågar hon Andreas när samtalet med Emma är avslutat.

”Jag kan inte gissa”, säger han.

Hon tittar ut genom bilrutan mot den kompakta skogen. ”Hur länge klarar man sig utomhus i den här kylan?”

Andreas skakar på huvudet. ”Vi måste tänka positivt”, säger han. ”Om inte annat för att kunna fokusera bättre. För Julias skull.”

Då finns det inget mer att prata om. Josefin tystnar och Andreas höjer volymen på radion. Resten av bilfärden är som ett töcken. Hon slumrar till och vaknar när bilen bromsar in. Emma är den första hon ser genom rutan.

Josefin kliver ur och de kramas.

Höstlövens färger ramar in området, och Josefin blir rörd när hon märker vilken enorm uppslutning det är på platsen. Så många människor i gula västar som har tagit sig tid att komma och leta efter hennes dotter.

Det är mer än mammahjärtat klarar av.

Hon undrar hur hon ska överleva den här dagen.

Då ser hon en man framträda i folkvimlet. Tessans pappa. Han nickar respektfullt och Josefin börjar känna igen fler ansikten. När hon förstår att det är andra föräldrar från Bromma som har åkt hela vägen hit, blir det bara för mycket.

Hon brister ut i gråt.

”Är du okej?” viskar Emma när Josefin tappar kontrollen över tårarna. ”Nu drar vi strax igång, och vi ska hitta henne. Ingen kommer gå härifrån innan dess.”

110

POLISEN HAR DRAGIT upp riktlinjer för området som ska genomsökas, och vissa delar i skogen innebär svårbanad terräng, där det gäller att inte skapa för stora luckor. Det är lätt att missa något, särskilt om det handlar om en död människa.

Emma slår genast bort den tanken.

Julia lever, punkt.

Innan Josefin och Andreas kom fram släppte de iväg hundföraren med sin cockerspaniel, som är expert på att identifiera liklukt. Sådana specialtränade hundar är så skickliga att de kan markera på liklukt även om kroppen befinner sig under jorden eller i vattnet. Hon rycker till när hon hör ett skall nerifrån sjön.

”Hunden markerar på platsen där Petter hittades”, får Emma veta via hörsnäckan.

Hon upprepar inte informationen högt. Ifall hunden plötsligt skulle börja skälla igen är det bättre att Josefin och Andreas är lyckligt ovetande om vad det kan betyda.

Dykarna som ska dragga sjön är redo och även andra hundförare med sina fyrbenta vänner som är inriktade på att leta efter prylar. Pådraget är så stort att det inte ska gå att misslyckas med insatsen.

Om Julia finns här kommer hon att hittas.

Emma tittar på alla människor i gula västar. Hon har sett grupper från Missing People förut, men har aldrig varit med om en liknande uppslutning. Folk har åkt från hela landet för att hjälpa till i sökandet efter trettonåriga Julia. Hennes försvinnande toppar nyhetskanalerna just nu, och svenska folket håller andan. Alla vill ha svar, och håller tummarna för att det ska bli ett lyckligt slut på den här mardrömmen. För de flesta är det spännande, men inte för de närmaste.

Det är bara en enda utdragen plåga.

Pensionatet är avspärrat och redan genomsökt, men en av kriminalsökhundarna får gå in för att säkerställa att de inte har missat något.

Det är värt all möda att försäkra sig om att Julia inte ligger bakbunden och gömd någonstans i huset, vilket är den mest troliga platsen efter Bylunds vittnesmål. Om Jörgen var tillräckligt störd kanske han byggde ett dolt rum någonstans. Det skulle inte vara första gången någon hölls gömd i en ljudisolerad källare. Emma ryser. Klockan tickar och det är alltid en lika stressande vetskap.

Samtidigt måste Emma förmedla ett lugn utåt.

Som polis förväntas hon agera professionellt, men de skulle bara veta att hon är på väg att krevera.

Hon försöker lita på Bylund, att Julia är inom räckhåll. Allting tyder på att hon befinner sig i området. Grupperna sprider ut sig. Vissa börjar gå i riktning mot sjön. Andra mot baksidan av pensionatet. Det är som en böljande våg av människor i gula västar. De ska inte kunna missa något.

Då kommer Emma att tänka på boden med kistan.

”Sjöboden”, säger hon i hörsnäckan. ”Har den undersökts?”

”Inte än”, svarar Westberg och omdirigerar hundföraren.

Sedan springer Emma ditåt.

III

KNÄNA SKAKAR AV ansträngning. Julia har alltid mått dåligt när hon har tittat på *Mästarnas mästare* på tv, där deltagarna ställs mot varandra i en uthållighetsövning. Den som klarar att hålla sig kvar längst vinner. Skillnaden där är att ingen dör när de släpper taget.

Som hon skulle göra.

Kan det ha hänt Jörgen något, eftersom han inte kommer tillbaka? Visserligen har han redan sagt sin sista hälsning, men hon trodde ändå att han skulle återvända.

Om inte annat för att se henne död.

När de kom hit igår kväll ryggade hon tillbaka av stanken av död fisk. Alla nät och linor skrämde henne, men det var innan hon förstod vad han tänkte göra med henne. Nu känner hon inte lukten längre. Näsan har vant sig.

Julia kommer av sig. Hörde hon röster?

Hon försöker skrika, men hindras av tyget i munnen.

Kan hon åstadkomma ljud på något annat sätt? Hon stampar i pallen så högt hon kan men är rädd att den ska gå sönder. Den är gammal och vinglig. Allting talar emot henne, precis allting.

Tänk om Jörgen och kvinnan är de enda som känner till stället?

Mamma och pappa måste vara utom sig av oro.

Julia påminner sig om att hon är envis. Och modig. Ibland på gränsen till dumdristigt våghalsig. Men hon känner ett ansvar att överleva. Hon måste. Det räcker med att tänka på Sofia och Anton för att få ny styrka att stå kvar upprätt. Mamma och pappa. Mormor och morfar. Emma. Ines och Elli.

Alla, vars liv skulle bli förstörda om hon ramlade.

Sedan tar namnen slut, men det är tillräckligt många som skulle bli förkrossade. Det spelar ingen roll om hon inte har några vänner, familjen är ändå viktigast. Hon har aldrig varit så rädd för att somna i hela sitt liv. Det räcker att hon nickar till och tappar kontakten med pallen, så är det kört. Då hänger hon där. Tröttheten är förrädisk, hon kämpar för att hålla ögonen öppna.

Hon får inte falla.

Det låter som en hund som skäller någonstans.

Eller inbillar hon sig bara?

Julia minns grannens söta tax som hon brukade gå ut med ibland för att tjäna ihop fickpengar. Den lilla bruna hunden med den långa svarta nosen och de korta benen. Hon ser framför sig hur Ruffa hoppar upp och pussar henne. Julia kan nästan känna smaken av den lilla blöta nosen.

Ju mer tankarna far iväg, desto sömnigare blir hon.

Benen orkar inte längre.

Julia måste blunda, bara en kort stund. Hon kan inte hindra att ögonlocken åker igen. Det är skönt att få vila. Så lockande att försvinna bort.

Det är allt som behövs.

Musklerna slappnar av och benen tappar sin stadga. I nästa sekund vaknar Julia till av ett hårt tryck runt halsen och kippar efter luft. Ögonen är på väg att hoppa ur sina hålor.

Det som absolut inte fick hända har hänt.

Pallen har ramlat omkull och hon hänger fritt i luften.

Om några minuter är hon död.

112

NYLLET TRAMPAR OMKRING hemma i lägenheten när mobilen ringer. Det kan vara ett glädjebesked, eller också blir det raka motsatsen. Men det är inte Emma eller Josefin, utan hans chef.

”Det är fullt pådrag runt pensionatet”, berättar Lindberg. ”Jag har inte hört något mer än, däremot är det en annan sak jag måste ta med dig omgående.”

”Nu?” frågar Nyllet. ”Det kan inte vänta?”

Han kan inte förstå vad som är så brådskande, särskilt inte när han är föräldraledig och egentligen inte ska behöva tänka på jobbet. Han öppnar kylskåpsdörren för att ta fram en frukostbira att lugna nerverna med. Idag är allt tillåtet, men ölen är slut.

Lindberg harklar sig. ”Tyvärr inte.”

”Okej”, säger Nyllet, och försöker stålsätta sig.

”Det har kommit in en anmälan om våldtäkt.”

”Jag hänger inte alls med, Julia är ju inte funnen än. Hur kan hon då anmäla, eller …” Han kommer av sig. ”Vad menar du?”

”Mot dig”, förtydligar Lindberg.

Nyllet blir så paff att han måste sätta sig ner. Han sliter åt sig första bästa köksstol. Pulsen rusar och han försöker komma på något att säga.

”Vad är det du säger?” Han hinner bara uttala meningen innan det går upp för honom hur det ligger till.

”Det rör en tidigare anställd”, förklarar Lindberg. ”Är det något du vill berätta för mig, eller kommer det som en fullständig överraskning?”

Nyllet skakar på huvudet, han är mållös.

Madeleine är inte klok.

Han borde ha förstått att tystnaden från hennes sida bara var en upptakt till något värre. Men det här är över alla gränser.

Hur länge ska hon straffa honom?

Hon har tydligen bestämt sig för att förgöra honom, och hon drar sig inte ens för att slå till mitt i den pågående krisen med Julia. Hon måste ha läst tidningarna och förstått. Det är klart att hon som gillar att lägga näsan i blöt vet att Julia och Emma har en koppling. Madeleine njuter säkert av att trycka till kniven då det gör som allra ondast.

”Lindberg, du och jag känner varandra utan och innan”, säger Nyllet när han har hämtat andan. ”Vi har arbetat ihop i många år. Tror du, på fullaste allvar, att jag har våldfört mig på Madeleine Wistrand?”

”Så du förstod vem det handlade om.”

”Ja, det är klart att jag gjorde, hon har förpestat mitt liv länge nu”, säger han och knyter den fria näven så att knogarna vitnar. ”Minns du inte hotbreven som hon skickade?”

”Jo, fast detta är något annat.”

”Hon är sjuk”, säger Nyllet och berättar om dottern som Madeleine påstår att han är far till. Som han inte ens har fått träffa. Som hon kräver pengar för, utan faderskapstest.

”Men varför har du inte sagt något?” frågar Lindberg bestört. ”Du borde ha berättat.”

”Tro mig, jag har försökt”, säger Nyllet. ”Men det kom alltid annat emellan. Sen verkade hon ha lugnat sig, men jag hade uppenbarligen fel. Jag vet inte ens om barnet existerar.”

”Det är snabbt kollat”, säger Lindberg. ”Ska jag göra en slagning åt dig?”

”Visst.”

Nyllet hör hur hans chef skriver på tangentbordet. ”Jodå, en dotter har hon allt. Som föddes den tredje maj i år.”

Då finns barnet i alla fall, vilket förstås gör det hela ännu värre. Madeleine har ett bevis att peka på. Nu kan han inte hävda att de inte har haft sex. Om nu barnet är hans.

Hur ska han ta sig ur det?

”Anklagelsen är allvarlig, Nyhlén, och jag hoppas att du förstår att din karriär som polis står på spel.”

Nyllet minns inte ens när Lindberg kallade honom för Nyhlén senast och det kryper av obehag i honom.

”Det är just därför Madeleine gör så här mot mig”, säger han. ”Hon är besviken för att vi aldrig blev ett par.”

”Interna kommer att behöva hålla förhör med dig, men med tanke på hur länge sen det inträffade, lär det inte finnas någon teknisk bevisning.”

”Jag hade sex med henne en enda gång”, erkänner han på rak arm. ”Hemma hos mig. Hon förförde mig under en period när det var skakigt mellan Emma och mig. Jag var inte smart nog att stå emot. Det finns ingenting jag ångrar så mycket i hela mitt liv. Och jag kan svära på hedersord att det var hundra procent samtycke.”

”Ord står mot ord”, säger Lindberg. ”Fast det är inte mig du ska övertyga.”

113

FLERA HUNDSKALL MED ett efterföljande vrål får Josefin att stanna upp där hon går på en smal skogsstig. Benen skakar och hon hör sitt hjärta slå. Ropet kommer någonstans nerifrån sjön.

Dykarna? Har de hittat Julia i sjön?

”Här!” skriker en man gällt, och hans röst får henne att lämna sin grupp och börja springa. Hon ser sig inte för och faller som en kägla över en rot och landar med en duns i marken. Tack och lov lyckas hon ta emot sig med händerna, men det pulserar av smärta i knäna. Någon ger henne ett handtag och hon kommer på fötter. Andreas. Byxorna är trasiga över knäna och blodet sipprar fram.

”Hur gick det?” frågar han.

Hon får inte ur sig ett ord, utan fortsätter springa. Det blir ett slags linkande framåt, fast den här gången har hon bättre uppsyn. Ingenting får hindra hennes framfart igen.

De har hittat henne.

Det måste vara så.

Andreas är betydligt snabbare. Han väntar inte på henne, och det gör Josefin rasande. Hon svär och spottar blod. Ingen av dem kan tänka klart, hjärnorna går på autopilot. Längre bort hör hon uppjagade röster, men förstår inte varifrån, förrän hon ser att människor i gula västar har samlats på andra sidan sjön. Det är flera hundra meter dit, och ljudet ekar över vattnet.

Hon skymtar bara Andreas rygg nu, och skyndar sig efter honom så gott hon kan.

”Vänta”, ropar hon, men han reagerar inte. Är han döv?

När Josefin har rundat sjön anar hon något rött i trä som sticker fram mellan träden. En bod. Den syntes inte från andra sidan sjön, utan ligger inbäddad bland träd och buskar. Julia måste vara där, för det är flera som står stilla utanför. Deras gravallvarliga ansiktsuttryck tyder på dåliga nyheter. Är hon död?

”Släpp fram oss, vi är Julias föräldrar”, skriker Andreas men blir hindrad av en bestämd polis.

”Det är nog bäst att ni stannar här ute”, förklarar han.

Polisen har fullt upp med att mota undan Andreas, och Josefin tar chansen att smita förbi. Hon rundar några människor, fäktar och slår vilt omkring sig, och plötsligt är hon inne i boden.

Hon försöker vänja blicken vid mörkret.

Fisknät är i vägen, och hon slår undan dem.

Då ser hon ett avklippt rep i taket och en omkullvält pall. Emma sitter alldeles intill ett bylte på golvet.

”Julia?”

114

AMBULANSHELIKOPTERN DÅNAR öronbedövande när den går in för landning på en åker bredvid sjön. Emma ser hur folksamlingen från Missing People slussas bort åt andra hållet. Deras arbete är genomfört med bravur. Ett gäng respektfulla människor, som inte smygfilmade, vilket annars är vardag för poliser på brottsplatser. Folk drar sig inte ens för att hindra polisens eller räddningstjänstens arbete för en bra bild. Media från hela landet är på plats runt pensionatet, men reportrarna håller sig utanför avspärrningarna, som är gjorda med extra stor marginal för att undvika att någon kommer för nära.

Ingen ska lyckas ta en för avslöjande bild.

Direktsändningar pågår i alla möjliga kanaler, och Emma håller sig i skymundan. Rampljuset är inget för henne, särskilt inte när det handlar om en nära anhörig. När sjukvårdarna kommer med Julia på båren blir marken under fötterna ostadig. Emma stirrar på det ilskna blåröda märket runt Julias smala hals. Sedan flyttar hon blicken mot de slutna ögonlocken och det smutsiga likbleka ansiktet.

Lilla gumman, vad har du utsatts för?

Ska de inte skyla henne?

Andreas håller om Josefin, försöker trösta henne.

Emma måste ringa mamma och pappa. Hon går undan och slår Evert en signal och berättar att Julia har hittats. Sedan är det Nyllets tur. Först svarar han inte, men sekunden senare ringer han upp. Han låter nedstämd.

”Har du fått höra redan?” frågar hon.

”Nej, jag är hemma hos mig. Har ni hittat henne?”

”Ja.” Emma tar ett djupt andetag och sätter i halsen. Hon börjar hosta. ”Förlåt! Den sjuka jäveln hade hängt henne i en snara i en sjöbod och hon tvingades stå där och balansera på en pall.”

”Fy fan.”

”Hon tappade balansen till slut, av utmattning”, säger Emma. ”Hon måste ha stått där, bakbunden, i nästan ett dygn. Till slut orkade hon inte.”

”Men vänta, hur vet du det? Kan det inte ha varit frivilligt, med tanke på det som hände tidigare?”

”Det var hon själv som berättade.”

”Men för helvete, Emma”, väser han. ”Så där kan du inte göra mot mig. Det lät som om hon inte hade klarat sig.”

”Förlåt, jag är själv helt chockad, jag kan inte tänka klart.”

”Hur mår hon?”

”Hon är medtagen”, säger Emma. ”De flyger henne till Akademiska nu, så håll tummarna för att allt går bra.”

”Vilken fantastisk nyhet”, säger han men låter inte glad och lättad. ”Krama Josefin och Andreas från mig.”

”Nu längtar jag hem till barnen”, säger Emma. ”Allt är bra med dem, hoppas jag.”

”Jodå, allt är fint med Elli i alla fall”, säger han.

”Jag kommer hem så fort jag kan.”

”Ska jag hämta Ines i Bromma, så båda barnen är hos mig när du kommer?”

Emma blir tårögd. ”Du är en ängel.”

”Äsch”, säger Nyllet dämpat. ”Det är roligt att systrarna får vara tillsammans.”

Emma får en klump i magen.

Systrarna. Vara tillsammans.

Efter krisen finns det två olika vägar att gå, antingen mer isär eller också närmare varandra. Hon undrar hur händelsen med Julia ska påverka hennes relation med Josefin. Men viktigast av allt är förstås att Julia kommer på fötter igen.

”Vi har något att prata om sen”, säger Nyllet.

115

VARFÖR SA HAN ingenting mer till Emma? Orden hängde längst ut på tungspetsen innan Nyllet svalde dem igen. Kommer han någonsin våga berätta? Kanske när all dramatik kring Julia har lagt sig. Det är klart att han är överväldigad att hon har räddats. Otroligt tacksam för deras skull.

Samtidigt är han skräckslagen inför sin egen framtid.

Han åker till Smedslätten. Ines kommer springande mot honom och kastar sig i hans famn.

”Pappa! Elli!”

”Hej lilla vännen”, säger han och kramar om henne.

”Vet du, morfar har gråtit fast han är glad.”

Ines släpper taget om honom och lägger sig raklång över sin lillasyster som sitter fastspänd i den bärbara bilbarnstolen på marken. Elli börjar gråta.

”Tycker hon inte om mig?” frågar Ines bestört.

”Såklart hon gör, men hon får ingen luft om du ligger över henne.”

Nyllet kramar om Marianne och Evert, som är lättade båda två.

”Det ordnade sig”, säger Nyllet.

”Ja”, är det enda Marianne får ur sig.

På vägen till bilen berättar Nyllet att mamma är på väg hem och Ines skuttar av glädje. ”Jag ska rita en teckning åt henne.”

”Då blir hon glad.”

Så fort de kommer till lägenheten somnar Elli och Ines vill rita sin teckning. Nyllet ser hur hon gör ett stort rött hjärta över papperet. Han låter henne få vara ifred och passar på att sträcka ut sig i soffan.

Våldtäkt.

Han önskar så förtvivlat att hans vägar aldrig hade korsats med Madeleines. Snacka om maximalt oflyt. Hur han än funderar, kommer han inte ifrån att det krävs ett samtal med Madeleine. Hon är förstås villig att gå hela vägen tills hon har krossat honom. Nyllet kan betala vad som helst för att hon ska ta tillbaka sin anmälan om våldtäkt.

Annars är hans liv kört. Det spelar ingen roll att hon ljuger, för ingen kommer att tro att han är oskyldig ändå.

Han ringer henne, men får inget svar.

Ett nytt meddelande dyker upp.

Nu duger det att prata minsann?

Han vill inte skriva något tillbaka. Allt kan vändas emot honom. Han ringer igen och då svarar hon. Istället för att skälla ut henne, tar han det lugnt. Båda två vet att makten ligger hos henne. Det är bäst att inte nämna polisanmälan. Han vågar inte riskera att göra henne upprörd.

”Madeleine, det här känns väldigt tråkigt, tycker jag.”

”Jag med”, säger hon. ”Synd att det skulle behöva gå så långt.”

”Det är pengarna du är ute efter, eller hur?”

Men han får inget svar.

”Hur mycket vill du ha?”

Hon skrattar torrt. ”Vad är jag värd?”

”Snälla Madeleine, sluta att prata så”, ber han. ”Jag har aldrig gjort dig något ont.”

”Femtusen kronor i månaden tills Sally fyller arton år.”

Han är nära att tappa mobilen. ”Men snälla, jag vet ju

inte ens om det är mitt barn. I så fall måste jag ha rätten att ta reda ...”

Klick.

Han skickar ett meddelande.

Vi måste kunna prata om det.

Sekunden senare får han svar.

Ta det med min advokat.

Längst in i djupet av Madeleines sårade hjärta måste det finnas något annat än hat. Nyllet borde ha varit tydlig från början. Hans konflikträdsla kanske bidrog till att hon fick falska förhoppningar.

Han gör ett sista försök att vara ärlig.

Madeleine, det var aldrig meningen att det skulle bli du och jag. Jag är ledsen för din skull, men jag älskar Emma och måste försöka lappa ihop relationen med henne, eftersom vi har ett litet barn tillsammans. Jag har aldrig velat dig något illa. Innerst inne vet du också att jag inte har gjort något mot din vilja. Hoppas att du kan glädjas med din dotter och skapa dig en fin framtid. Och att du ger mig samma möjlighet. Jag tar förstås mitt fulla ansvar om det är jag som är pappan, men då vill jag göra ett faderskapstest. Hoppas innerligt att vi kan komma överens.

Han slipar en stund på formuleringarna innan han trycker på *skicka*. Nu kan han bara hoppas att hon kommer till sans och drar tillbaka sin anmälan, men han vill inte skriva det rakt ut. Det får inte låta som ett krav. Då kommer hon väl hävda att han utpressar henne, fast det i själva verket är tvärtom. Han ser att Emma ringer, och svarar.

”Hej Nyllet, hur är det?” frågar hon. ”Jag tyckte du lät nedstämd förut och blev orolig.”

Om hon bara visste.

Han hade lovat sig själv att hålla ihop inför Emma. Vara

stark. Allt för att hon en dag ska välja honom till slut. Att de får bli en liten familj, mot alla odds. Trots att han är en medelmåtta som inte är värd en sådan fantastisk kvinna som hon. Men nu kan han inte hejda tårarna.

”Emma, det har varit ett helvete”, erkänner han.

”Men du, är det så illa?” säger hon. ”Vi får prata mer när jag kommer hem. Jag längtar otroligt mycket.”

Efter Elli och Ines, förstås. Men han låter orden gälla honom också, som en liten tröst i det stora helvetesgapet.

”Ines planerar ett storslaget välkomnande”, säger han och hör Emmas underbara skratt.

Efter samtalet lutar han sig tillbaka och slumrar till en stund. Han vaknar av en knackning på dörren. Är Emma redan här? Nyllet blir förvirrad och undrar vad klockan är. Sov han så länge? Var är Ines? Sömndrucket reser han sig ur soffan och ser Ines springa mot dörren.

”Mamma?” ropar hon ivrigt och Nyllet skyndar efter, drar bort säkerhetskedjan och öppnar.

Men det är inte Emma.

Ines ryggar undan av Madeleines svarta blick.

”Madeleine, du kan inte bara komma hit”, säger han, men hon avbryter honom.

”Nu håller du käften”, fräser hon och riktar en pistol mot honom. ”Annars kommer Emma mötas av en jävligt otrevlig överraskning när hon kommer hit.”

Nyllet backar lydigt in i lägenheten. Madeleine kommer efter och låser om sig. Ines börjar gråta.

”Säg åt ungen att vara tyst, annars skjuter jag.”

Ett fönster står på vädring i Jörgens sovrum. Det tar emot att kliva över tröskeln, men arbetet måste göras. Sängen som brukar vara omsorgsfullt bäddad är tillstökad efter husrannsakan. Bibeln ligger på nattduksbordet. Jag börjar tömma en garderob och hittar hans gamla nalle i en kartong.

Lilla Jörgen.

Det tog tid att inse att han inte var som alla andra.

Att han var en liten pojke i en stor mans kropp.

Någon som behövde styras.

Jag tittar ut genom fönstret och ner mot sjön. Här hade han full uppsikt över området och visste när folk var i rörelse. Datorn stod på bordet framför fönstret, men den har polisen lagt beslag på. Han satt många timmar framför skärmen och chattade på olika självmordslinjer. Svarade på frågor och gav stöd. Sedan valde han ut de individer som han trodde var i störst nöd.

Ylva visste att hon skulle dö i cancer och hade inte berättat om det för någon. Hon ville inte genomlida en plågsam cellgiftsbehandling. Jörgen följde med henne till sjön och gjorde slut på lidandet. När han kom tillbaka var han uppriven och vi hade vårt första gräl.

Efter det ville han inte längre ha något kvällste och blev alltmer innesluten. Han vägrade ljuga för polisen, men jag förklarade att det var han som var skyldig till mord, inte jag. Jag hörde hans ångestvrål på nätterna.

Hans kärlek till mig övergick i hat.

Den sorglige engelsmannen bönade och bad om att skonas, men han hade gjort upprepade självmordsförsök innan han kom till Sverige, och skulle svika igen.

Jag förklarade det för Jörgen flera gånger.

Petter Lindh framkallade ett annat slags vrede.

Hur kunde en folkkär och sönderbekräftad tv-stjärna inte se allt han hade? Min första instinkt var att banka vett i honom. Petter klarade inte många sekunder i snaran, han var sämst av allihop. In i det sista trodde nog Petter att han hade ett val, till och med när Jörgen pressade ner hans huvud under vattenytan.

Sedan gömde vi honom inte tillräckligt bra.

Jag blir irriterad och måste ta en paus från rensningen av garderoben. Högen med kläder växer och jag har inte bestämt mig för vad jag ska göra av dem. Skänka eller bränna? Jag slår mig ner en stund på Jörgens skrivbordsstol och tänker på nästa svikare.

Magnus Svantesson. Han pratade bara om sig själv under vårt introduktionssamtal, utan minsta tanke på hur hans beslut skulle påverka fru och barn. Ilskan låg och pyrde under min hud, och jag kände mig personligt drabbad, för det kunde lika gärna ha varit min egen mamma som satt där och klagade.

Jörgen fick arbeta hårt för att gräva så djupt att graven skulle bli en obehaglig upplevelse. Där kunde Magnus gott ligga och ruttna i sin självömkan.

Allt hade kunnat fortgå om det inte vore för Bylund och hans olycksaliga hund. Det är klart att tanken har slagit mig att ha ihjäl dem också, men det skulle ha dragit onödig uppmärksamhet till oss.

Hantverkarna var de perfekta förövarna.

Jörgen lånade spaden av dem. Planen var utmärkt tills

Jörgen sabbade allt. Då, när han åkte till Stockholm för att lämna Magnus avskedsbrev, och kom hem med den där flickan. Julia, lika gammal som jag var när mamma hängde sig. På den tiden trodde jag att jag var vuxen, men nu förstår jag hur liten jag var.

Bara ett barn.

Jag drar ut en skrivbordslåda. Längst in i hörnet har ett papper fastnat. Det går sönder när jag lirkar ut det. När jag läser vad Jörgen har skrivit inser jag att jag ändå har haft tur, eftersom jag hittade lappen före polisen.

Min syster bestämmer allt.
Jag ville inte döda någon från början.
Jörgen

När polisen började snoka vid sjön och media kom hit, fick Jörgen panik. Han var livrädd för människor i uniform och hans förakt mot mig hade gått överstyr. Det gick inte att tala vett med honom. Jag hade förlorat kontrollen, men bad honom om en sista tjänst innan vi skulle sluta för gott.

Slå ihjäl Magnus.

Vi hade inget val, han visste för mycket.

Utan ett ord reste sig Jörgen upp för att göra som jag sa.

Men inte ens det klarade han att utföra ordentligt.

Jag lämnar Jörgens rum och går ner till salongen. Sedan slänger jag in lappen i brasan och drar en lättnadens suck.

I hela mitt liv har jag satt andra människor främst, ändå straffas jag med ensamheten.

Men jag är hemma igen, så rättvisan segrade ändå till slut.

116

FÖR FÖRSTA GÅNGEN sedan Emma började arbeta efter föräldraledigheten är pulsen nere på det normala. Allting ordnade sig, även om det var en hårsmån från att det blev tvärtom. Hon tittar ut genom bilrutan. Vackra Dalarna. En plats som hon alltid kommer att minnas både med sorg och glädje.

Det är ett under att Julia klarade sig välbehållen.

”Hur många gånger har vi åkt den här bilvägen?” frågar Emma när de passerar Avesta.

Krille skrattar till. ”Jag har tappat räkningen, men nu är det väl sista gången.”

”Bra jobbat förresten”, säger hon och möter hans blick.

Hans bruna ögon gnistrar. ”Detsamma.”

”Såg du lättnaden hos Elisabeth när jag berättade om Julia?” frågar hon.

”Ja, hon måste förstås ha känt ett ansvar när det var hennes egen bror som låg bakom kidnappningen och alla mord.”

Elisabeth är fri från misstankar och Emma kan bara föreställa sig hur fruktansvärt det måste vara att komma hem till ett tomt pensionat. Hur ska hon gå vidare efter det här? Sälja borde vara det enda alternativet.

”Jag tycker synd om Elisabeth”, säger Krille som om han kunde läsa hennes tankar.

Emma nickar och ringer upp Nyllet för att fråga om hon ska köpa med sig något, men signalerna går fram. Det är klart att han inte kan hålla koll på mobilen jämt när han har båda barnen hos sig. Ett barn är en sak, men två.

Herregud, hon vet precis hur det kan vara.

”Svarade han inte?” frågar Krille.

”Nej, men han ringer nog tillbaka när som helst.”

”Jag vet att det är dumt att fråga, men hur känner du inför Nyllet?” frågar han spänt.

Emma lutar sig tillbaka i sätet.

Ja, hur känner jag?

Krille harklar sig. ”Eller egentligen undrade jag nog hur du känner för mig.”

Massor, din dummer.

Det kan hon förstås inte säga. Hon måste låta hjärnan tala, inte hjärtat.

”Du är fin som kollega.”

”Tack.”

Tystnaden som följer är plågsam. Emma förstår att han väntar på en fortsättning.

”Men jag …”

”Snälla, säg inget mer”, ber han och lägger handen över hennes. ”Glöm att jag frågade. Det har varit omvälvande för dig med Julia, och jag borde hållit tyst.”

”Jag tycker jättemycket om dig”, säger hon. ”Det vill jag att du ska veta.”

Josefin ringer och Emma är tacksam för avbrottet.

”Hej, hur mår ni?”

”Det är bra nu”, svarar Josefin med gråten i halsen. ”Min lilla flicka är sig själv igen. Vi har pratat mer idag än vi gjort på ett år. Jag är så tacksam.”

”Vad glad jag blir, du får hälsa henne.”

”Emma, vad skulle jag ha gjort utan dig? Jag ville ringa för att säga tack. Och förlåt.”

”Du har väl inget att be om ursäkt för?”

”Jo, massor”, svarar Josefin förläget. ”Jag har inte alltid varit den bästa systern.”

”Inte jag heller.”

”Emma, tack för att du är du. Hälsa Krille och tacka honom också.”

Efter samtalet är Emma skakig och förundrad. Den första tanken är att Josefin har tagit något. Men ganska snabbt hämtar hon sig och låter orden landa. Det kanske finns hopp för dem ändå.

”Josefin hälsade”, säger hon till Krille. ”Jag har aldrig hört henne så lättad.”

Sedan sneglar hon på mobilen. Nyllet har inte ringt upp, men Emma kan ta ett eget beslut och svänga förbi någonstans och köpa en tårta. Det är egentligen ingen brådska till Nyllet, för nu kommer hon vara ledig i flera dagar och kan ta igen förlorad tid med barnen.

”Kan vi åka förbi ett konditori när vi kommer till Stockholm?” frågar hon och Krille nickar.

”Visst.”

Han är inte lika pratglad längre. Hon vill inte såra honom, men vet inte hur hon ska göra. Kyssen var fantastisk, men han borde förstå hur komplicerat det är.

Han är ung och en kollega.

Två skäl att hålla sig borta.

När de närmar sig huvudstaden googlar hon fram ett konditori som har öppet och Krille kör dit. Emma springer in och köper den sista tårtan. En grön prinsesstårta med en röd ros på. Helt perfekt. Ines kan få rosen och Elli kan smaka marsipan för första gången.

Krille tittar avundsjukt på kartongen när hon kommer tillbaka till bilen.

”Du är förstås välkommen att följa med upp och äta en bit tårta.”

Han skrattar till. ”Det borde du nog kolla med Nyllet först, han hatar mig.”

”Varför säger du så? Det är klart att han inte gör.”

”Jag måste ändå hem, tack i alla fall”, svarar Krille.

Det är en lättnad att svänga in på Nyllets gata en kvart senare. ”Är du säker på att du inte ska med upp?”

Krille skakar på huvudet. ”Tack, men nej tack.”

Emma ger honom en kram och tillåter sig att blunda när kinden snuddar vid hans. Hon drar in hans speciella doft och vill helst inte släppa taget. Krille letar efter hennes läppar, men hon drar sig undan. Inte här, utanför Nyllets bostad. Han kan stå vid fönstret och titta ner, och det skulle vara ett slag i ansiktet på honom.

”Det går inte, Krille”, viskar hon och lämnar bilen.

I ögonvrån ser hon en blå Audi inklämd på andra sidan gatan och håret reser sig i nacken. Sedan slår hon ifrån sig oron. Det är klart att Madeleine inte är den enda som har en blå Audi. Emma skyndar fram och trycker in portkoden.

Hon går med lätta steg uppför trappan.

Tankarna på Krille suddas ut och hon ser barnen framför sig. Hjärtat håller på att sprängas i bitar av längtan.

Snart ska hon få krama om dem.

FÖRFATTARENS TACK

JAG HAR TILLÄGNAT *Skamvrån* min enda kusin, Bjarne, för att hedra minnet av honom. Idag är det hans födelsedag, men han valde att lämna oss för fyra och ett halvt år sedan, endast fyrtio år gammal. Olika känslor passerade när jag fick besked om hans död: skuld, skam och sorg. Skuld över att jag inte kunde påverka. Skam över orättvisan att jag fick många förutsättningar i livet, medan han istället fick stora utmaningar. Sorg för Bjarnes och hans föräldrars skull.

De förlorade sitt enda barn.

Psykisk ohälsa ber inte om lov, utan tränger sig på som en parasit i alla samhällsklasser, och har inte någonting med framgång och yttre faktorer att göra. Det är inte lätt att förstå eller acceptera, varken för den drabbade eller för omgivningen. Jag vet av egen erfarenhet hur skamfyllt det kan vara att inte må bra. ”Du som har allt borde vara tacksam.” Jo, men ångest är inte rationell. Det finns inget likhetstecken mellan lyckad och lycklig. Det syns inte på utsidan hur man mår på insidan. Och när någon i ens närhet väljer att avsluta sitt liv, blir vi andra kvar med alla obesvarade frågor.

En stor del av handlingen i *Skamvrån* utspelar sig vid Dammsjön. Det blev en lika stor överraskning för mig som det kanske blev för vissa läsare från trakten. För det är verkligen en slump. Av Sveriges mer än hundratusen sjöar stannade mitt finger just där på kartan. Sedan har jag tagit mig friheten att skapa ett fiktivt pensionat med lika påhittade karaktärer.

Som författare är det lätt att allt i livet börjar kretsa kring lovande deckarintriger och potentiella karaktärer. Men för mig har det aldrig varit någon tvekan om vad som går först.

Familjen. Kharma, Kenza och Tommy, ni är mitt allt.

Jag älskar er över allt annat och jag är glad att vi får dela så många upplevelser tillsammans.

I arbetet med *Skamvrån* har jag behövt hjälp. Utan andras kunskaper och goda vilja skulle det inte bli samma resultat. Även om det här är min tionde bok, lär jag mig hela tiden mer om skrivandets utmaningar. En text kan alltid utvecklas och förädlas. Och de tre personer som har gjort allt för att manuset ska bli så spännande som möjligt är Stephanie Demmler och Claes Ericson på Bookmark förlag, tillsammans med min redaktör Johanna Mo. En oslagbar manustrio med brinnande engagemang, noggrannhet och tålamod.

För mig är det viktigt att Emma Skölds arbete blir trovärdigt, och jag har två poliser att tacka för hjälpen med svar på alla mina frågor: Mikael Schönhoff, gärningsmannaprofilgruppen, Nationella operativa avdelningen, och Lars Bröms, utredningsenheten region Stockholm. När ni faktagranskade manuset före tryck och återkom utan anmärkningar, undrade jag om det betydde att jag därmed var färdig polis. Men jag har tydligen några böcker kvar att skriva.

Tack även till:

Lova Eriksson, och givetvis alla andra på Bookmark förlag som jobbar med mina böcker.

Katarina Ewerlöf, som gör karaktärerna och handlingen levande som ljudbok.

Min agent Philip Sane, som ser till att Emma och Nyllet numera talar fjorton olika språk, blandat annat koreanska, finska och litauiska.

Maria Sundberg för det underbara omslaget. Älskar det!

Rebecca Foss och Filip Jarl på Micael Bindefeld AB för ett strålande pr-arbete.

Författarvännerna som jag kan dela glädje och sorg med, tills döden skiljer oss åt – eller snarare för oss samman.

Äppelvikens ridskola, och alla fina vänner där.

Mamma Ann och pappa Svante, mina syskon med respektive: Tom och Maria, Linn och Patrik, och Tyra.

Alla mina läsare och följare på Instagram och Facebook. Tusen tack för alla fina kommentarer och underbara inlägg om mina böcker.

Sofie Sarenbrant
Bromma, 29 mars 2019

SMAKPROV UR MYTOMANEN

En sekund av förlorat fokus, och han märker sparken för sent. Knäna viker sig.

Sedan faller han hjälplöst mot marken med huvudet före.

Sommarnatten är klar och tiden står stilla när han ligger med vassa barr och kvistar under ryggen. En bedövande trötthet kommer smygande.

Är det så här det ska sluta?

Nej, det går inte, för då begravs sanningen med honom.

Ingen kommer att få sitt straff.

Hans enda räddning är att ta sig härifrån, men han minns inte från vilket håll han kom. Runtomkring är det bara höga träd och mörker. Hopplösheten får inte ta över, det finns fortfarande något att slåss för. Något som är viktigare än hans eget liv. Rättvisan. När han kommer upp på knäna träffar nästa slag som ett piskrapp över käken. Han är inte beredd och det knakar till i nacken. Smärtan lindas snabbt in i ett märkligt rus, och synen sviker honom. Han känner varken oro eller skräck för några sekunder, innan paniken slår till med full kraft. Han vill inte hittas ihjälslagen här.

Full med rivsår och dränkt av blod.

Inte en till.

Han blinkar frenetiskt och får tillbaka synen.

Ingen av dem kommer att sluta förrän den andra ligger stilla. Bara en kan vinna striden.

Motståndarens raseri brinner i ögonen.

"Du tänkte snacka, din jävel."

Det är inte mig du hatar, vill han säga men kommer av sig när han ser något blänka till i månskenet. Är det en kniv? Sinnena skärps och oväntade krafter kommer från ingenstans. Han lyckas resa sig upp och får in en hård spark till sitt försvar. Personen framför honom slungas mot marken. Mer än så hinner han inte se.

Han springer för sitt liv, i hopp om att hitta skydd någonstans.

Ingen ska kunna anklaga honom för att vara svag.

Eller feg.

Han vet varför han måste överleva.

Och det enda han har i huvudet är att inte stanna. Han är snabbt ute ur skogsdungen och rusar förbi de stora villorna på gatan i Ålsten, utan en tanke på att be om hjälp. Det är mitt i natten, alla sover. Han kan inte chansa genom att knacka på en dörr och hoppas att den ska öppnas. Den tiden finns inte, han måste gömma sig nu.

Blodsmaken växer i munnen, han vet inte hur länge till han kan hålla tempot uppe. Efter ytterligare någon minut stannar han till och tittar sig om.

Är det någon där?

Det låter som steg som närmar sig och han får fart igen. En bit längre fram ligger lekparken och han tar sikte på klätterställningen. Om han lyckas ta sig upp där kan han gömma sig i det runda fågelboet, som är rymligt nog för en människa. Ljudet bakom honom har tystnat, eller är det suset i öronen som gör att allt annat försvinner?

Han skyndar sig mot gömstället.

Smärtan skjuter som pilar i honom när han klättrar upp och tar sig in. Andningen låter så högt i hans huvud att han tycker att hela kvarteret borde vakna. Han försöker lugna pulsen som rusar, och få hörseln att samarbeta.

Då hör han knaster i gruset, alldeles nära.

Det finns ingenstans att ta vägen, han är helt försvarslös här. Instängd. Det dröjer inte många sekunder innan han förstår att han är hittad. Någon hasar sig upp mot fågelboets öppning. Det kan bara vara en enda person, och han är på väg att kräkas. Men det är inte den han tror.

"Du?" frågar han och drar en suck av lättnad.

I

OMRÅDET VID SOLVIKSBADETS motionsspår i Smedslätten är redan avspärrat när Emma Sköld kommer fram till fyndplatsen strax efter klockan elva på förmiddagen. Hon vill inte tänka på vilken syn hon ska mötas av. Avspärrningarna börjar nere vid korsningen mellan asfaltsvägen och själva slingan i skogen, och fortsätter uppför backen mot ett litet utegym, bestående av tre röda ställningar. De blåvita plastbanden sträcker sig vidare in bland de höga träden, och slingrar sig ner mot Mälaren som glimtar till mellan grenarna. En ekorre stirrar nyfiket på henne innan den sätter fart uppför stammen. Det är svårt att föreställa sig att ondskan har hittat till den här rofyllda platsen i de finaste delarna av Bromma. De flesta kan bara drömma om att ha råd med en villa i Smedslätten och Ålsten.

Emma stannar till och ser sig omkring. Att ge sig på någon vid ett motionsspår är så fegt att hon inte finner ord. Hon föreställer sig hur offret springer med hörlurar, helt inne i sin egen värld. Förövaren står beredd bakom ett träd och väntar in det rätta tillfället.

Är det vad som har hänt här?

Emma kliver under avspärrningarna och går uppför backen för att komma fram till den livlösa kroppen på marken, ungefär tio meter från själva motionsspåret mot skogen. Offret ligger på mage med ansiktet bortvänt. När de fick larmet var hennes första tanke att en ung kvinna hade drabbats av ett överfall under sin joggingrunda. Men det är en pojke som knappt hunnit bli tonåring. Han ser inte alls stor ut.

Hon nickar mot sin yngre kollega, som är grå i ansiktet.

”Förjävligt”, säger Krille och viker undan blicken.

Emma är inte förvånad att han inte klarar av att titta, med tanke på hur rädd han är för döden. Och han väljer också att stanna kvar när hon går fram mot pojken för att studera honom på nära håll. Trots att det är försommar och tjugotre grader varmt, ryser hon ända in i märgen när hon ser de omfattande skadorna. Högerbenet ligger i en omöjlig vinkel och någon har klöst och rivit honom överallt. Nästan som ett rovdjur som har gått till attack. Hon kan inte begripa vem som kan vara så rasande. Blicken vandrar vidare mot offrets trasiga och blodiga matchtröja märkt ”Messi”. Trots att Emma har sett döda människor många gånger förut, tar det emot i bröstkorgen när hon försöker andas. Han är så ung. Någon plågade honom till döds, en brutal och våldsam gärningsman. Någon som lämnade honom ensam bland kvistar och barr på marken. Alla kommer vilja veta varför, och det är upp till Emma Sköld med kolleger att ta reda på svaret.

Deras chef Lars Lindberg pratar med teknikerna som är iklädda sina vita skyddsdräkter och lila gummihandskar. De håller på att placera ut stegplattor för att skydda eventuella spår.

”Hej”, säger han sorgset. ”Det här var ingen rolig syn.”

”Det är hemskt”, säger hon och söker efter något på marken, vad som helst, men ser inga hörlurar eller andra föremål, bara fimpar, godispapper och en tom ölburk. ”Har teknikerna hittat några personliga ägodelar som kan hjälpa oss att identifiera honom?”

”Nej, han verkar inte ha några värdesaker på sig.”

Emma går runt kroppen och ser för första gången pojkens skadade ansikte. En nässelfjäril med sitt vackra orangesvarta mönster på vingarna sitter på hans kind, men flyger iväg när hon kommer närmare. Hans ögonvitor blänker till och hon måste titta bort för att samla kraft att klara av att se honom igen. Det är något med barn och död som hon har svårt att förlika sig med. Barn ska få vara barn. De ska leka, ha kul och inte bekymra sig alltför mycket för framtiden. Men den här pojken fick inte ens gå ut skolan.

Ansiktet är sönderslaget.

Det var länge sedan hon såg något liknande.

Ondskan har talat med besked.

En rörelse i periferin får henne på andra tankar. En nyfiken hundägare med en mörkbrun dvärgschnauzer stannar till i motionsspåret intill och frågar vad som hänt, men Krille får sköta snacket. Han bör ändå inte se pojken framifrån. Mannen som hittade honom sitter på en stock några meter upp i backen och väntar. Han har på sig en mossgrön träningsoverall med långa ärmar, men huttrar ändå. Det ljusa håret är uppsatt i en slarvig tofs i nacken. Han måste ha glömts bort i kaoset och undrar säkert varför ingen har kommit fram och pratat med honom än.

Hon går dit och presenterar sig. ”Hej, jag heter Emma Sköld och jobbar som kriminalinspektör på utredningsenheten. Så det var du som hittade pojken?”

Mannen nickar. ”Jag vet vem han är.”

2

JULIA ROPAR HEJDÅ nerifrån hallen. Det slår Josefin att hon fortfarande får ont i magen av sin äldsta dotters farväl. Älskade Julia som växer så fort att Josefin inte hinner med. Den lilla flickan hon gick med i bärsele, nu har hon pojkvän och hotar med att flytta hemifrån så fort hon börjar i gymnasiet.

Det kan hon glömma.

”Ha det så bra”, svarar Josefin och hör när ytterdörren öppnas. Sedan åker den igen med en smäll.

Ingen i familjen kan stänga dörren till villan i Smedslätten försiktigt, utan tar i med full kraft. Hon har aldrig förstått varför, men har anammat samma beteende. Nu har alla barn gått iväg, men eftersom två började tidigt och en hade sovmorgon, så är snart den första på väg hem igen. Josefin ler åt sin egen spegelbild i hallen på övervåningen. Men visst finns anledning att vara bekymrad. Taket läcker och de har hittat mögel i källaren. Trädgården håller på att växa igen och bilen behöver repareras, men inget av det spelar egentligen någon roll.

Julia mår äntligen bra, och det är det viktigaste.

De första dagarna efter att hon räddades från döden för ett halvår sedan gick Josefin i ett rus som inte går att jämföra med något annat, inte ens en förlossning. Tiden efteråt präglades av tacksamhet. Strävan efter att förverkliga sig själv minskade. Familjens bästa, är svaret på alla frågor om existensberättigande, men det är förstås sjukt att det ska behöva gå så långt som en kidnappning för att hon ska begripa det.

Josefin lovade sig själv att aldrig mer klaga ifall hon fick sin dotter tillbaka.

Det löftet höll inte särskilt länge.

Redan efter en vecka blev allt någorlunda som vanligt igen. Kanske borde det lyckosamma slutet på mardrömmen ha stabiliserat orostankarna, men de har snarare förstärkts. Nu är hon redo dygnet runt ifall något skulle hända. För en halvtimme sedan hörde hon sirener och det ljudet får henne alltid att tänka det värsta. Josefin svär tyst för sig själv. Hon kan inte vara inställd på beredskapsläge jämt, då kommer hon att gå sönder.

Livet pågår nu och går inte att kontrollera.

Men där hon kan styra, har hon gjort det. Som att rensa både hemma och i relationer. Bort med allt som ger mer än det tar, även om det kan vara smärtsamt med avslut. Förvånande nog har nya relationer varit det bästa stödet i krisen. Men det kanske är en del av utvecklingen, att våga anförtro sig till nya bekantskaper som inte har några förutfattade meningar. Eller också handlar det om att minimera risken för en förlust. Det är betydligt svårare att visa sitt riktiga jag för någon som är betydelsefull. Är det därför hon ohämmat öppnar upp sig för en helt okänd mamma på läktaren i ishallen?

Josefin tittar på klockan och inser att hon måste skynda sig. Hon går ner till köket och tar en kopp kaffe och en chiapudding. Mer än så kan hon inte stoppa i sig till lunch om hon inte ska spränga vågen.

Vem anlitar en personlig tränare med åderförkalkning?

Det ringer på dörren och Josefin tar emot dagens första PT-kund som ville ha sovmorgon. Men hon möts inte av ett leende, utan av en skärrad min. Det är kanske därför hon står utanför fel dörr, familjens köksingång, och inte vid ingången till källaren.

Kvinnan skakar. ”Jag värmde upp längs spåret, enligt dina instruktioner, men det skulle jag inte ha gjort.”

”Vad menar du?” Josefin förstår ingenting.

”Det var fullt av poliser där. Något fruktansvärt måste ha hänt.”

SERIEN OM EMMA SKÖLD

VILA I FRID

En känd skådespelerska hittas medvetslös på Yasuragi Hasseludden och kort därefter upptäcks ett äldre par döda i rum 327. Kriminalinspektör Emma Sköld kopplas in på fallet. Kommer hon hitta mördaren innan fler personer måste sätta livet till?

ANDRA ANDNINGEN

Startskottet har gått för det årliga Stockholm Marathon. Emma Sköld finns på plats för att heja på sin syster Josefin. Plötsligt hittas en kvinna livlös, och det råder inga tvivel om att hon har bragts om livet. Finns det en mördare bland löparna?

VISNING PÅGÅR

Morgonen efter en husvisning i Bromma hittas pappan i familjen mördad. När fler mord sker i samband med visningar blir det Emma Skölds uppgift att ta reda på vad som egentligen pågår i det välbärgade bostadsområdet.

AVDELNING 73

Emma Sköld vaknar upp på sjukhuset efter fem månader i koma. Hon försöker febrilt tvinga fram minnen av ridolyckan och blir alltmer övertygad om att ett brott har begåtts. Men varför skulle någon vilja göra henne illa?

TIGGAREN

Tiggare i Stockholm faller offer för vad som verkar vara en psykopatisk seriemördare. Det finns en person som kan stoppa morden och avslöja sammansvärjningen. Men hon måste göra allt för att stanna i det fördolda.

SYNDABOCKEN

Ett mord på en tonårspojke skakar idyllen i Bromma och allt pekar på ett villainbrott som har gått snett. Fast besluten att lösa fallet tar Emma Sköld saken i egna händer och försätter därmed sig själv och andra i livsfara.

SKAMVRÅN

En flicka lägger sig på en spårvagnsräls i Bromma och inväntar tåget. I en annan del av Sverige hamnar en man i en djup grav i skogen. Kommer deras liv gå att rädda? Det är upp till Emma Sköld att hitta sambandet innan det är för sent.

MYTOMANEN

En pojke hittas död vid ett motionsspår i Bromma. En mordutredning tillsätts med Emma Sköld i spetsen. Misstankarna riktas mot ett ungdomsgäng som knivrånat jämnåriga i Ålsten. Men vem ljuger och vem talar sanning?

FRISTÅENDE BÖCKER

VECKA 36

En gravid kvinna försvinner i det lilla fiskeläget Brantevik. Sökandet efter henne blir en kamp mot klockan. Men allt tar en oväntad vändning när en död kvinna hittas uppspolad på en strand.

I STÄLLET FÖR DIG

Det har gått sexton år sedan en gravid kvinna försvann i sommarparadiset Brantevik. Nu återvänder hennes artonåriga dotter till orten för att ta reda på vad som egentligen hände. Och när hon väl förstår vad hon gett sig in i är det redan för sent.

BAKOM DIN RYGG

Allt förändras när Angelina börjar jobba på Salong De Luca, Östermalms hetaste frisörsalong. Ägaren Stefano ser inte längre åt sin kollega Jenny. Under den välpolerade ytan utvecklas ett ödesdigert triangeldrama där flera får sätta livet till.

TIO ÅR SOM FÖRFATTARE

2010. Debutboken *Vecka 36* släpps och jag är livrädd. Vad ska läsarna och recensenterna tycka? Boken sågas i Sverige och hyllas sedan i Danmark. Jag får högsta betyg och lovord som jag knappt vågar tro på, efter den överkryssade getingen i Expressen. Min agent säljer rättigheterna till flera länder och jag nyper mig hårt i armen. Är det på riktigt?

2011. Uppföljaren *I stället för dig* skriver jag under ett glädjerus, eftersom jag vet att arbetet inte är förgäves. Boken kommer att publiceras. Men när den väl gör det är media inte lika intresserad. Det var mer spännande att intervjua mig när jag var debutant. Jag försöker att inte misströsta och planerar första delen om Emma Sköld.

2012. Det är skönt med nya karaktärer och miljöer. Plötsligt är allt möjligt igen. Jag vill ha en ung, modern polis i huvudrollen, Emma Sköld. Och hon ska lösa mord på mitt favoritspa. När *Vila i frid* lanseras bestämmer jag mig för att våga satsa på författarskapet på heltid. Som småbarnsmamma innebär det att jag finns mer tillgänglig för barnen.

2013. *Andra andningen*. När jag skriver boken som utspelar sig under Stockholm Marathon har jag själv inte sprungit en enda mara, och har heller inga planer på att göra det. Särskilt inte efter researchdagen i juni som är kallare än på julafton. Då vet jag inte att jag fyra år senare kommer att överleva New York Marathon på den retliga tiden 4:01.

2014. Jag kommer på idén till *Visning pågår* när jag själv är på husvisning. Det slår mig hur svårt det måste vara för mäklarna att veta att alla verkligen går därifrån när visningen är slut. Efter en skrivsvacka med förra boken, börjar jag tycka att det är kul att skapa en historia igen. Mäklarbranschen är spännande att berätta om och arbetet med boken blir mer lustfyllt än mord under maraton.

2015. *Avdelning 73* släpps och min förra bok kommer ut som pocket. Till min stora förvåning märker jag att den stannar kvar på topplistorna. Något stort är på väg att hända, och det visar sig också att *Visning pågår* blir årets mest sålda deckarpocket i Sverige. Vändpunkten i mitt författarskap har kommit och försäljningssiffrorna ger mig ett nytt självförtroende. Det är inte lika tungt med en elak recension när jag kan luta mig mot topplistorna.

2016. *Visning pågår* lanseras i USA, Sydkorea och Portugal. Den heta debatten om tiggare får mig att fundera på hur livet kan se ut för en person som har kommit till Sverige för att tjäna sitt levebröd. Karaktären Soraya växer fram och jag berörs av hennes öde, trots att det är jag själv som skapar det. Jag är förbannad på de skoningslösa förövarna i boken och gråter när jag skriver slutscenen. *Tiggaren* släpps och jag har ingen aning om hur jag ska fortsätta serien efter det. Tanken väcks att skapa något helt nytt. Jag avslutar året med att förverkliga en barndomsdröm: att tävla i hästhoppning på Sweden International Horse Show.

2017. *Visning pågår* ges ut på tyska och jag får pryda omslaget till Tysklands största boktidning Buchjournal som finns i 2700 bookshops. Efter *Tiggaren* skriver jag en psykologisk thriller. *Bakom din rygg* utspelar sig i frisörmiljö och har ett annorlunda upplägg jämfört med de tidigare böckerna. Jag spelar också in en passande cover tillboksläppet, "Fight song" (finns på Spotify). Många läsare gillar boken, men saknar Emma Sköld. Plötsligt börjar jag också längta efter henne och de andra karaktärerna i serien.

2018. Vardagshändelser inspirerar och intrigen till nästa Emma Sköld växer fram. Det är spännande att skriva *Syndabocken*, som handlar om inbrottsvågen i Bromma. När en pojke hittas död i en villa jagar Emma inte enbart tjuvar, utan även mördare. *Syndabocken* blir årets mest lyssnade bok på Storytel. Under sommaren slår jag till på Stockholms minsta hus på Söder. Det blir min nya skrivarstuga.

2019. *Skamvrån* kommer ut i maj och får fina omdömen. Den blir en av årets mest streamade ljudböcker med över 100 000 lyssningar. *Syndabocken* vinner Stora e-bokspriset. Under bokmässan i Göteborg får jag ta emot utmärkelsen Årets deckarförfattare, baserat på flest antal lyssningar och högst betyg på Bookbeat. *Vila i frid* släpps i en omarbetad ljudboksutgåva. Året avslutas med att jag tävlar på hästen Casper på Sweden International Horse Show.

2020. Jag firar tio år som författare, med över 2,5 miljoner sålda böcker. Det är svårt att förstå det, eftersom jag fick kämpa flera år för ett bokkontrakt. Ett produktionsbolag jobbar med att förverkliga min dröm om en tv-serie. *Skamvrån* vinner Stora e-bokspriset och *Mytomanen* släpps i maj.